● 本书由辽宁对外经贸学院资助出版

旅顺口全域旅游发展研究

LÜSHUNKOU QUANYU LÜYOU FAZHAN YANJIU

王恒◎著

北京·旅游教育出版社

责任编辑：郭珍宏

图书在版编目（CIP）数据

旅顺口全域旅游发展研究 / 王恒著. -- 北京：旅游教育出版社，2020.6
　ISBN 978-7-5637-4108-3

　Ⅰ. ①旅… Ⅱ. ①王… Ⅲ. ①区域旅游－旅游业发展－研究－旅顺口区 Ⅳ. ①F592.73.14

中国版本图书馆CIP数据核字(2020)第099695号

旅顺口全域旅游发展研究

王恒　著

出版单位	旅游教育出版社
地　　址	北京市朝阳区定福庄南里1号
邮　　编	100024
发行电话	（010）65778403　65728372　65767462（传真）
本社网址	www.tepcb.com
E - mail	tepfx@163.com
排版单位	北京旅教文化传播有限公司
印刷单位	北京虎彩文化传播有限公司
经销单位	新华书店
开　　本	787毫米 × 1092毫米　1/16
印　　张	14.875
字　　数	224千字
版　　次	2020年6月第1版
印　　次	2020年6月第1次印刷
定　　价	58.00元

（图书如有装订差错请与发行部联系）

前 言

党的十九大报告指出，中国特色社会主义进入新时代，我国社会主要矛盾已经转化为人民日益增长的美好生活需要和不平衡不充分的发展之间的矛盾。作为"幸福产业"之首，旅游是人民生活水平提高的重要标志，是人民对幸福美好生活更高层次的追求。随着社会主要矛盾的转变，中国旅游业也面临结构性转变，旅游已从传统观念中的奢侈品向着更加大众化的日用品方向发展。40多年来，中国旅游业由无到有，由小到大，实现了从"短缺型旅游发展中国家"向"初步小康型旅游大国"的历史性跨越，并持续着不断上升的趋势，正逐步进入"大众旅游"的时代。

然而，随之而来的问题也日益凸显，传统的团队观光旅游已逐渐被大众旅游取代，以抓点方式为特征的景点旅游发展模式难以适应当下旅游市场需求，人们不再满足于封闭式的小旅游而更加渴望开放型的"旅游+"模式，旅游产业转型升级迫切需要创新性发展理念的指引。特别是如何能够带动旅游目的地资源整合、旅游产业链延伸以及社区居民积极参与区域旅游发展等问题，已成为全社会共同关注的焦点。

文化和旅游部（原国家旅游局）通过系统总结中国旅游40多年来的发展实践，分析未来中国旅游发展的大趋势，明确了以发展"全域旅游"为抓手，统筹解决传统景点模式下旅游有效供给不足的结构性问题。近年来，党和国家领导人高度重视旅游工作，多次对旅游工作进行深入阐述。习近平总书记指出，旅游是综合性产业，是拉动经济发展的重要动力；旅游是传播文明、交流文化、增进友谊的桥梁，是衡量人民生活水平的一个重要指标。2016年7月，习总书记在宁夏考察工作时明确指出："发展全域旅游，路子是对的，要坚持走下去"。2017年4月，习总书记在广西考察工作时再次强调，要发展特色旅游和全域旅游。

李克强总理在2016年《政府工作报告》中提出，迎接正在兴起的大众旅游时代；在2017年《政府工作报告》中首次提出"大力发展全域旅游"，指出旅游产业不仅仅是服务业，已经覆盖一二三产业，本身就是综合性产业；将旅游定位为"五大幸福产业"之首；在2018年《政府工作报告》中再次明确提出"创建全域旅游示范区"，全域旅游已上升为国家战略。

2018年，国务院办公厅印发《关于促进全域旅游发展的指导意见》，就加快推动旅游业转型升级、提质增效，全面优化旅游发展环境，走全域旅游发展的新路子作出部署，体现了以习近平同志为核心的党中央对全域旅游发展的高度重视。现阶段，全国已拥有500家全域旅游示范区创建单位，总面积180万平方公里，总人口2.56亿，覆盖31个省区市和新疆生产建设兵团。

旅顺口环境优美，山、海、河、湖、森林、湿地交相辉映；历史显赫，素有"一个旅顺口，半部近代史"之称，是国家级风景名胜区、国家级自然保护区、国家级森林公园、国家级生态示范区和国家级地质公园。2019年，旅顺口区启动了全域旅游示范区创建工作，计划用三到五年时间，创建国家全域旅游示范区，实现旅游发展全域化、旅游供给品质化、旅游治理规范化、旅游效益最大化的发展目标。《旅顺口全域旅游发展研究》从旅顺口区创建全域旅游示范区的实际出发，较为系统地回顾和梳理了全域旅游的由来与理论发展，全面分析了旅顺口区发展全域旅游的基础、机遇与挑战，总结了旅顺口区近年来开展全域旅游的实践探索与理性思考。全书共分为十章，具体内容如下：

第一章为研究的绪论部分，结合"大众旅游"时代与旅游供给侧结构性改革，分别从国家层面与区域层面详细阐述了全域旅游发展的时代背景。

第二章为研究的理论体系部分，深入解析了全域旅游的概念与理念应用，评述了国内外相关研究进展。重点梳理归纳了全域旅游资源整合、全域旅游产业链、全域旅游社区参与以及全域旅游示范区建设等方面的相关理论研究。

第三章为实证研究部分，全面分析了旅顺口全域旅游发展的基础支撑，主要包括：发展环境、旅游资源、旅游市场以及服务设施等几个方面。

第四章深入探讨了旅顺口全域旅游资源整合，在系统研究全域旅游资源整合效应的基础之上，提出了旅顺口全域旅游资源整合的实施路径，主要包括：优化空间布局、构筑产品体系、完善设施配套、设计旅游线路等几个方面。

第五章系统研究了旅顺口全域旅游产业链延伸，在深入探讨旅游产业链形成与延伸机制的基础之上，提出了旅顺口全域旅游产业链延伸的途径，主要包括：旅游+新型城镇化、旅游+新型工业化、旅游+农业现代化、旅游+信息化、旅游+生态化、旅游+文化创意等几个方面。

第六章全面开展了旅顺口全域旅游产品创新研究，主要包括：文化旅游产品、生态旅游产品、乡村旅游产品、工业旅游产品以及夜间旅游产品等五个方面，并对旅顺博物馆旅游、旅游演艺、滨海湿地游、樱花经济等开展了具体的案例研究。

第七章系统研究了旅顺口全域旅游社区参与，在全面分析社区参与对旅顺口区全域旅游发展影响的基础之上，提出了旅顺口区全域旅游社区参与途径，主要包括：旅游规划与决策参与、旅游经营管理参与、旅游资源环境保护与宣传教育参与以及旅游收益分配参与等几个方面。

第八章深入探讨了旅顺口全域旅游发展保障体系，主要包括：滨海湿地生态补偿机制研究、文化景观保护及利用研究、历史文化名城创建等几个方面。构建了旅顺口区滨海湿地生态补偿机制主体框架，主要包括：生态补偿的主客体、标准及方式等三个部分，提出了旅顺口区文化景观保护及利用体制改革与机制创新的实施方案，分析了旅顺口区创建历史文化名城的现实困境与发展路径。

第九章系统研究了旅顺口全域旅游示范区建设，在分析了全域旅游示范区建设背景的基础之上，开展了全域旅游示范区供给体系建设的比较研究，提出了旅顺口全域旅游示范区供给体系建设路径，主要包括：生产要素配置、空间结构优化以及产业链条延伸等几个方面。

第十章深入开展了旅顺口全域旅游发展案例研究，主要包括太阳沟历史文化街区全域旅游发展研究与张家村全域旅游发展案例分析两个部分。

《旅顺口全域旅游发展研究》适用于文化和旅游管理部门的决策参考，亦可供全国旅游行业从业人员、大专院校旅游专业师生、旅游研究人员以及关注全域旅游和旅顺口旅游的相关人士阅读参考。

王恒
庚子初春·滨城大连

目 录

第一章 全域旅游的发展背景 …………………………………………… 1
    第一节 "大众旅游"时代与旅游供给侧改革 …………………………… 1
    第二节 全域旅游的国家背景 ……………………………………………… 3
    第三节 全域旅游的区域背景 ……………………………………………… 4

第二章 全域旅游的理论体系 …………………………………………… 5
    第一节 全域旅游的概念与理念应用 ……………………………………… 5
    第二节 全域旅游资源整合研究 …………………………………………… 8
    第三节 全域旅游产业链研究 ……………………………………………… 9
    第四节 全域旅游社区参与研究 …………………………………………… 11
    第五节 全域旅游示范区建设研究 ………………………………………… 14

第三章 旅顺口全域旅游发展的基础支撑 ……………………………… 16
    第一节 旅顺口全域旅游发展环境分析 …………………………………… 16
    第二节 旅顺口全域旅游资源分析 ………………………………………… 20
    第三节 旅顺口全域旅游市场分析 ………………………………………… 23
    第四节 旅顺口全域旅游服务设施分析 …………………………………… 32

第四章 旅顺口全域旅游资源整合研究 ………………………………… 35
    第一节 全域旅游资源整合效应分析 ……………………………………… 35
    第二节 旅顺口全域旅游资源整合路径 …………………………………… 36

第五章　旅顺口全域旅游产业链延伸研究 ………………………………… 45
第一节　旅游产业链形成与延伸机制研究 ……………………………… 45
第二节　旅顺口全域旅游产业链延伸路径 ……………………………… 46

第六章　旅顺口全域旅游产品创新研究 …………………………………… 51
第一节　文化旅游产品创新研究 ………………………………………… 51
第二节　生态旅游产品创新研究 ………………………………………… 68
第三节　乡村旅游产品创新研究 ………………………………………… 81
第四节　工业旅游产品创新研究 ………………………………………… 87
第五节　夜间旅游产品创新研究 ………………………………………… 93

第七章　旅顺口全域旅游社区参与研究 …………………………………… 102
第一节　社区参与对旅顺口区全域旅游发展的影响 …………………… 102
第二节　旅顺口区全域旅游社区参与路径 ……………………………… 104

第八章　旅顺口全域旅游发展保障体系研究 ……………………………… 106
第一节　旅顺口全域旅游发展保障体系建设 …………………………… 106
第二节　旅顺口区滨海湿地生态补偿机制研究 ………………………… 109
第三节　旅顺口区文化景观保护及利用研究 …………………………… 113
第四节　旅顺口区创建历史文化名城的现实困境与发展路径 ………… 120

第九章　旅顺口全域旅游示范区建设研究 ………………………………… 128
第一节　全域旅游示范区建设背景 ……………………………………… 128
第二节　旅顺口全域旅游示范区供给体系建设比较研究 ……………… 129
第三节　旅顺口全域旅游示范区供给体系建设路径研究 ……………… 135

第十章　旅顺口全域旅游发展案例研究 …………………………………… 140
第一节　太阳沟历史文化街区全域旅游发展研究 ……………………… 140
第二节　张家村全域旅游发展案例分析 ………………………………… 154

附录1　国家全域旅游示范区验收、认定和管理实施办法（试行） ……… 200

附录2　国家全域旅游示范区验收标准（试行）··204
附录3　首批国家全域旅游示范区名单··208
附录4　旅顺口区重点历史文化遗迹··213

参考文献··216

后　记··226

第一章

全域旅游的发展背景

第一节 "大众旅游"时代与旅游供给侧改革

一、"大众旅游"时代带来的挑战

随着人民生活水平的持续改善，旅游已从传统观念中的奢侈品向更加大众化的日用品方向发展。改革开放以来的 40 多年间，中国旅游业从无到有，由小到大，实现了从"短缺型旅游发展中国家"向"初步小康型旅游大国"的历史性跨越，旅游人次（图 1-1）及旅游收入（图 1-2）呈现不断上升的趋势，我国已进入"大众旅游"的时代。

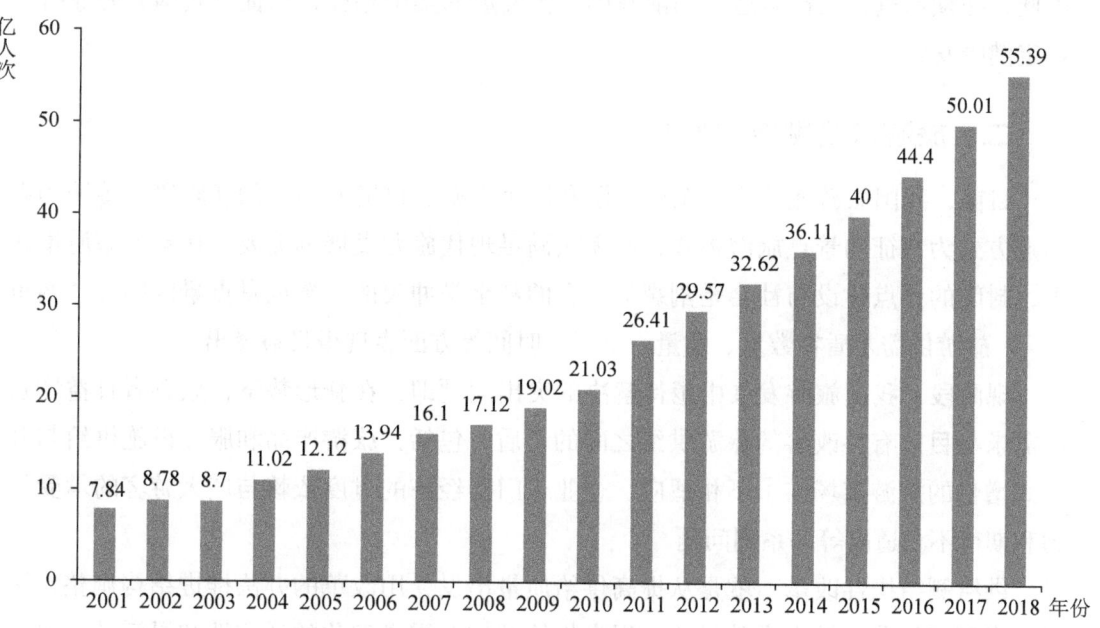

图 1-1 2001—2018 年中国国内旅游人次统计

资料来源：根据历年《中国旅游业统计公报》整理

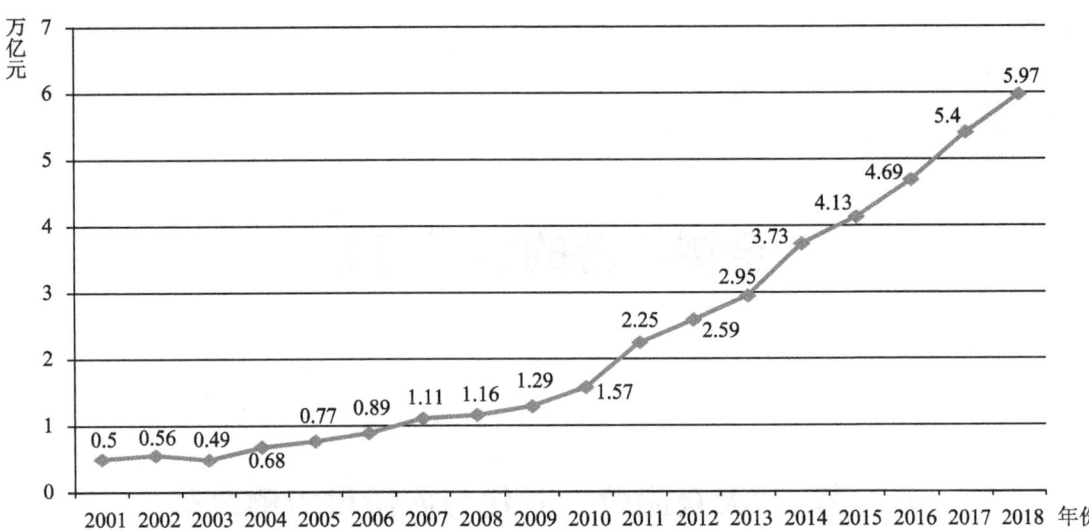

图 1-2　2001—2018 年中国旅游总收入统计

资料来源：根据历年《中国旅游业统计公报》整理

然而，随之而来的问题也日益凸显。传统的景点旅游模式早已不符合当今"大众旅游"的趋势，人们不再满足于封闭式小旅游而更加渴望开放型的"旅游+"模式，特别是如何能够带动旅游目的地的旅游资源整合、旅游产业链延伸、旅游产品创新以及社区居民积极参与当地旅游发展等一系列问题，已成为社会各界所共同关注的焦点。因此，必须通过积极探索适应当前我国旅游发展的实施路径，以促进我国旅游业持续稳定健康发展。

二、旅游供给侧结构性改革

目前，我国旅游业已进入全民旅游和以个人游、自助游为主的新阶段，传统的以抓点方式为特征的景点旅游模式，已无法满足现代旅游发展的需要。在景点旅游模式下，封闭的景点建设与社会是割裂的，有的甚至是冲突的，造成景点景区内外"两重天"。旅游供需矛盾在数量、质量、空间、时间等方面表现得日益突出。

现阶段，我国旅游发展中亟待解决的突出问题即：在新形势下，旅游者日益增长的需求与目前有待改善的旅游供给之间的矛盾，包括：旅游产品和服务设施供给与井喷式增长的旅游市场需求不相适应，企业对门票经济的过度依赖与广大游客的承受能力和期待不相适应等一系列问题。

供给侧结构性改革，就是从提高供给质量出发，用改革的办法推进结构调整，矫正要素配置扭曲，扩大有效供给，提高供给结构对需求变化的适应性和灵活性，提高全要素生产率，更好地满足广大人民群众的需要，促进经济社会持续健康发展。供给侧结构性改革的推进、休闲经济时代的来临，对旅游业发展提出了新的要求。

随着"大众旅游"时代的来临与供给侧结构性改革的推进，旅游业发展面临着新的要求。如何推动旅游供给侧结构性改革？旅游产业结构如何调整？旅游产业生产力、生产要素如何优化配置？如何扩大旅游产品有效供给？国民旅游休闲需求如何满足？如何满足广大人民群众的旅游需要？"全域旅游"作为一种以旅游业带动和促进经济社会协调发展的理念与模式，为这一系列亟待解决的问题提供了应对方式。

第二节 全域旅游的国家背景

推进全域旅游是旅游业落实供给侧结构性改革的有效抓手。全域旅游是指在一定区域内，以旅游业为优势产业，通过对区域内经济社会资源尤其是旅游资源、相关产业、生态环境、公共服务、体制机制、政策法规、文明素质等进行全方位、系统化的优化提升，实现区域资源有机整合、产业融合发展、社会共建共享，以旅游业带动和促进经济社会协调发展的一种新的区域协调发展理念和模式。

2016年7月，习近平总书记在宁夏调研时指出，"发展全域旅游，路子是对的，要坚持走下去"，为推进旅游业改革创新发展指明了方向、提供了遵循。连续三年的政府工作报告都对全域旅游进行了部署。2017年3月5日，第十二届全国人民代表大会第五次会议中"全域旅游"首次写入政府报告，成为政府工作的核心任务之一。李克强总理在2017年政府工作报告中提出"大力发展全域旅游"，2018年，中央政府工作报告中再次明确提出"创建全域旅游示范区"。2019年3月5日，李克强总理在2019年政府工作报告中提出："发展全域旅游，壮大旅游产业。"全域旅游已上升为国家战略。

2018年3月22日，国务院办公厅印发《国务院办公厅关于促进全域旅游发展的指导意见》（国办发〔2018〕15号），就加快推动旅游业转型升级、提质增效，全面优化旅游发展环境，走全域旅游发展的新路作出部署。2018年，全国拥有500家全域旅游示范区创建单位，总面积180万平方公里，总人口2.56亿，覆盖31个省区市和新疆生产建设兵团，各地迸发出实施全域旅游的无穷活力，纷纷将创建工作作为"一把手"工程、"牛鼻子"工程，形成党政主导、部门协同、整体联动、齐抓共管的工作机制，在综合体制改革、现代旅游治理机制建设探索方面取得了令人鼓舞的突破。

2019年3月1日，文化和旅游部办公厅印发《国家全域旅游示范区验收、认定和管理实施办法（试行）》（详见附录1）、《国家全域旅游示范区验收标准（试行）》（详见附录2）、《国家全域旅游示范区验收工作手册》等系列文件，进一步规范国家全域旅游示范区验收、认定和管理工作。2019年3月19日，文化和旅游部办公厅下发《关于开展首批国家全域旅游示范区验收认定工作的通知》。2019年9月20日，文化和旅游部发布公告，公布71家"首批国家全域旅游示范区名单"（详见附录3）。这是文化和旅游部贯彻习近平新时代中国特色社会主义思想，落实党中央、国务院关于全域旅游和创建国家全域旅游示范区部署安排的阶段性成果，将对今后的全域旅游发展及国家全域旅游示范区创建工作产生积极的示范作用，对深化旅游业供给侧结构性改革以及释放文化和旅游消费潜力发挥有效的引领作用。

第三节　全域旅游的区域背景

推进全域旅游是旅游产业全面落实供给侧结构性改革的有效抓手。在首批"国家全域旅游示范区创建单位"名单中，辽宁省共11个市县区入选，分别是：盘锦市、沈阳沈北新区、大连瓦房店市、抚顺沈抚新城、本溪市桓仁满族自治县、丹东凤城市、丹东市宽甸满族自治县、锦州北镇市、葫芦岛兴城市、葫芦岛绥中县、朝阳市喀左县。第二批"国家全域旅游示范区创建单位"名单中，辽宁省共9个市县区入选，分别是：本溪市、锦州市、沈阳市浑南区、大连市庄河市、鞍山市岫岩满族自治县、营口市鲅鱼圈区、阜新市阜蒙县、辽阳市弓长岭区、朝阳市凌源市。至此，辽宁省已拥有20家"国家全域旅游示范区创建单位"。

根据《中共辽宁省委办公厅　辽宁省人民政府办公厅印发〈关于进一步加快旅游业发展的实施意见〉的通知》（辽委办发〔2018〕84号）和《大连市人民政府关于进一步深化全域旅游加快旅游业发展的实施意见》（大政发〔2018〕46号）等相关文件精神，2019年3月，大连市旅顺口区启动了全域旅游示范区创建工作，计划用三到五年时间，创建国家全域旅游示范区，实现旅游发展全域化、旅游供给品质化、旅游治理规范化、旅游效益最大化的发展目标。

然而，有关于旅顺口区全域旅游的空间结构优化、生产要素配置、产业链条延伸、管理体系构建等问题的研究至今尚不多见。鉴于此，本书从旅顺口区创建全域旅游示范区的实际出发，探讨全域旅游背景下如何促进区域旅游资源整合，从空间、产品以及设施等角度研究全域旅游发展中的资源整合；探讨全域旅游背景下如何发展"旅游+"产业，从延伸完善旅游产业链的角度研究全域旅游发展中的产业链延伸；探讨全域旅游背景下如何促进旅游目的地社区参与，从社区居民的角度研究全域旅游发展中的社区参与，提出切实可行的对策与思路，借此为旅顺口区国家全域旅游示范区的创建工作以及区域旅游的持续稳定健康发展提供一定的参考与借鉴。

第二章

全域旅游的理论体系

第一节 全域旅游的概念与理念应用

"全域旅游"是从中国旅游实践中孕育而出的本土化旅游理论,学术界对此展开了广泛而深入的研究,形成的日趋完善的理论体系和认知框架是中国旅游对世界旅游的理论贡献。

一、全域旅游的概念

梳理相关文献,发现关于全域旅游概念的探讨可以追溯到 2010 年。大连市委在 2010 年提出以"全域城市化"战略作为推进城乡统筹、落实国家战略、优化城市功能的基本举措,同时也是指导城市未来发展的最高战略。全域城市化即对大连全域范围进行城市化的整体规划,准确定位城市的发展目标和功能,通过新城的优化布局,适应功能区和行政区融合发展的要求,经过一定时期的经济社会发展、市场扩张和政府推进,在全域范围内逐步形成科学合理、资源共享、优势互补、功能完善、城乡对接与协调发展的城镇网络体系。

厉新建等在对浙江省部分地区全域旅游开展情况进行考察后,正式提出了全域旅游的学术概念,并以北京市为例提出了践行全域旅游理念的建议。他认为,"全域旅游"是指:各行业积极融入其中,各部门齐抓共管,全城居民共同参与,充分利用目的地全部的吸引物要素,为前来旅游的游客提供全过程、全时空的体验产品,从而全面地满足游客的全方位体验需求(厉新建,2013)。此后,吕俊芳、周家俊、张辉等人从不同角度对全域旅游的内涵进行了解读。目前,学术界对全域旅游的解读较为丰富且基本观点一致,即认为全域旅游是打破行政界线的框定,将区域作为整体进行规划,是资源整合、产品丰富、社区参与、权力协同、产业链延伸的系统旅游,但不是所有产业让位于旅游业,也不是指全民参与。

二、全域旅游的理念应用

2010年编制的《大连市沿海经济圈旅游产业发展规划》中最早提出了全域旅游发展战略，胡晓苒等从全域旅游对城市化的推动、全域旅游的内涵和支撑、全域旅游的资源观等三个方面对全域旅游进行了解析（胡晓苒，2010）。吕俊芳提出了中国全域旅游发展模式（吕俊芳，2014）。马勇认为全域旅游是丝绸之路全球发展战略之一（马勇，2014）。樊文斌分析了大连市全域旅游规划，将空间分为四大片区，在产业上提出由滨海旅游融合多种产业衍生出新的休闲体验产品（樊文斌，2015）。高洁以延庆区为例，测算区域旅游环境容量，为其全域旅游可持续发展提供依据（高洁，2015）。穆克瑞提出将琼海市整体作为一个5A级景区来打造，全市建设成为一个没有围墙、没有边界、没有门票，主客共享、旅居相宜的区域（穆克瑞，2016）。李红以霍山县为例，认为全域旅游的空间尺度不宜过大，应打造"慢城"生活方式，使游客参与其中体验小城生活乐趣（李红，2016）。李晓南以辽宁老工业基地为例，认为辽宁发展工业旅游的最佳途径是全域旅游，并通过扩展对旅游资源的界定，进行全新的产品设计，建设特色鲜明的工业旅游主体功能区（李晓南，2016）。陈凤君把全域旅游思维应用于乡村旅游之中，提出：乡村居民积极参与；大力发展民宿旅游；保持乡村原有建筑风格，适当介入现代化生活元素；运用创意文化发展旅游（陈凤君，2016）。

《旅游学刊》在2016年组织了两次全域旅游笔谈，张辉、戴学锋、马波等诸多知名学者对旅游行政管理部门提出的"全域旅游"进行了不同层面的研究，促进了全域旅游基础理论的完善，在此进行简要梳理归纳。

张辉指出，空间方面，全域旅游改变以景区为主架构的旅游空间经济系统，构建起以景区、度假区、休闲区、旅游购物区、旅游露营地、旅游功能小镇、旅游风景道等不同旅游功能区为架构的旅游目的地空间系统，推动旅游空间从景区为重心向旅游目的地为核心转型。产业方面，全域旅游改变以单一旅游形态为主导的产业结构，构建起以旅游为平台的复合型产业结构，推动旅游产业由"小旅游"向"大旅游"转型。要素方面，全域旅游改变以旅游资源单一要素为核心的旅游开发模式，构建起旅游与资本、旅游与技术、旅游与居民生活、旅游与城镇化发展、旅游与城市功能完善的旅游开发模式，推动旅游要素要由旅游资源开发向旅游环境建设转型。管理方面，全域旅游改变以部门为核心的行业管理体系，构建起以旅游领域为核心的社会管理体系，推动旅游行业管理向社会管理转变（张辉，2016）。

杨振之认为钻石理论和空间经济学理论是全域旅游产生的理论基础，并提出全域旅游的核心内涵是在一定区域内（旅游资源富集区），以旅游业为主导或引导，旅游生产要素的合理配置和科学管理。核心要务包括行政管理体制改革、全域旅游新平台搭建、多产业融合发展、旅游多规合一和全域旅游产品升级等五个方面（杨振之，2016）。

王衍用基于基本层面和转型升级层面两种全新思维视角，提出全域旅游时代资源认知由景观转向环境，但景区景点核心地位不能动摇；管理转向目的地综合管理，但多部门统管，行政思维明显，未能形成旅规引领，多规合一；旅游产业转向关联融合产业，但旅游无边界与旅游统计无法有序衔接（王衍用，2016）。

何建民指出，全域旅游模式受区域发展条件限制，各地区应根据实际情况区别对待，不能搞一刀切，特别要关注旅游非优势产业区域的旅游发展模式。产业融合视角下旅游与其他产业融合发展为全域旅游发展模式提供了多样化的路径；全域旅游背景下非优势产业区域旅游发展模式选择充分考虑到个性与共性的选择（何建民，2016）。

曾博伟等认为对全域旅游内涵的理解不能仅停留在全和域上，从政府视角来看，全域旅游实质是一种凝聚各方共识、整合各方力量、引导各方发展的理论，要特别注意利益主体之间、项目建设与体制改革之间、政府和市场之间、全域与特色之间的关系（曾博伟，2016）。

李志飞认为正确理解全域旅游应把握好"四变"与"三不变"，要做好景区内外由二元世界向一元空间转变，旅游收益由门票经济向产业经济转变，景区开发由迁民封闭向福利安民转变，旅游规划由辅助规划向现行规划转变，同时要确保旅游景区核心地位、旅游发展可持续方向和旅游资源特色理念一以贯之不动摇（李志飞，2016）。

刘家明在分析创建全域旅游背景和误区的基础上，提出以高等级优质景区、乡村旅游产业聚集区、产业融合创新示范区、特色旅游小城镇、绿道体系和驿站式服务网点为抓手，开展全域旅游示范区创建工作（刘家明，2016）。

三、全域旅游的研究述评

现阶段，学术界对于全域旅游的研究多为关注其应用方面，研究方法相对单一，除了用定性方法探讨其内涵外，基本以案例分析为主，研究视角相对较窄。代表性研究包括：樊文斌以大连市为例、穆克瑞以琼海市为例、李红以霍山县为例，探讨了其全域旅游视角下区域规划格局。吴海琴以南京市汤山村、陈永胜以苍山溪水、黄华芝以贵州兴义市为研究对象，探讨了全域旅游理念下乡村旅游的发展。

通过对全域旅游相关研究文献的梳理发现，目前学者们已取得了较多的研究成果，但尚有许多不足：①报道性文章比重大，权威期刊上相关论文少；②重实证分析，轻理论研究；③研究视角较为单一，缺乏微观层面分析，特别是对全域旅游发展的各要素、涉及的利益相关者和产生的影响、与专题旅游结合等方面；④全域旅游理念多应用于旅游规划中，但对于全域旅游规划与一般旅游规划之间是否存在异同，尚缺乏深入研究；⑤研究方法单一，缺乏借鉴其他学科的研究方法，缺乏定量方法的使用。

鉴于此，本书在加强全域旅游理论研究的基础上，借鉴相关学科理论方法，注重定性定量结合，科学构建全域旅游发展模式，并以大连市旅顺口区为例，对全域旅游涉及的各要素进行综合分析，探索本区全域旅游发展的实施路径，以加强全域旅游理论与实践的融合。通过深入研究取得的相应成果，不仅能够为相关学科的融合创造一定的理论实践积累，而且可以尽快跟踪到学术前沿，拓宽相关理论的研究视角，具有一定的理论意义。

第二节　全域旅游资源整合研究

一、旅游资源整合研究

整合理论最先是从经济学的角度提出的，其目的是以区域为基础，提高区域内的要素流动，达到资源的有效配置与利用。整合强调"整体大于个体之和"，其理论基础是系统理论中的系统观，其客观物质基础是地域毗邻而相异的旅游资源，整合强调整体利益的发展和控制。

市场经济环境下的优胜劣汰、资源重组、兼并退出是常态现象，这对于旅游产业同样存在。旅游资源整合就是指区域旅游资源的管理者与经营者根据本地区旅游资源的特点与利用现状、区域旅游发展的目标及旅游市场供求情况等，使用行政、市场、法律、行业协会等方式，把各相关资源重新优化调整成为一个协调的整体，从而实现其效益最大化的过程（厉新建，2013）。

二、全域旅游资源整合研究

在全域旅游背景下进行资源整合是必然的选择。在旅游资源开发初期，出现了很多良莠不齐的旅游产品，当旅游发展到一定阶段后，资源的整合成为大势所趋。类型不同的旅游资源往往在资源整合上具有更大的潜力，进行科学合理的资源整合会加强整体实力，进而提高旅游资源的利用率，不断完善旅游产品体系。

吕俊芳等从城乡统筹的视角对全域旅游内涵进行了解析，认为全域旅游将引导资源要素向农村集聚，以城乡旅游联动、城乡资源整合和城乡产业融合推动城乡一体化发展（吕俊芳，2014）。侯志强认为全域旅游应整合区域内自然资源、人文资源和社会资源等各类资源（侯志强，2018）。

全域旅游倡导整体过程提升游客的旅游体验满意度，旅游应当不仅体现在景区景点的体验，还应当提升食、住、行、游、购、娱的全过程优化。与传统旅游相比，全域旅游与区域经济社会的联系更加广泛和紧密。通过区域内各类资源的整合，众多生活资源属性的道路、水利设施、街区、绿化等，具有了旅游资源的观赏价值，而成为旅游资源的一部分。

因此，全域旅游背景下的旅游资源整合不能仅局限于目的地景观，也要重视同样具有吸引功能的旅游设施及服务，如接待娱乐设施、交通条件等。在全域旅游背景下进行旅游资源整合，是把一个行政区作为一个旅游景区，根据区域内及周边地区的旅游资源、交通条件、接待设施等，全面优化旅游资源、旅游景点、设施建设和旅游产品结构与布局，建立起空间有序、产业融合、产品丰富的旅游系统。全域旅游发展就是对所有利于旅游发展的资源重新整合，将能利用的优势资源整合在一起，能培育的生产要素整合在一起，进而构造结构完善的旅游发展体系。

第三节 全域旅游产业链研究

产业链是由产业中各企业共同组成的一个组织，该组织以投入产出为纽带，依照一定的空间布局及逻辑关系形成互动，以实现服务客户达成增值的目标。旅游产业链是以旅游产业中的优势企业为链核，旅游相关部门之间在相应价值创造职能指向下形成的动态链接，是共同向旅游者提供产品时形成的相互协作关系（赵磊，2011）。

需要注意的是，旅游产业链的概念有广义与狭义之分，狭义的旅游产业链属于旅游产业内部的作用关系，主要涉及"食、住、行、游、购、娱"六要素，而广义的旅游产业链则涵盖了旅游业与相关行业之间的作用关系。旅游业是一个涉及广泛的行业，与工业、农业以及第三产业中的交通运输业、通信业、商业、餐饮业、金融保险业等具有十分紧密的联系。旅游业的发展应侧重于其产业链的延伸与完善，着眼于上下游产业链的联动发展。

显然，全域旅游产业链属于广义层次的旅游产业链。目前，随着全域旅游战略的逐步推进，旅游地应不断延伸完善其旅游产业链，坚持"旅游+"，引领项目建设、功能配套、结构优化与产业升级，促进人居环境优化与民生改善。

一、全域旅游与新型工业化融合研究

全域旅游理念契合工业旅游发展，通过"全时空"扩大旅游参与主体，"全产业"深化工业旅游资源整合，"全过程"加强工业旅游公共服务建设，"全要素"丰富工业旅游供给，"深体验"提升工业旅游内涵，重点突出从"围景建区"向"区景一体"转变，实现以工业遗产景观全域塑造全域旅游工业形象，以政府引导支持发掘地方工业

文化内涵与意蕴，以资源整合积淀历史文化，以互联网促进智慧旅游，以全民参与提升感知度，以政府服务保护城市文脉，促进工业旅游全域化发展（苑剑英，2016；陶庆华，2017；哈静，2017；巴永青，2017）。此外，李晓南以沈阳市工业旅游为具体案例，围绕工业旅游战略定位、工业旅游体系建设和工业旅游公共服务体系建设等方面提出了全域旅游背景下工业旅游的发展对策（李晓南，2016）。通过全域旅游视角对工业旅游的发展进行了梳理，仍有许多问题需要进一步研究解决。一是全域旅游框架下工业旅游应如何扮演好角色以丰富全域旅游体系，二是其推进路径和开发模式该做出哪些调整以适应全域旅游发展，三是对于工业旅游的案例分析有待进一步加强（孟令国，2018）。

二、全域旅游与农业现代化融合研究

以全域旅游发展理念推动农业与旅游深度融合，促进了农业旅游资源的整合优化，丰富了乡村旅游产品体系，扩大了农业旅游市场，对于消除城乡二元经济结构，产业升级和供给侧改革具有重大意义（陈燕，2017）。唐烨基于全域旅游视角构建了影响乡村旅游业的模型，并提出应围绕区域特征、旅游增长极、乡村配套和产业融合发展全域乡村旅游（唐烨，2017）。孟秋莉等基于全域视角下的乡村旅游产品观，构建基于"六全""六业"的乡村旅游产品体系，促进乡村经济社会可持续发展（孟秋莉，2016）。刘栋子根据全域旅游发展理念构建了全域乡村旅游综合评价指标体系，并以重庆市武隆区仙女山镇为例进行实证研究，提出乡村旅游开发能力和管理能力是影响乡村旅游可持续发展的主要方面（刘栋子，2017）。朱世蓉提出了"全域乡村旅游"的发展理念，指出"全域乡村旅游"有利于产业集聚和品牌建设，带动农村产业结构优化升级（朱世蓉，2015）。刘玉凤认为，全域旅游理念下的乡村旅游融合是实现乡村旅游可持续发展的动力所在，并针对微观、中观和宏观三个层面提出了具体对策（刘玉凤，2016）。张香菊以贵州省为例，提出以全要素投入、全民共创共赢、全产业融合塑造贵州省全域资源观、产品观和产业观，构建全域化乡村旅游供给侧结构改革路径（张香菊，2016）。俞彤等通过定量研究发现广东省旅游业对农业发展有积极的促进作用，提出应重点发展全域旅游、促进旅游与农业深度融合、实施旅游精准扶贫等政策促进乡村旅游可持续发展（俞彤，2018）。张红智等在全域旅游视域下运用定量模型分析滨海旅游业与海洋渔业的互动关系，认为滨海旅游业的发展对海洋渔业可持续发展产生负面影响（张红智，2017）。

三、全域旅游与现代服务业融合研究

侯玉霞等以龙胜各族自治县为例，围绕全产业、全产品、全要素、全过程等方面提出茶旅产业融合发展的对策措施（侯玉霞，2017）。刘庆余等以全域旅游为视角，提出从"全体验旅游产品""全链条旅游产业""全覆盖旅游公共服务"以及"全媒体营销网络"等方面发展健康养生旅游（刘庆余，2016）。林峰认为多产业融合是全域旅游的核心理念之一，"旅商文体康养"多产业融合的文旅地产创新模式，已成为全域旅游背景下旅游与地产融合发展的主流趋势（林峰，2016）。方世巧以广西为例，提出全域旅游背景下通过文旅融合体制机制创新、良好环境打造、鼓励全员参与，促进广西文旅深度融合发展（方世巧，2018）。沙莎等依据全域旅游发展理念和《市县旅游全域化评价指南》（DB35/T 1489-2015），提出从"产业化"融合、"资本化"投资、"智能化"监管、"精品化"动力、"协同化"保障、"可持续化"人才培养等方面加强养生旅游产业融合机制建设（沙莎，2016）。王颖等指出全域旅游倡导的一体化营销模式有助于提升体育旅游行业竞争力，全域旅游规划的综合协调和资源整合能力还有利于体育行业可持续发展的实现（王颖，2018）。汤伊乐认为，体育旅游是全域旅游产业融合的新亮点，提出在全域旅游导向下以新理念为平台，以新业态为主体，以拉动增长和促进发展为目标，稳步推进体育旅游产业融合进程（汤伊乐，2018）。朱佳斌基于全域旅游理念提出体育旅游资源匹配发展模式，指出体育与旅游、医疗的融合，将有助于供给侧改革、健康中国及新型城镇化建设（朱佳斌，2018）。

第四节　全域旅游社区参与研究

社区参与是指居住在旅游景区或旅游资源富集地周围的社区居民自觉自愿参与景区服务与管理，旅游地的发展决策和旅游收益分配等活动。社区居民与景区有着紧密的联系，二者拥有共同的利益人群，居民可以通过表达自己的意见和建议影响旅游经营管理者的决策行为。

现阶段，全域旅游在我国方兴未艾，而国际上的全域旅游发展也已经取得了巨大的成功。无论是国内还是国外，社区参与都是推动全域旅游发展的重要环节。因此，应积极借鉴国内外先进经验，不断强化社区参与，促进全域旅游发展。

一、国际发展经验

（一）法国模式

早在20世纪70年代，法国就积极引导社区居民参与乡村旅游开发，农户们在进行农业生产的同时，还可以开展多种旅游服务，并注重社区文化的保护与传承，包括民风民俗、建筑特色、生产生活习惯、邻里之间的社会交往等，该模式其后得到欧美各国的效仿。在此模式下，政府提供资金帮助社区居民修护民宿以达到管理部门要求的标准。社区居民可以通过加入官方网络或民间协会等方式，遵守相关规定，民宿达到一定标准，经营达到一定时间，即可获得国家补助津贴。法国在创建全域旅游区域时即要求将社区居民态度置于考核评价体系之中。自1959年"鲜花小镇"评选伊始，社区居民的参与度就成为关键指标。到2014年，全国50%以上的市镇均加入竞选行列，共有227座市镇获得最高荣誉，其中不乏著名的吉维尼（Giverny）、科尔马（Colmar）、依云（Evian）等。

（二）美国模式

美国夏威夷州的居民曾连续3年获评"全美最幸福居民"，这得益于当地旅游开发伊始即秉承的"让社区居民受益"原则。自20世纪90年代，夏威夷旅游局就十分关注社区居民在旅游开发中的收益与态度，并在1997年设立了原住民接待业协会，以促进社区居民与旅游业之间的良性互动。时至今日，夏威夷州的社区居民不仅能够参与开发决策，而且可以得到众多的就业岗位，还能从大量的惠民政策中得到实惠。依据当地规定，区域所有沙滩须让社区居民方便进入，每月首个周日社区居民可免费参观伊奥拉尼皇宫（Iolani Palace）。得益于长期注重社区居民，引导社区参与，保障社区利益，当地居民的幸福感强，并营造出良好的社会环境，从而塑造了夏威夷美好的旅游目的地形象。

（三）新加坡模式

新加坡全民参与社区环境建设，早在1971年的"全民植树节"就种植树木30 000多棵。到了20世纪80年代，所有社区居民均参与植树活动；全部绿化工程必须征询社区居民的态度；号召社区居民承包或租赁公共绿地、花木、公园设施，启动全民管理模式。1990年，又开展了"清洁与绿化新加坡行动"，政府与社区居民联合建设与维护社区生态环境。21世纪伊始，新加坡政府颁布了"纪念1963植树计划"，倡导社区居民和企业依据"个人植树计划"在全国植树1963棵，认养费用为200元/棵，获得的款项全部捐献给"花园城市基金"。

二、国内发展经验

全域旅游发展至今，我国也形成了一系列成功的社区参与模式。现阶段，我国全域旅游社区参与模式主要包括以下4种，分别为："公司+居民"模式、"政府+公司+旅行社+协会"模式、"股份制"模式、"居民+居民"模式，见表2-1。

表 2-1 全域旅游社区参与模式比较

模式	释义	优势
"公司+居民"	企业对居民进行预付，居民从事合约规定的相关工作，企业免费为其提供技术支持	通过调动居民，实现旅游开发，合理利用人财物，促进居民增收，降低建设成本，保障开发成效，使社区文化得以传承保护
"政府+公司+旅行社+协会"	将政府、公司、旅行社、协会等资源聚集到一起，促进各种力量均得到最大程度的利用	4种力量结合起来以谋求利益均衡，既规避了过度开发引起的商业化，也有益于传承保护当地社区的特色文化
"股份制"	参与各方依据旅游资源权属作为股本，以参股方式获取利润；除按股份分红外，也有按劳分配	①可增加居民的积极性 ②提高了风险承受能力 ③有利于聚集资本
"居民+居民"	社区示范户的成功引起更多居民加入，从而形成一定的规模	①成本投入较小 ②易形成文化资源吸引力

海南三亚市玫瑰谷旅游地的规划开发采用了"政府+公司+旅行社+协会"和"股份制"的模式，在这种模式下可以把四者的力量聚集起来，去获取利用率的最大化，既规避了过度开发引起的商业化，也有益于传承保护当地社区的特色文化。这样的开发模式可吸引外地游客来寻访探索当地独特的文化韵味，也是维护区域旅游可持续发展的基础。

对于一些不够发达的地方，市场渗透能力较弱，社区居民对市场很难产生商业意识，这种情况下政府或企业的介入则可能引起当地居民的反感。此时，居民们更看重的是社区的示范户如何投资，政府可以借助示范户开展"居民+居民"的模式。例如，湖南汉寿县的"鹿溪农家"，就是由社区示范户的成功引领更多的居民加入，从而形成规模效应。

旅游者流入及当地居民幸福美好生活的需求是旅游业发展的原动力，促使旅游产业持续发展子系统不断演化升级。因此，全域旅游不仅应重视旅游者的旅游体验，而且考虑当地居民的休闲幸福需求。发展全域旅游，社区居民是重要的一环，社区营造良好的生活环境和人文气息，是提升全域旅游目的地形象的重要因素，也是当地旅游业维持可持续发展的重要保障。因此，如何营造一个良好的社区氛围是全域旅游发展中的重点，也是业内专家学者们所共同关注的焦点。

孙凤芝认为，社区参与旅游发展可以让当地居民对旅游发展规划的态度变得积极、自觉与开朗，融入旅游规划中，从而能更好地推动旅游目的地的经济发展和分配公平（孙凤芝，2013）。胥兴安提出让管理和建设者参与到社区建设中来，这能减少社区居民与旅游管理者之间的冲突，有利于实施旅游规划（胥兴安，2015）。全域旅游发展要关注游客和当地居民的"权""利"关系，明确全域旅游推进主体和受益对象，加强旅游目的地软环境建设和产业深度融合（李春梅，2018）。

以往的很多研究都分析了社区参与和旅游发展之间的必然联系，注意到了社区居民对于旅游业起到的重要作用，更多地研究了居民和旅游管理者的矛盾缓和。然而，目前的研究较少关注居民对于参与规划决策、资源保护以及宣传教育等方面，特别是基于全域旅游背景下的社区参与研究更是乏善可陈。鉴于此，本书结合全域旅游这一全新背景，对社区参与旅游发展产生的影响以及全域旅游社区参与的实施路径展开研究。

第五节　全域旅游示范区建设研究

2019 年 3 月，文化和旅游部颁布的《国家全域旅游示范区验收、认定和管理实施办法（试行）》（以下简称《办法》，详见附录 1）中指出，国家全域旅游示范区是指将一定行政区划作为完整旅游目的地，以旅游业为优势产业，统一规划布局，创新体制机制，优化公共服务，推进融合发展，提升服务品质，实施整体营销，具有较强示范作用，发展经验具备复制推广价值，且经文化和旅游部认定的区域。目前，学术界关于"全域旅游示范区"的研究主要集中在以下几个方面：

一、竞争力研究

张河清基于广东省 14 个国家全域旅游示范区创建单位的实证分析，研究了特殊区域的旅游竞争力评价。林明水从全时空、全产业、全要素、全管理和全支持等 5 个方面构建了国家全域旅游示范区竞争力评价指标体系。高冠军以临沂市河东区创建全域旅游示范区为例进行了竞争力研究。

二、旅游效率研究

邓泽平基于投入和产出有效时规模报酬不变的 DEA 模型，对广东省 14 个国家全域旅游示范区创建单位的旅游投入产出效率进行了有效评价和相关性分析。李经龙基于安徽省全域旅游示范区创建单位的旅游投入与产出面板数据，采用数据包络分析法和 Malmquist Index 测度全域旅游示范区创建单位的旅游综合效率、全要素生产率。

三、空间结构研究

赵慧莎以 262 个国家全域旅游示范区创建单位为样本，用 Arcgis10.0 对其空间分布形态、集聚特性及省域分布特征进行了定量表征。徐珍珍运用 GIS 技术和数理统计方法对全域旅游示范区创建单位的空间分布及其影响因素进行了定量研究。李经龙用

G指数法分析了安徽省全域旅游示范区创建单位的空间分布特征。黄荣献以广西17个国家全域旅游示范区创建单位为对象，通过因子分析法和引力模型计算旅游中心度和旅游经济关联值，构建了广西全域旅游示范区空间结构模型。

四、建设路径研究

罗海英提出了山西省国家全域旅游示范区建设路径，包括：政府导向、现代治理、文化植入、合作创新等方面。李方方从文化休闲形象定位、项目支撑引领、全域旅游配套设施、全域旅游营销体系等4个方面探索了颍上县建设国家全域旅游示范区的路径。陈烨以湖北省恩施土家族苗族自治州为例，研究了全域旅游示范区建设背景下民族地区实施"乡村振兴"战略的路径。

五、研究述评

现阶段，学者们在"全域旅游示范区"研究方面成果颇丰，但尚有不足之处。一方面，重实证而轻理论，理论与实践结合程度不足；另一方面，研究视野较窄，匮乏微观层面解析，尤其是对全域旅游示范区供给体系方面的具体研究尚不多见。鉴于此，本书在加强理论研究的基础上，借鉴相关学科理论方法，重点研究全域旅游示范区的供给体系建设，并以旅顺口区为例，对全域旅游示范区供给体系涉及的各要素进行综合分析，探索示范区供给体系建设的实施路径，加强全域旅游理论与实践的融合。

第三章

旅顺口全域旅游发展的基础支撑

第一节　旅顺口全域旅游发展环境分析

一、地理区位

旅顺口区隶属辽宁省大连市，位于我国东北地区的最南端，三面环海，东临黄海，西濒渤海，南与山东半岛隔海相望，北依大连市区，堪称"渤海咽喉，京津门户"，地理区位极佳，见图3-1。旅顺口区陆地南北纵距26.1公里，东西横距31.2公里，总面积506.8平方公里，海岸线长169.7公里。南与东南濒临黄海，与山东半岛隔海相望，与朝鲜半岛跨海毗邻；西与西北依傍渤海，与天津新港一衣带水，与北戴河海滨遥相媲美；东与东北连接陆路，与大连市甘井子区接壤，距大连市区32公里。境内有举世闻名的天然不冻旅顺军港，为京津海上门户和东北的天然屏障；旅顺新港是沟通辽东半岛和山东半岛的"黄金水道"。

二、生态环境

旅顺口区属北温带亚湿润季风气候，冬无严寒，夏无酷暑，四季分明，冬夏长、春秋短，日光充足，雨量适中。旅顺口区全境属长白山余脉构成的沿海丘陵地带，整个区域东高西低，平均海拔140米，地形构成为六丘半水三分半田。共有山丘292座，境内最高山脉老铁山海拔465.6米，直临黄渤海分界线，被誉为辽宁的"天涯海角"。境内河流多为间歇性小河。农田多处在15度左右的缓坡上，少量在丘陵间盆地或沿海河谷地带。

旅顺口区环境优美，山、海、河、湖、森林、湿地交相辉映，缔造了美轮美奂的人间仙境，是国家级风景名胜区、国家级自然保护区、国家级森林公园、国家级生态示范区和国家级地质公园，国家自然保护区面积达140平方公里。黄海和渤海在这里相会，举世闻名的蛇岛、鸟岛堪称龙凤呈祥，本区拥有 100 多种名贵树种，森林覆盖率高达 54.5%，位居辽宁全省第一，是适宜养生的天然氧吧，城市空气质量优良天数达到 337 天，被称为"东方的直布罗陀""东北小江南"。旅顺口区先后荣获"中国人居环境范例奖""全国生态示范区""全国绿化达标区""辽宁省最佳人居环境县区""辽宁省模范卫生城"等殊荣，被称作"最适合人们生活与工作的地方之一"。

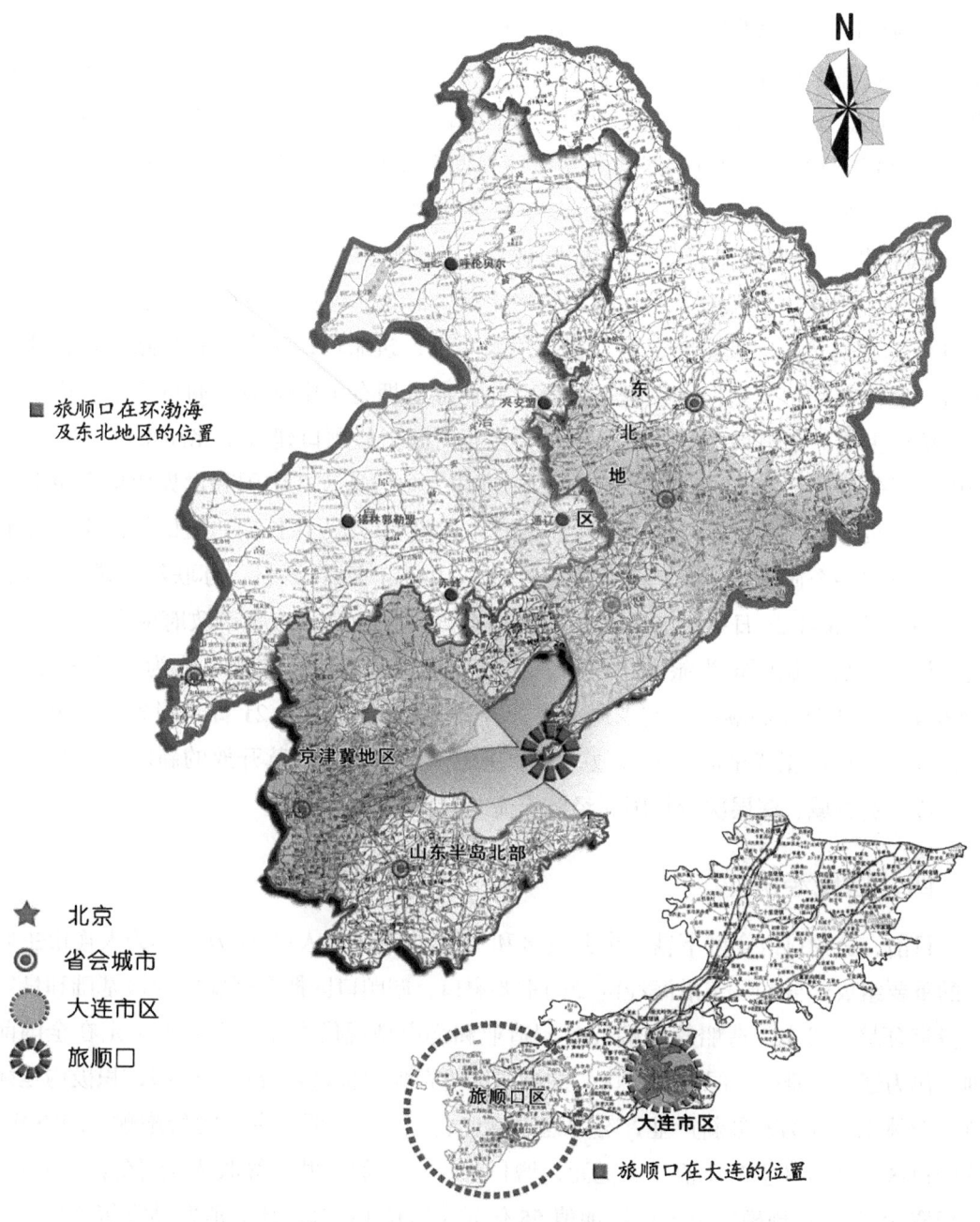

图 3-1　旅顺口地理区位图

三、历史文化

旅顺口区历史悠久，5000年前就有人类居住，汉代时属沓氏县，东晋时名"马石津"，隋唐时谓"都里镇"，元代时称"狮子口"。明朝洪武四年（1371年），明太祖朱元璋派马云、叶旺两将军率军队从山东蓬莱乘船跨海在此登陆收复辽东，因海上旅途一帆风顺，遂将狮子口改名旅顺口，一直沿用至今。

旅顺口区古文化遗址众多，是大连市最早的发祥地之一。这里的史前文化遗址内容丰富，其郭家村保存有新石器时代遗址，大量的出土石、陶器反映了5000多年前的文化特征。于家村和羊头洼仍保留有青铜时代的历史遗址，大量的出土文物反映了3000~4000年前的人类文化特征，其中于家村西南部的坨头古墓是商末周初的遗址，刁家村保存有西汉海防古城堡——牧羊城，沿着老铁山山脊保存有多处完好的积石古墓群，是青铜时代的历史遗留。这些古遗址具有极高的考古和历史研究价值。

19世纪中叶，清朝为了加强防护，将旅顺口辟为北洋水师的军事基地，1880年至1894年，李鸿章8次到旅顺巡察，在这里修军港，筑船坞，建海岸和陆路炮台，开办水雷、鱼雷和管轮学堂，设置海军公所，并使这里拥有了中国最早的自来水工程、中国电信史上第一条电话线等先进设施，十多年时间把旅顺口建成了北洋重镇。1894年的中日甲午战争和1904年的日俄战争，旅顺均为主战场，在中国和世界历史上留下了重要的一页。旅顺曾被沙俄侵占7年，遭日本奴役40年，在长期的殖民统治中饱经沧桑，素有"一个旅顺口，半部近代史"之说。1945年8月22日，苏联红军进驻旅顺，直至1955年5月24日撤出旅顺回国。1945年11月25日，旅顺市政府成立；1950年成立旅大市后，旅顺市为旅大市辖市；1981年改为大连市，旅顺口成为其辖区之一。1996年7月1日，旅顺口区实现局部对外开放。2009年11月21日，国务院、中央军委批准旅顺口区正式全面对外开放，旅顺历史性地步入了改革开放的新阶段，开启了全方位、宽领域、深层次参与国际经济交流与合作的时代之门。

四、区域经济

目前，旅顺口区全区下辖1个开发区和11个街道，总人口27万。作为大连市主城区的重要组成部分和辽宁沿海经济带的重要窗口，旅顺口区拥有坚实的经济基础和良好的投资环境，机车、造船等高端装备制造业和都市型现代农业的发展水平走在全国前列。作为辽宁省唯一的绿色经济区，旅顺口区正在加快推进传统产业转型，积极构建绿色产业体系，大力发展新产业，努力建设富庶、美丽、文明、幸福的新旅顺。2019年，旅顺口区实现地区生产总值305亿元，增长6.5%；一般公共预算收入15亿元；固定资产投资48亿元；规模以上工业增加值55亿元，增长13.5%；社会消费品零售总额90.2

亿元；城镇居民人均可支配收入 46 010 元，增长 6.8%；单位 GDP 能耗下降 3.3%。

五、旅游发展

依托全国最佳旅游城市——大连，旅顺口区旅游产业发展迅猛，产业规模持续壮大，已经成为国民经济新的增长点。目前，本区以旅顺军港为主体，突出人文旅游资源开发，形成爱国主义教育基地，同时大力开发生态旅游及节庆旅游等。旅顺口区从 2017 年 5 月 1 日起，白玉山景区、东鸡冠山景区、二〇三景区和军港游园等景区对公众免费开放，2017 年"五一"小长假本区共接待海内外游客 18.6 万人次，同比增长 6.9%，实现旅游综合收入 5500 万元，同比增长 12.2%。

旅顺口区积极推进旅游、观光、休闲产业的发展，特别是发挥本地优势特色产业优势，发展农业采摘、观光、体验游和农家乐餐饮服务业，促进了本区经济的发展。2018 年，旅顺口区进一步加强农村生态环境建设，开展美丽乡村创建，并将优美的自然生态环境与旅顺当地优质特色的农产品生产相融合，大力推进乡村旅游业的发展。开展了大樱桃、草莓、苹果、葡萄等特色水果的采摘游，吸引游客采摘、观光、体验农家风情，品尝农家饭菜，以农业优势产业带动旅游业的发展，增加农业经济效益。2018 年，本区农业采摘园达 208 个，新农庄、民俗村 26 家，农家乐和渔家乐 78 家。旅顺口区还结合当地特点和民俗习惯，通过举办"樱桃节""草莓节""苹果节""渔人节""农民丰收节"等农事节庆活动，将旅顺的特色文化与乡情民俗活动相融合，推出了 10 多条乡村旅游线路。2018 年，本区乡村旅游接待游客 600 多万人次，产业综合经济收入超过 50 亿元，有力地促进了区域经济的发展。

2018 年以来，旅顺口区进一步加大第三产业的发展力度，利用旅顺口区域优美的生态环境、民风民俗和特色农产品，开展了农产品采摘、休闲观光、乡情体验、农家饭菜品尝等为主的节庆活动，分别举办了樱花节、旅顺大樱桃节、草莓节、龙舟大赛、赏槐会、渔人节、彩叶节、农民丰收节、海鲜美食节等活动，有力拉动了本区旅游消费市场。此外，旅顺口区还利用"五一小长假""国庆黄金周""端午""中秋"等节日，推出了旅顺风情游和"农家乐"体验、海上垂钓等项目，吸引了全国各地游客前来观光旅游，促进了旅游经济的发展。2018 年，本区接待国内外游客 904.4 万人次，实现综合经济收入达 68.7 亿元，分别比上年同期增长了 8.9% 和 15.9%，为本区经济发展提供了支撑。

2019 年，旅顺口区以创建国家全域旅游示范区为目标高层次谋划旅游发展，成功举办首届文旅投资洽谈会和樱花节、彩叶节等特色活动，引入亚朵等高端连锁酒店 2 家，祥兴创元温德姆酒店、恒大文旅城正式签约，旅游业收入增长 15%。改造提升塔河湾浴场，打造重点夜经济街区 3 个、特色餐饮街区 4 条。引导农业向文旅业融合，小南村荣获大连市唯一中国乡村旅游重点村、上榜中国美丽休闲乡村和千村万寨展新颜展示活动村，培育形成双岛张家村、铁山王家村等一批乡村振兴特色村。

第二节　旅顺口全域旅游资源分析

一、旅游资源统计

旅顺口素有"半部近代史"和"露天博物馆"之称，人文、自然旅游资源兼备且品质较高，具有巨大的开发潜力与价值。根据《旅游资源分类、调查与评价》（GB/T18972-2003），将旅顺口区旅游资源进行分类整理，发现区域旅游资源类型较为多样，资源储量相对丰富。主要旅游资源涵盖上述标准8大类中的7类，涉及31个亚类中的20个亚类和155个基本类型中的34个基本类型。其中，自然旅游资源有3主类，8亚类和11个基本类型；人文旅游资源有4主类，12亚类和23个基本类型，其代表性旅游资源单体见表3-1。

表3-1　旅顺口区代表性旅游资源单体

主要类别	代表性旅游资源单体
地文景观	黄渤海分界线、鸟岛、蛇岛、老虎尾半岛、杨家套海滨浴场、柏岚子海滨浴场、模珠礁海滨浴场、黄金山海滨浴场、芹菜沟海滨浴场、九头山海滨浴场等
水域风光	柏岚子湿地、双岛湾湿地、龙引泉、开世温泉、老铁山温泉、老铁山水道、大潮口湾等
生物景观	老铁山自然保护区、大连斑海豹自然保护站、老铁山鸟栈、七彩南山景区、华酝牡丹园等
遗址遗迹	将军山遗址、郭家村新石器遗址、牧羊城遗址、土城子遗址、唐代鸿胪井遗址、甲午古炮、电岩炮台、清代南子弹库遗址、黄金山炮台、俄远东总督府旧址、旅顺日俄监狱旧址、望台炮台、东鸡冠山北堡垒、203高地、关东司令部旧址、西太阳沟堡垒、将军石炮台、城头山炮台、西鸡冠山炮台、老虎尾炮台、二龙山堡垒、黄金山信号台、椅子山炮台、大案子山堡垒、水师营会见所等
建筑与设施	蟠龙寺、金伯阳公园、世界和平公园、军港游园、友谊公园、龙引泉森林公园、闯关东影视基地、旅顺植物园、百鸟园、"军港之夜"主题公园、万忠墓纪念馆、旅顺博物馆、白玉山塔、老铁山灯塔、苏军胜利塔、苏军烈士纪念塔、中苏友谊塔、太阳沟历史文化街区、旅顺师范学堂旧址、旅顺中学校旧址、旅顺实业学校旧址、大和旅馆旧址、关东州厅旧址、肃亲王府旧址、罗盛玉故居、旅顺船坞、旅顺火车站、苏军烈士陵园、八一烈士陵园、万忠墓等
旅游商品	苹果"红冠"品种、"棠梨、面酸梨、巴梨"、桃各类品种、葡萄各类品种、樱桃各类品种、李子各类品种、"海龙涎"系列海洋产品等
人文活动	旅顺国际樱花节、旅顺人居节、北海渔人节、旅顺之夏纳凉晚会、旅顺美食文化节、旅顺樱桃节、旅顺洋梨节、龙王塘海灯节、旅顺合唱节、国际龙舟大赛、海鲜美食节等

二、旅游资源特征

旅顺口区旅游资源呈现出类型全、数量多、品质高的特点，有利于资源整合，旅游产品开发空间大。其中，海滨浴场的开发方向主要是休闲度假，区域旅游资源中存在品质较高的温泉和海滨资源，可进行休闲度假、养生保健方向的旅游资源开发。同时，区域生物景观资源分布较集中，基本分布在国家级自然保护区和国家级森林公园内，蛇岛上的黑眉蝮蛇、老铁山"鸟栈"及鸟岛上的鸟类、渤海中的斑海豹等生物景观特色鲜明，具有开发潜力。此外，旅顺口作为大连滨海国家地质公园四大园区之一，其地质地貌景观也具有较高品质与开发潜力。

旅顺口区历史悠久，文化遗迹众多，人文旅游资源丰富，尤其以近代历史文化旅游资源最为著名。本区旅游资源单体中，人文旅游资源优势明显，以建筑设施类和遗址遗迹类资源单体数量居多。目前，区域拥有历史文物和战争历史遗迹为主的人文景观上百处，其中区级以上文物保护单位71处，包括国家级11处、省级9处、市级26处、区级25处，国家级文物保护单位数量在全国县市区位居榜首，详见附录4。旅顺口区文物保护单位大多是近现代重要史迹和工业遗产等，例如，旅顺的南子弹库旧址、旅顺船坞旧址、老铁山灯塔、关东州总督府旧址、旅顺红十字医院旧址、关东州厅旧址和侵华日军关东军司令部旧址等，具有历史价值较大、含义深刻、保存较完整等特点。

三、旅游资源评价

通过实地调研，并与国内同类旅游目的地资源禀赋比较发现，旅顺口区旅游资源基底较为优越，旅游开发条件趋于成熟，具有较大的旅游产业发展潜力。本区是全国少有的集风景名胜区、自然保护区、森林公园、生态示范区、地质公园等于一身的城区。由世界奇观蛇岛、鸟岛、黄渤海分界线等构成的自然景观和以甲午战争、日俄战争等战争遗迹为主的人文景观共同构成8大景区、100多处景点、72处文物保护单位，15处海滨度假区连网成片。

以洋务运动和日俄战争等近代战争遗迹为核心的人文历史类旅游资源，国家级自然保护区、国家级森林公园、国家级生态示范区和国家级地质公园的生态优势，以及青山、碧海、蓝天的天然优质气候资源，都是旅顺口区发展旅游业得天独厚的优势和坚实的基础。

同时，旅顺口区自然旅游资源与人文旅游资源联系较为密切，具有较强的组合度。例如老虎尾美景，只有在白玉山景区的白玉山塔处才是观赏的最佳角度。因此，本区旅游资源集中度高、知名度大的自然旅游资源与人文旅游资源可捆绑打造形成强势竞争力。

四、旅游资源开发中存在的问题

现阶段，旅顺口区正处于申建"国家全域旅游示范区"时期，很多方面与《国家全域旅游示范区验收标准（试行）》尚有一定的差距。根据实地调查发现，旅顺口区目前的旅游资源开发中存在以下问题：

（一）缺乏合理布局与长远发展规划

虽然旅顺口区旅游业发展迅速，但仍处于发展的初级阶段。尽管本区拥有丰富的自然和人文旅游资源，但资源总体开发程度不高，旅游资源开发缺乏系统性和整体性的规划，缺乏核心的旅游主题，各单体旅游资源相对独立，资源整合缺乏有效性。

在旅游发展规划方面，缺少对本地旅游业发展的设计布局与合理的产业结构调整，多年放任发展，一方面错失扩张机遇，另一方面形成了业态单一、产品结构不合理、产业融合不深、旅游业带动性不强的局面。

（二）旅游产品自带沉重"灰色"属性

旅顺口区很多旅游资源与近代战争和殖民史相关，往往会先入为主地给游客留下"灰色"印象，这与现代休闲度假旅游寻求愉悦体验的目的相悖，直接从类型上影响游客对旅游产品的消费选择。

然而，本区现阶段尚未转变思维对旅游资源进行重新提炼和包装，如以"海军摇篮"为品牌，以强国强军为核心，增补红色旅游元素，将沧桑史实与军港文化主题相结合。

（三）旅游产品零散，缺乏核心竞争力

旅顺口区目前对外开放的景点共30处，包括近代史、军事主题、地质奇观、海滨风光等不同类别。然而，由于经营管理权属复杂，给整合同类资源进行特色产品包装造成较大的阻力，并导致产品体系的完整性差。尽管旅顺口区旅游资源丰富，特色明显，但缺乏突出的支撑性产品，没有形成具有符号特质的文化品牌，对文化内涵挖掘不充分，区域旅游缺乏核心竞争力。

同时，在旅游产品方面未形成"共生"关系，旅游产品空间组合度较低，不同季节的时间组合较差，淡旺季差距明显，导致原本的资源优势无法取得应有的效益。小型景点多且分布较散，旅游产品空间覆盖度不高，未形成一定的规模。旅游产品类型重复，不同空间区域的差异性较低，缺乏应有的更新与升级，缺少高端休闲度假和复

合型旅游产品。

（四）旅游业态单一，一日游或半日游问题突出

单一的观光游模式导致本区旅游业态发展单一，吃、住、行、游、购、娱等要素被忽视，特色餐饮街区、四星级以上酒店、文化主题饭店、特色民宿等各类住宿设施缺乏，没有规范的购物场所和具有地方特色的演艺娱乐场景，多元化业态未得到良好积淀。旅游产品服务供给质量不高，业态结构失衡，导致旅游供给段位降低，一日游或半日游产品成为旅顺口区旅游的常态化呈现。

因此，如何解决旅顺口区现阶段旅游资源开发过程中存在的问题，尽可能地发挥区域旅游资源优势，合理构筑旅游产品体系，优化发展旅游业态，提升旅游目的地的综合竞争力，值得开展有针对性的系统研究。

第三节　旅顺口全域旅游市场分析

旅游地客源市场结构在一定程度上反映了目的地旅游业发展现状，为旅游地进行准确的市场定位、有效的市场营销以及有针对性地旅游产品开发提供了重要依据。客源是旅游业赖以生存和发展的前提，特别是随着旅游业的快速发展，竞争愈演愈烈，稳定的客源市场是旅游地发展的关键。

旅顺口是中国近代政治、经济重镇，军事要地，近代中国乃至世界重大事件的发生地，拥有历史文物和战争历史遗迹为主的人文景观上百处，拥有众多国家级风景名胜区、国家级自然保护区、国家级森林公园、国家级生态示范区和国家级地质公园等。区域较高的知名度和丰富的旅游资源吸引了大量的国内外游客。

然而，目前本区旅游发展中出现了旅游产品体系不完善、旅游业态发展单一、旅游服务质量较低、景区建设缺乏特色、旅游纪念品大同小异等问题。因此，如何在客源市场中稳定现有市场，开拓新市场，在激烈的竞争中立于不败之地成为一个具有现实意义的研究课题。

一、调查对象与方法

为获取旅顺口区旅游客源市场特征的一手资料，笔者设计了"旅顺口区旅游市场调查问卷"，采用实地抽样调查法，以问卷形式对游客进行抽样调查。为使调查结果具有参考分析价值，调研选择了不同类型的游客。调研共分2次进行，分别于2014年5月9日和5月10日在旅顺军港游园、旅顺日俄监狱旧址博物馆、旅顺博物馆、旅顺蛇博物馆以及胜利塔 5 个景点针对不同类型的游客进行调查。共发放问卷 320 份，回收率达 100%，其中有效问卷 300 份，有效率达 93.75%。

二、旅顺口旅游客源市场特征分析

通过调查了解旅游者的基本特征（表 3-2），从而对本地客源市场进行分析。

表 3-2　游客基本信息

属性	特征	样本数	比重
性别	男	124	41.33%
	女	176	58.67%
年龄	25 岁以下	156	52.00%
	25~40 岁	51	17.00%
	41~60 岁	49	16.33%
	60 岁以上	44	14.67%
学历	初中及以下	79	26.33%
	高中、中专	29	9.67%
	本科	161	53.67%
	研究生	31	10.33%
职业	学生	179	59.67%
	公务员	6	2.00%
	企事业单位	19	6.33%
	私人企业	25	8.33%
	其他	71	23.67%
月收入	2000 元以下	171	57.00%
	2000~3000 元	23	7.67%
	3001~5000 元	73	24.33%
	5000 元以上	33	11.00%

（一）基本特征分析

1. 性别结构

旅游者中男性占 41.33%，女性占 58.67%，本地旅游资源对女性游客吸引力大于对男性游客。男性游客在会议、运动、探险等项目上潜力巨大，应针对他们的心理特点，加大力度开发男性客源市场。

2. 年龄结构

不同年龄的人所处的人生阶段和社会背景各不相同，旅游偏好也有较大差异。旅游者中 25 岁以下的游客居多，占 52.00%。这与游客的职业构成有很大关系，其中学生所占比例高达 59.67%，这与本地高校众多的实际情况相符。大学生可支配时间较充裕，相对于其他年龄段的人有较强的求知欲和探索欲。青少年是目前客源市场中的主力，需要稳定该市场并不断拓展其宽度。其他年龄段的游客人数随年龄增加而递减。本地虽然拥有大量历史文化旅游资源，但却未得到更多中老年游客的青睐。60 岁以上的老年游客由于年龄和身体的原因，在安全性、舒适度等方面比其他年龄群有更高的要求。我国已步入老龄化社会，老年市场潜力巨大，因此，要在开发该市场中下一番力气，设计出更多的适合老年人的旅游产品。

3. 文化程度结构

游客的文化程度很大程度上影响或决定着旅游动机和旅游活动的形成，并且对旅游地的选择产生重要的作用。旅游者中本科学历占 53.67%，研究生学历占 10.33%，说明本地深厚的历史底蕴和独特的人文风情吸引了众多高学历、高素质的游客观光游览和考察学习。同时，也说明学历高的群体可支配收入及闲暇时间较多，消费能力较强。此外，旅游者中初中及初中以下学历占 26.33%，也反映出本区旅游产品的受众群较广这一特点，为以后发展研学旅游提供了可能性。

4. 职业特征和收入结构

职业性质在一定程度上决定着收入水平，收入水平在一定程度上又影响着消费水平，消费水平则直接影响着旅游地的收益。旅游者中学生所占比例达 59.67%，他们大多没有直接经济来源，虽然出游欲望强但消费水平低，影响了本区的旅游经济效益。因此，大力开拓客源市场已迫在眉睫。

5. 客源地结构

从表 3-3 可见，48.33% 的旅游者来自辽宁本省，已接近半数。其他省份中，山东占 23.00%，北京占 13%，黑龙江占 7.33%，四川占 4.67%，其他省区占 3.67%。外省旅游者数量之和所占比例大于本省，但两者之间的差距很小，说明本区客源仍以辽宁本省为主，客源地的距离成为影响旅游市场的另一重要因素。此外，针对外省游客的旅游宣传仍需加强。

表 3-3 客源地结构分析

来源地	辽宁省	山东省	北京市	黑龙江省	四川省	其他省区
数量（个）	145	69	39	22	14	11
比重	48.33%	23.00%	13.00%	7.33%	4.67%	3.67%

（二）游客行为特征分析

1. 旅游动机分析

从图3-2可见，游览观光是游客来本地的主要目的。旅顺口区位于辽东半岛最南端，环境气候宜人，旅游资源丰富，为旅游者游览观光提供了理想条件。

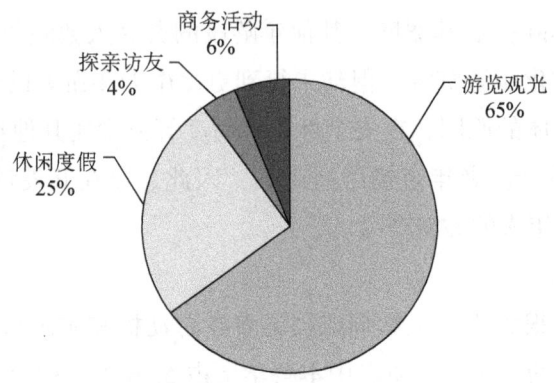

图3-2　旅游动机分类示意图

2. 信息来源分析

游客获取旅游信息的渠道直接影响目的地旅游客源市场开拓的深度和广度。从图3-3可见，游客获取旅游信息的渠道趋向多元化，占主要地位的是互联网，达40%，互联网在旅游信息传播中发挥的作用首屈一指。此外，亲朋好友介绍也高达35%，反映出口碑效应在游客心中的地位同样不容小觑。与之相反，电视媒体、报纸杂志和书籍等传统媒体比重较低。电视传播具有生动活泼，真实感强，易引起共鸣；传播速度快，信息发布迅速；覆盖面广，影响力大等优势，为国内外众多著名旅游地营销宣传所使用。因此，本区还应在电视媒体传播方面加强宣传力度。

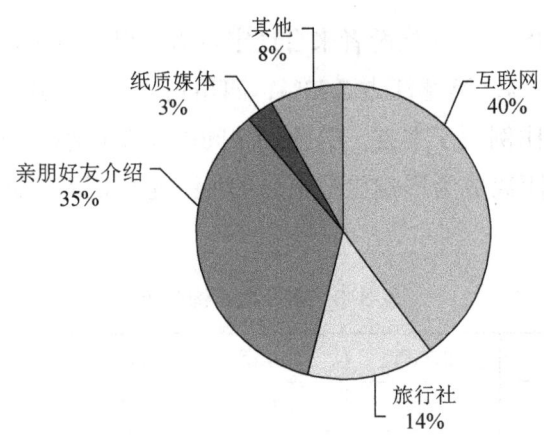

图3-3　获取旅游信息渠道示意图

3. 交通方式分析

由图3-4可知,游客主要选择铁路、航空和水路三大交通方式。本区交通网络发达,可供游客选择的交通工具种类较多。旅顺口区距离周水子机场仅38公里,已成为全国为数不多的具备港口、铁路、火车轮渡、高速公路、轻轨等"五位一体"交通优势的区域,是全国"八横八纵"交通干线的重要节点。

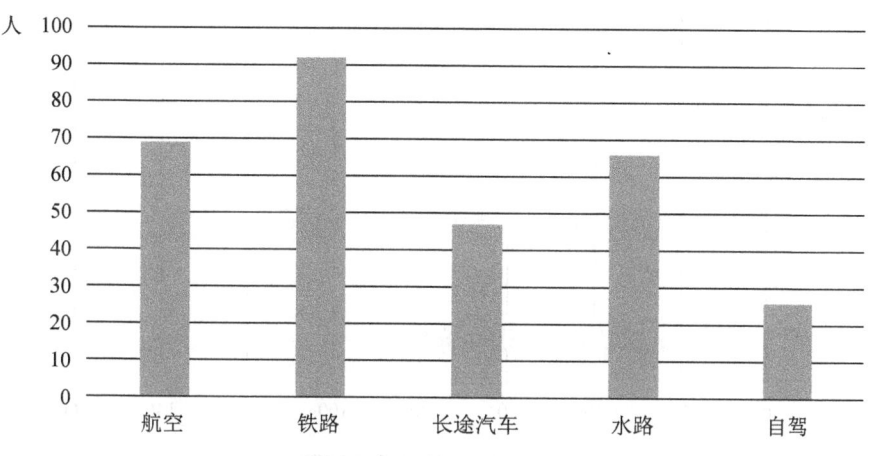

图3-4 旅游交通方式选择示意图

4. 出游方式分析

由图3-5可见,旅游者的出游方式以单位组织和旅行社参团为主,自助旅游所占比重较低。随着我国经济的快速发展,居民可支配收入的增加,双休日、节假日及黄金周的施行,自驾游日趋成为绝大多数游客出行的首选方式。因此,应注重开发自驾旅游这一新兴客源市场。

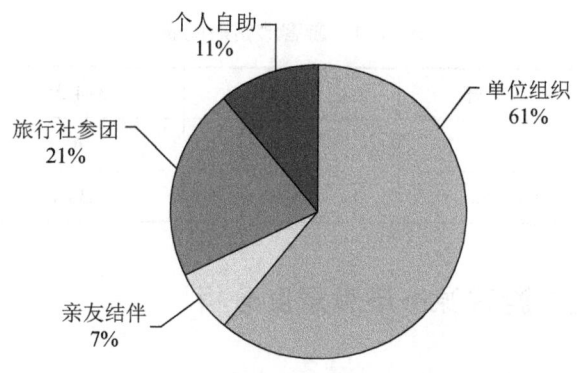

图3-5 游客出游方式选择示意图

5. 消费行为分析

由图 3-6 可见，旅游者在本地的消费以 200~500 元为主，消费水平不高。主要原因一方面是游客中以学生为主，另一方面是由于目前本区旅游业态较为单一，一日游或半日游问题较为突出，直接影响了旅游发展对区域经济的拉动效应。

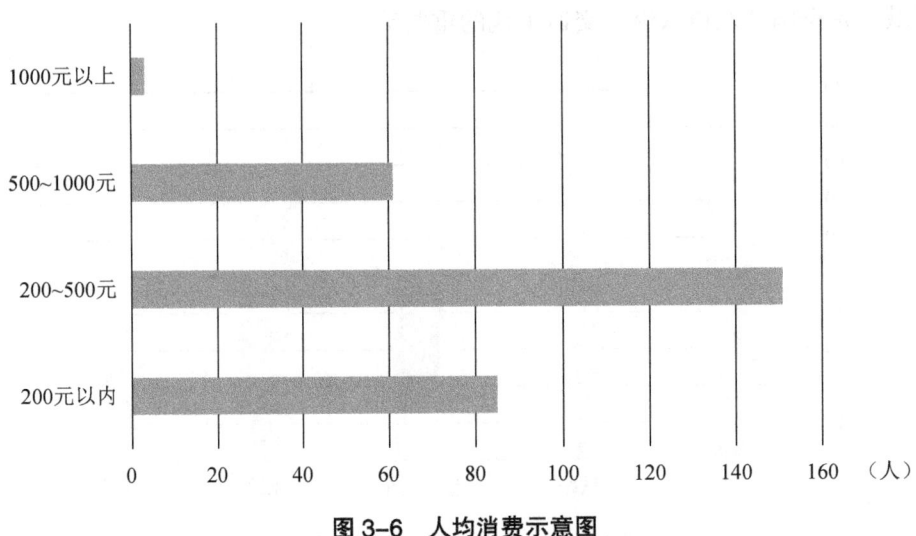

图 3-6 人均消费示意图

6. 滞留时间分析

从表 3-4 可见，旅游者通常会选择当天离开，比例高达 93.33%。结合表 3-3 中的数据，从地域结构角度分析，来本地的游客多为短程旅游者，基本不会选择在当地住宿。从客容量角度分析，本地旅游容量较小，接待设施不足，夜间旅游产品基本处于空白状态。因此，应加大旅游接待设施建设，改善住宿条件；加强夜间旅游产品的开发力度，留住更多的游客，延长本区消费链条。

表 3-4 游客滞留时间表

时间	当天离开	1~2 天	3~4 天	5 天以上
人数	280	16	4	0
比例	93.33%	5.33%	1.33%	0%

三、旅顺口区旅游客源市场满意度分析

（一）景区吸引力分析

根据调查显示，对游客产生主要吸引力的是本地得天独厚的自然生态环境，以及

深厚的历史文化底蕴。如图3-7所示，游客最为青睐的景区包括：二〇三景区、龙王塘樱花园、日俄监狱、旅顺博物馆和白玉山等景区，自然与人文景观兼备。樱花是本地最著名、最具代表性的花卉，每年的樱花节吸引了众多来自世界各地的游客。由于此次调研处于樱花节期间，正值五月初樱花盛开之时，选择二〇三景区和龙王塘樱花园的旅游者数量较多符合实际情况。

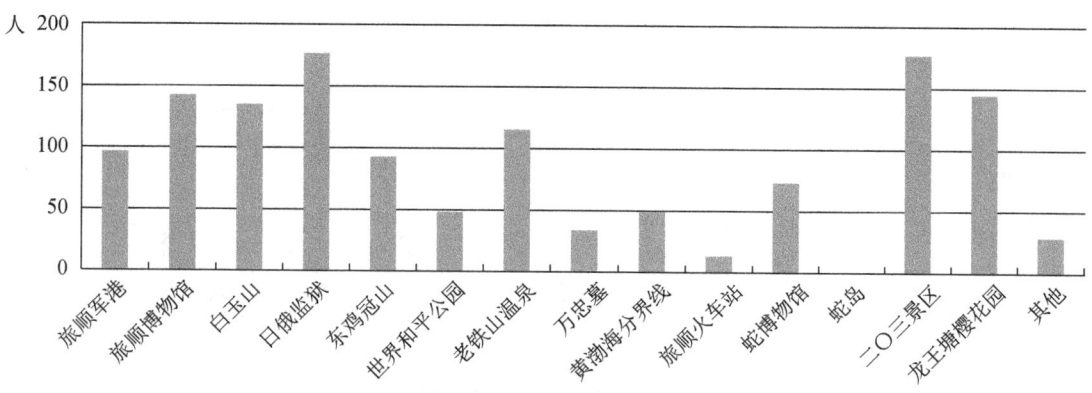

图 3-7　旅游景区吸引力示意图

（二）需要改进的方面

由图 3-8 可见，游客最不满意的是区域旅游项目较少及景区缺乏特色。根据图 3-9 分析发现，游客普遍认为本地需要增加休闲娱乐项目。

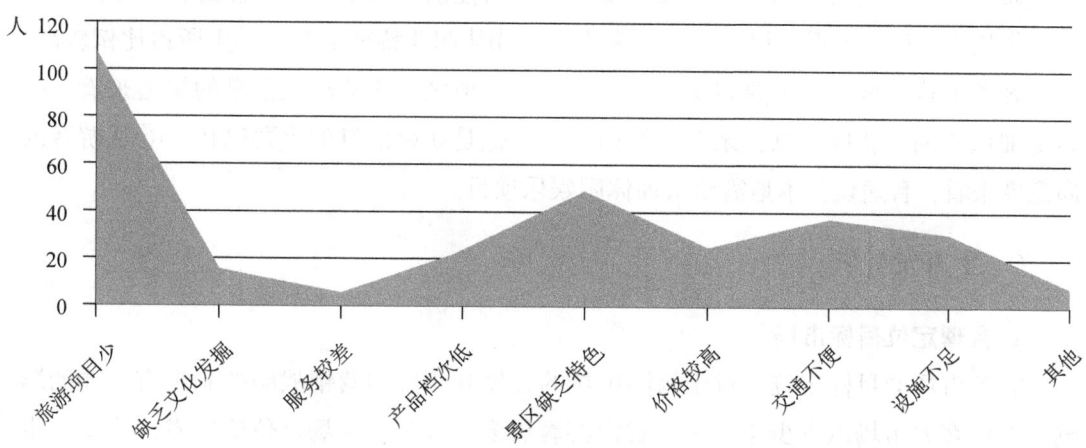

图 3-8　游客满意度调查示意图

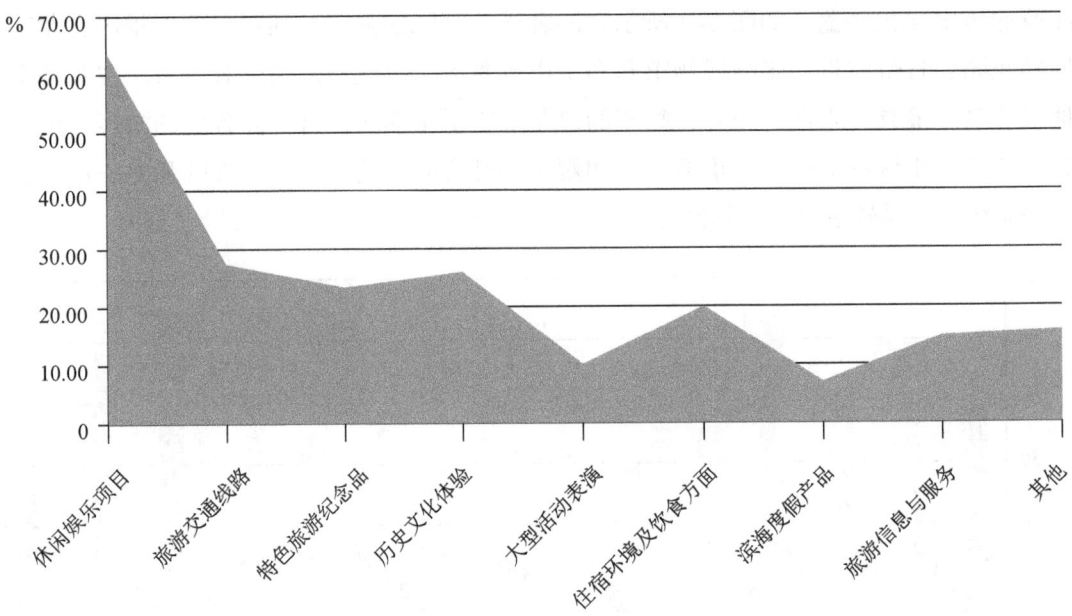

图 3-9 游客建议改进方向示意图

四、结论与对策

（一）调查结论

通过分析本次问卷调查统计结果发现：①从性别构成来看，女性游客多于男性游客。②从年龄构成上看，以青少年游客为主。③从职业特征上看，学生所占比例较高。④从客源地构成分析，主要客源来自本省及周边地区。⑤从获取信息的渠道来看，游客更加依赖网络获取信息，亲友间的信息交流也是获取信息的重要途径。⑥从游客的满意度来看，普遍认为本地需要增加休闲娱乐项目。

（二）开发对策

1. 合理定位目标市场

客源市场的目标定位，对于旅游市场的开发和相应的营销战略的制定有重要的影响。本地客源市场以青少年为主，省内游客居多。因此，市场定位应以省内为主，带动周边地区市场发展，积极拓展国内外客源，注重开发自驾旅游市场。

2. 增加旅游宣传力度

在互联网产业迅速发展的时代背景下，应充分利用"互联网+"技术推进区域旅游宣传。"景区+直播+自媒体"的新型旅游宣传模式改变了景区与游客之间的传统关系。

可以通过自媒体平台,让游客能够更加直观、全方位地感受到景区特色,由"主动关注"代替"被动接受"。

旅游景区在选择自媒体平台时,要考虑宣传效果的广度和相关度。在广度上,应充分利用知名平台以提高观众的关注度。相关度上,要选取有代表性的自媒体平台,根据景区发展目标,深入分析游客的需求与偏好,筛选合适的直播平台和网络达人,最大限度地提高宣传效率。在自媒体平台传播的内容要突出旅顺口区特有的历史文化、自然风光、人文资源等内容,保证内容充实、连贯、有趣。在直播过程中不仅要带领潜在游客欣赏旅顺口各景区及对弹幕信息的互动解答,还可以安排点赞抽奖、不定时截屏弹幕赠送小礼物等互动方式增强观众的黏性,保证旅游宣传的效果。在后期即直播结束后要抓住时机进行二次传播,通过各大知名论坛、新闻媒体、微信公众号和微博推送文章图片等方式进行再次宣传,从而进一步提高旅顺口各景区的知名度与美誉度。

3. 开发特色旅游项目

旅游者的需求是旅游业发展的指引方向,面对目前客源市场中男性游客较少的现象,应积极开发探险、商务会议及体育竞技等符合男性游客需求的旅游项目,以及适合老年旅游者的旅游项目,如温泉康养、宗教文化体验等。在保留传统项目的同时要不断推陈出新,开发出具有本土特色、体现深厚旅顺口历史文化底蕴的旅游项目,以及休闲娱乐类项目以满足游客的多方面需求。

4. 完善基础设施建设

前往本地的游客绝大多数选择当天离开,过夜的旅游者数量较少,导致消费水平偏低,严重影响旅游经济效益。因此,应不断完善本区旅游服务设施,尤其是休闲娱乐设施,填补夜间旅游项目的空白。同时,还要积极建设高星级酒店和经济型宾馆,以满足旅游者的不同需求。

5. 促进区域旅游合作

互利共赢是各项产业发展的必然趋势,发展区域旅游应该联合一切可能的力量,达到多赢的局面。首先,依托大连市"浪漫之都"的知名品牌,加强与大连市区的旅游合作,同时促进与辽宁省各旅游城市的联合,扩大市场范围。其次,还应积极参与环渤海经济圈各旅游目的地区域合作,通过海上旅游专线,形成环渤海旅游网络,吸引更多的海内外游客。最后,加强国际合作,与大连市各友好城市,如:日本北九州、韩国仁川、法国勒阿弗尔、俄罗斯符拉迪沃斯托克、德国罗斯托克、英国格拉斯哥等城市进行优势互补,促进本区旅游客源市场的不断拓展。

第四节 旅顺口全域旅游服务设施分析

一、旅游交通

便利的交通条件能够对旅游资源价值起到提升作用。旅顺口区地处辽东半岛最南端,东西濒临黄、渤海,南与山东半岛隔海相望,北与东北腹地相连,自古为渤海之咽喉、京津之门户,战略地位十分重要。本区距大连机场仅38公里,已成为全国为数不多的具备港口、铁路、火车轮渡、高速公路、轻轨等"五位一体"交通优势的区域,是全国"八横八纵"交通干线的重要节点。

1903年开通的大连到旅顺口的直线铁路至今已有一百多年的历史。旅顺口区路网密度位居大连各县市区第二位,本区境内有南、中、北三条高等级公路通往大连市区,土羊高速公路与东北路网相连接。2014年通车的快速轨道交通(大连地铁12号线)大幅提升了区域交通的便捷程度。此外,哈大高铁的竣工在增加大连市区旅游客流量的同时也给旅顺口区带来了巨大的客源。

在水运方面,旅顺口区拥有明显的交通优势,新开辟的旅顺新港是沟通辽东半岛和山东半岛的"黄金水道"。旅顺新港距山东蓬莱仅65海里,现已开通至胶东半岛的海上运输航线,烟大火车轮渡的通航节省陆路里程1600公里,沈大高速公路已直接延伸至旅顺新港,旅顺口成为名副其实的"辽鲁之桥梁"。

国务院出台的《国务院关于近期支持东北振兴若干重大政策举措的意见》(国发〔2014〕28号)中提出的渤海跨海通道工程,其北端出口选址于旅顺口区。渤海海峡跨海通道建成后将形成全面沟通环渤海高速公路网、铁路网的战略大通道,而位于跨海通道北端出口的旅顺口区,拥有交通带动经济发展的巨大潜力,并有望由处于城市发展边缘的后起区域,发展成为东北物流经济贸易枢纽,升级为东北地区经济发展的桥头堡。跨海通道竣工后,旅顺口到烟台仅需40分钟,极大地提升了两地之间的联系程度,对于两地开展旅游开发合作具有深远的影响。由此可见,优越的地理区位和便捷的交通条件为旅顺口区全域旅游发展创造了良好的基础条件。

同时,不可忽视的是,目前旅顺口区域内部的旅游交通还处于一个较为初级的阶段。机场、码头尚未设置直通旅顺口各景区的便捷交通工具,无旅游环线交通,公共交通频次低、覆盖性差、运力不足。缺乏旅游集散中心,公共停车场少,路旁随意停车、高峰期本地车辆饱和甚至频繁的道路补修等原因,导致旺季旅游交通拥堵混乱。休闲道路及休憩场所较少,风景区沿线几乎没有配套的生态休闲步道或骑行绿道及休憩场所。此外，自驾车、自助游的旅游配套方面也基本处于空白阶段。

全域旅游对旅游标识的要求不仅是准确规范，还要求突出特色和观赏性。然而，旅顺口区目前的突出问题主要表现在：一方面是道路指引标识不规范，统筹性差；另一方面是景区内指示标志不规范，同时缺乏人本理念导向和文化特色。

二、旅游住宿

随着互联网、大数据及共享经济的到来，旅游住宿交易大规模由线下迁移到线上平台。通过网络检索发现，"携程旅行网"是国内领先的在线旅行服务公司，目前占据国内在线旅游 50% 以上市场份额。本章选取 2019 年 8 月携程旅行网中的酒店住宿统计数据作为样本数据进行分析。根据统计数据分析发现，现阶段，旅顺口区拥有四星级酒店 2 家，三星级酒店 4 家，二星级及以下酒店 162 家，民宿 289 家，暂无五星级酒店，高星级酒店的缺失在一定程度上影响了本区高消费层次旅游者的入住。

三、旅游餐饮

"美团网"是目前国内最大的生活服务类电子商务公司，本章对 2019 年 8 月美团网中的用户评价信息进行抓取，选取顾客评分达到满分（5 分）的餐饮店作为"优质餐饮店"，统计该类餐饮店数量作为样本数据进行分析。根据统计数据分析发现，旅顺口区目前拥有的优质餐饮店 21 家，旅游餐饮条件有待提升。

四、旅游娱乐

对 2019 年 8 月美团网中的用户评价信息进行抓取，本章选取顾客评分达到 4 分以上的娱乐场所作为"优质休闲娱乐场所"，统计该类休闲娱乐场所的数量作为样本数据进行分析。根据统计数据分析发现，旅顺口区目前拥有的优质休闲娱乐场所 14 家，旅游娱乐条件有待提升。

五、旅游购物

对 2019 年 8 月携程旅行网中的用户评价信息进行抓取，本章选取"目的地攻略"板块中"购物"项目顾客评分在 4 分以上的购物店作为"优质购物店"，统计该类购物店数量作为样本数据进行分析。根据统计数据分析发现，旅顺口区目前仅拥有优质购物店 1 家，旅游购物条件有待提升。此外，值得注意的是，携程旅行网"目的地攻略"板块中设有"特色商品"项目，而旅顺口区尚无特色商品记录。

六、旅游咨询

对于异地到达的游客，需要清晰可信的旅游资讯信息，但目前主要表现在：一是专门性公共旅游咨询服务站点设立较少，尤其是汽车站、地铁站、主干道等；二是景区景点公共旅游咨询规范性和标准化服务程度低；三是旅游信息获取渠道少，智能化程度低；四是旅游公共信息告知平台（如 LED 屏、导游咨询平台等）建设不完善。

七、旅游厕所

尽管经过近两年"厕所革命"工作的不断推进，旅顺口区各景区厕所及公共厕所数量有所增加，设施与环境亦有较大改善，但是整体覆盖率仍较低，标准化管理能力弱，且开放时间非全时段、全月份。

八、智慧旅游

目前，旅顺口区的智慧旅游建设尚处于初级阶段，仅满足于免费 Wi-Fi、视频监控、网络购票检票、智能导览等。智能化平台建设明显不足，如智能化交通、停车场、营销、气象、人流监控、环境监测、数据统计等，尚未实现大数据指导运营。

通过互联网对旅顺口区旅游信息搜索后发现，大多数的旅游咨询只是停留在简单浅显的旅游资源介绍层面。只有少数本地景区设有独立网站，并且网站宣传内容严重缺乏更新，旅游网站上的宣传形式单一，旅游宣传材料不够新颖，整个网络营销宣传缺乏系统性、持续性，随意性较大，不利于旅游业的健康稳定持续发展。

九、小结

现阶段，旅顺口区的旅游基础设施建设与公共服务体系完善程度有待提升，由于旅游集散中心尚未形成，景点体系建设不够完善，各景点之间缺乏相应的有机串联。此外，旅游服务要素配套比较落后，特别是住宿、餐饮、购物、文化娱乐休闲等设施条件不能满足旅游市场的需求，承载能力严重不足，导致绝大多数来此旅游的游客选择返回大连市区住宿消费，在旅顺口本地的消费仅限于门票、午餐和小部分购物支出上，严重影响了区域旅游的经济效益。

第四章

旅顺口全域旅游资源整合研究

第一节 全域旅游资源整合效应分析

一、经济视角分析

从经济角度来看，对旅游目的地资源进行整合开发的同时，可以有效带动区域相关产业经济的发展。对于同类产品，资源整合会带来规模效应；对于非同类产品，资源整合则丰富了旅游产品体系，在空间上形成互补关系。例如，农业发展在满足农业生产需要的基础上，还要达到休闲、娱乐等要求；工业发展除了要满足工业生产的需要，还应满足科普、体验等需求。

发展全域旅游，要通过与工业、农业等其他产业进行整合，优化设计区域旅游一体化的旅游路线，打造圈内"一票通"的旅游产品，利用联动合作建立全方面的优势互补与分工合作，加大旅游产品的影响力，方便管理的同时，还能为旅游者带来更加舒适、更加便捷的旅游体验，从而形成口碑效应，吸引更多旅游者到来，也为旅游地带来可观的经济收益。

二、社会视角分析

从社会角度来看，推进旅游目的地的资源整合，有利于充分利用区域内社会资源要素，形成良好的社会效应。例如，交通道路建设不仅要保证便利安全，还要体现道路美化的理念，使游客在途中同样也可以感到身心愉悦，消除疲惫感；水利建设除了要达到防洪排涝、灌溉的标准，还应有一定的审美、科普及休闲度假等功能；民居建筑要与景区相融合，全域旅游本质上就是要拆掉景区的"围墙"，使景区内外相得益彰，让民居建筑既适合居住又具备审美价值；图书馆、电影院等社会公共服务设施同样可以成为度假休闲的选择，应不断完善社会公共服务设施建设，真正实现"宜居宜游"。充分利用资源整合带来的效应还可以为区域提供更多的就业机会，进而缓解就业压力，提高居民的生活质量。

三、生态视角分析

从生态角度来看，推进旅游目的地的资源整合，应合理规划利用区域生态环境，使整个区域形成一个"大景区"，既可以为区域旅游发展提供稳定的物质基础，又可以有效保护旅游资源环境，使之可持续发展。例如，在林业生态建设和海岸带修复的同时，除了满足必备的生态功能，还应形成独特的景观吸引并合理配套旅游服务设施。

第二节 旅顺口全域旅游资源整合路径

根据旅游资源整合相关理论，结合旅顺口区旅游资源开发利用现状及问题，提出全域旅游背景下的旅顺口区旅游资源整合对策（图4-1），具体包括：优化空间结构、构筑产品体系、完善设施配套、设计旅游线路等几个方面。

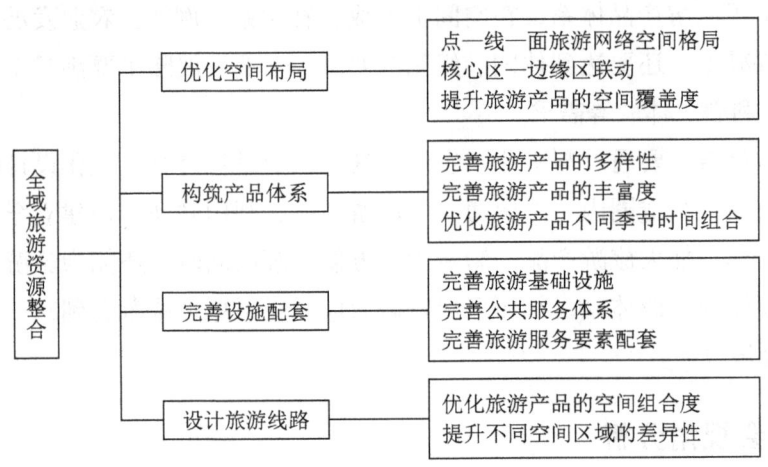

图4-1 全域旅游资源整合框架结构

一、优化空间布局

旅游资源的整合过程中要优化空间布局，以景点分布较为集中的区域为发展重点，通过以点串线，以线带面，由核心区向边缘区辐射延伸，提升旅游产品的空间覆盖度。根据旅顺口区旅游资源的分布与旅游发展方向，将旅游产业规划为"一核、一带、四区、六岛"的空间布局。

"一核"是以旅顺老城区、新城区和太阳沟历史文化街区为主的历史文化与商务休闲旅游区，着力打造旅顺口区历史文化核心区域，整个核心区朝着建设5A级景区的目标迈进。"一带"为滨海观光带，整合现有沿海公路，打造滨海风景道，以滨海风景道为主轴，串联起区域各沿海旅游景点（区）。"四区"包括：东部乡村风情体验旅游区，以老铁山为主的南部山海生态观光旅游区，西部滨海休闲度假旅游区，北部康体健身养生旅游区，每一片区侧重开发不同的旅游产品。"六岛"包括：蛇岛、鸟岛、猪岛、虎平岛、牤牛岛和双砣岛，六岛相连形成了旅顺口区独特的海洋生态景观线，以"天—海—地—人"和谐共生的理念，突出生态环境可持续发展，打造不同特色的自然科学教育区与探险生态主题岛。

二、构筑产品体系

全域旅游倡导整体过程提升游客的旅游体验满意度，旅游应当不仅体现在景区景点的体验，还应当提升食、住、行、游、购、娱的全过程优化。因此，全域旅游背景下的生产要素配置不能仅局限于目的地景观，也要重视同样具有吸引功能的旅游设施及服务，如接待娱乐设施、交通条件等。全域旅游背景下进行生产要素配置，是把一个行政区作为一个旅游景区，根据区域内及周边地区的旅游资源、交通条件、接待设施等基础条件，全面优化旅游资源、旅游景点、设施建设和旅游产品，建立空间有序、产业融合、产品丰富的旅游系统。

整合旅顺口区各类旅游资源，突出区域自然生态与人文历史资源优势，设计不同类型的旅游产品，完善产品的多样性与丰富度，优化产品不同季节的时间组合，构筑区域旅游产品体系。在调整空间布局的基础上开发出不同类型的旅游产品，强化避暑养生、海洋旅游、冰雪温泉、乡村旅游、工业旅游与自驾旅游等六大主题，优化产品的时间组合，体现北方春色游、消夏避暑游、赏枫采摘游、冰雪温泉游四季特色，构筑旅顺口区全域旅游产品体系。主打休闲度假、绿色生态、历史文化、温泉康体和时尚美食五大核心产品，同时发展运动探险、高档购物、创意娱乐、会展度假四类潜力延伸产品，科学设计开发淡季旅游产品。

（一）核心主打产品

1. 休闲度假旅游产品

以海滨、生态、休闲、购物等要素为核心，重点打造休闲度假的一条龙设施与服务，形成海岛度假、分时度假、运动休闲、生态养生、休闲购物等全方位的休闲度假名城，实现横向与纵向网络化、一体化的旅游产品格局。避免过度的房地产开发，以经济和法律措施鼓励引入酒店品牌统一管理，盘活度假住宅，保证持续现金流，保持旺盛旅游人气。核心项目包括：太阳沟历史文化街区、清风小镇、琥珀湾综合旅游开发项目、泛海国际项目、开世航海项目等。

2. 绿色生态旅游产品

充分利用旅顺口区的自然资源优势，将海、山、林、泉、生物、气候等资源进行整合，依托旅顺建设绿色经济区的发展定位，以及"五城一都"定位中的"生态宜居城"和"花卉之都"的要求，大力发展生态旅游产品。主要包括：以柏岚子及双岛湾湿地、老铁山自然保护核心区等为代表的生态户外教育基地旅游产品；以黄渤海、辽宁省水上训练基地等为依托的海洋文化型探索研学旅游产品。核心项目包括：老铁山自然保护区、七彩南山景区、203高地景区、龙引泉森林公园、蛇岛、柏岚子湿地、华酝牡丹园等。

3. 历史文化旅游产品

突出异域文化、军事和平文化和海滨文化，以开放、时尚、浪漫、创新为核心元素，以旅顺博物馆、白玉山景区、东鸡冠山景区为基础，以文旅融合为主线发展文化体验旅游，积极开发历史文化教育、军事文化教育等研学旅游产品；以旅顺日俄监狱旧址博物馆、万忠墓纪念馆、潜艇博物馆为基础，以弘扬社会主义核心价值观为主线发展红色旅游，积极开发爱国主义和革命传统教育、国情教育等研学旅游产品。核心项目包括：白玉山景区、军港游园、旅顺博物馆、旅顺日俄监狱旧址博物馆、东鸡冠山景区、203高地景区、黄金山景区、潜艇博物馆、留声机博物馆、万忠墓、蟠龙寺、蓓蕾·梦之城等。

4. 健康养生旅游产品

顺应消费结构升级趋势，深度开发温泉及海水理疗保健、生态氧吧等健康养生产品，开发高端医疗健康旅游、中医药特色旅游、康复疗养旅游、休闲旅游等新业态，形成一批健康养生旅游示范基地和旅游场所，着力打造养生旅游特色品牌。依托优质的生态与海滨环境，打造我国北方著名养生疗养胜地，包括：康体、美容、疗养等，建设主题鲜明的特色疗养中心、美容中心，充分结合温泉、老铁山茶文化进行系统化的养生元素整合。核心项目包括：老铁山温泉、开世温泉、金海洋汤泉、鑫创健康科技小镇、神谷中医、天润养生、乐椿轩等。

5. 时尚美食旅游产品

以优美的生态环境为依托，完善的基础设施为保障，全新的时尚理念为核心，厚重的历史文化为底蕴，围绕本区特色海鲜美食，打造全新的顺菜时尚美食文化。核心项目包括：旅顺盐场海鲜一条街、太阳沟国际美食汇等。

（二）潜力延伸产品

1. 运动探险旅游产品

以蛇岛、鸟岛等六岛为主要区域的探险旅游产品，具体包括：游艇、垂钓、潜水、高尔夫、滑雪、蹦极、水上运动、拓展训练、丛林探险、野生动植物探秘等。核心项目包括：六岛探险旅游区、老铁山自然保护区、203高地景区、龙引泉森林公园等。

2. 高档购物旅游产品

以中国（大连）国际服装纺织品博览会（原大连服装节）为品牌依托，在太阳沟历史文化街区及周边形成大型精品购物区，设置免税店、名品折扣店，引进国际化品牌，与大连服博会形成互动。核心项目包括：太阳沟精品购物中心、特色旅游商品购物连锁店、旅游免税店等。

3. 创意娱乐旅游产品

基于大力发展文化创意产业的指导思想，与旅游业进行充分融合，同时加入娱乐、休闲、时尚等元素，盘活历史人文旅游资源。核心项目包括：旅顺博物馆、潜艇博物馆、闯关东影视基地、文化艺术产品交易中心、太阳沟陶艺馆等。

4. 会展度假旅游产品

利用优质自然人文资源，支撑西部临港新城和科技创新城的总体定位，建设大连商务会展的大后方与重要基地。重点发展各类商务、会议、展览等设施，开发商务型酒店，提升现有酒店的商务会议功能，完善通信等相关配套设施。核心项目包括：邮轮停靠港、游艇码头等。

（三）淡季旅游产品

旅顺口区攻克旅游淡季难题的关键在于重点依托文化和民俗、商业购物、城市设施等载体，突出旅顺旅游的地域特色，做足淡季旅游。针对细分市场，开发与目标群体相适应的淡季旅游产品，例如：养生、医疗、商务、会议、主题、温泉/SPA、背包旅游等。淡季旅游想要保持热度，就需要对产品不断地进行挖掘和创新，探究其文化内涵。要大力发挥本区独具魅力的海洋文化、历史文化、建筑文化、军事文化、民俗文化、影视文化等文化优势，推动淡季旅游与文化融合，提升淡季旅游产品文化含量，讲好旅顺故事。具体可从以下几个方面入手：

首先，通过节事活动烘托冬季旅游氛围。在旅游淡季期间可开展滨海风景道冬季马拉松比赛、老爷车拉力赛、滑雪比赛，以及各类会议、展会等，如中、俄、日、韩文化旅游论坛，东北亚奢侈品展，国际汽车，舰船展等。

其次，通过都市旅游和购物旅游扩宽冬季旅游产品种类。本区未来的奢侈品购物、免税购物以及特色旅游商品购物都将是淡季期间旅游发展的重点，地域上可由夏季的海岸地带收缩至以太阳沟为核心的历史文化街区等地域。

最后，通过室内旅游项目以及冬季特色旅游项目形成冬季旅游热点。如老铁山温泉、开世温泉、室内/室外滑雪场、旅顺博物馆、太阳沟陶艺馆等，特别是室内的养生、康体、美容等项目。

同时，通过会展度假旅游增加冬季旅游收入。大力发展商务、会议会展和奖励旅游，通过具有影响力的会议、展览等带动旅顺口区淡季旅游发展。

三、完善设施配套

进一步完善旅游基础设施与公共服务体系建设，不断提升游客满意度。大力完善旅游集散体系、旅游信息化和旅游咨询服务体系建设；努力提升旅游交通、旅游厕所的覆盖便捷程度，在全域实施"厕所革命"，建立整洁、明亮、有文化内容和统一标识的公共如厕体系；构建完善的旅游标识体系与自驾车服务体系，为自驾游游客提供便利服务。具体包括以下几个方面。

（一）旅游交通

修编旅游交通规划，重点完成高速公路、国道、省道、县道连接旅游景区的道路建设。不断完善交通枢纽的旅游服务功能，加强城市与景区间的交通设施建设与运输组织，强化火车站、汽车站、机场、港口与城市、景区间的交通衔接，打通"最后一公里"。加快推进城市及国道、省道至3A级以上景区的连接道路建设，适时启动旅顺口滨海旅游风景廊道、旅游景观大道、文化遗产廊道、绿道及慢行系统建设。统筹推进本区自驾车房车营地、安全救援、交通标识标牌、自驾车信息服务平台及其他配套服务设施建设，完善加油站点与高速公路服务区的旅游服务功能。

统筹全域旅游交通资源，加快构建交通运输与全域旅游融合发展格局，实现对重点景区、美丽乡村等的穿珠成链、全域覆盖。以解决通达不便、进出较慢等问题为突破口，合理增加交通容量和交通设施，逐步提高乡村旅游道路的建设等级，加快推动旅顺中路等主要线路的修缮工作，提升各旅游景区景点的交通通达度。同时，应适应自驾游、自助游需求，建设与游客承载量相适应、分布合理、管理科学的旅游停车场所，进一步完善道路标识系统，提升交通服务保障能力。

1. 快速交通体系

增加大连周水子机场往返俄罗斯主要城市莫斯科、符拉迪沃斯托克等的固定国际航班；采取"航空+铁路"立体化的交通系统，与航空公司合作，向抵达大连的航空旅客发放折扣甚至免费的老式旅游火车票，增加大连市区前往旅顺口区的游客数量；

利用旅顺现有的老火车站,增开老式豪华旅游专列火车,往返旅顺至大连,以"百年老线+老式火车"组合作为特色旅游项目吸引大连及远程游客;针对轻轨时代的到来,加大轻轨站与旅游服务的无缝对接;完善便捷化的旅游巴士系统,增加开设从大连到旅顺的旅游巴士线路,开通直达主要旅游景区的旅游客运专线车,加快实现从交通重要节点,如车站、城区与主要景区之间的无缝对接;在太阳沟历史文化街区等地开展老式有轨电车观光游;于双岛湾建设国际邮轮停靠港,增加邮轮泊位;完善高速公路、旅游公路的景区导引牌。

2. 慢行交通体系

滨海风景道步行道:充分利用优质的鹅卵石海岸线资源,利用景观手段作为强有力支撑;太阳沟景区主题步行大道:重点提升打造樱花街、芙蓉街、银杏街主题的景观步行大道,增加餐饮、娱乐、购物配套设施;军港海军大道:进行军港文化的集中展示;闯关东影视文化步行大道:以影视文化创意产业为依托,打造类似于香港星光大道的步行街,未来可与电影节等联合打造。

(二)旅游住宿

根据本区发展定位,坚持多元化、多样化发展,积极引进高端、知名的高星级饭店、连锁酒店和旅游度假村,鼓励发展精品饭店、文化主题饭店、经济度假酒店等新型住宿业态,支持近郊乡村居民利用自有或租用农村房屋、院落和承包的山水林地等,发展精品民宿、家庭旅馆、乡村客栈等业态,满足不同层次的消费需求。面向休闲度假市场,在太阳沟历史文化街区发展2~3个中小型主题酒店、特色客栈;在滨海旅游区引入1~2个五星级国际度假型连锁酒店品牌,如Banyan Tree等,发展海滨度假。面向生态养生旅游市场,发展1~2个养生型主题酒店及疗养中心。面向会展旅游市场,在市区发展2~3个商务型酒店、高端公寓会所。面向修学教育、自助游、自驾车市场,在市区和开发区发展4~5个经济型酒店,如锦江之星、如家、国际青年旅舍等。同时,大力发展自驾车营地建设。

(三)旅游餐饮

实现餐饮服务便捷多样,近期建设4~5个特色餐饮街区,丰富快餐和特色小吃等业态,要求地方餐饮(店)品牌突出,管理规范。重点发展太阳沟国际美食汇,打造包括顺菜品牌在内的多元化美食格局。沿海区域重点发展海鲜风味美食带,打造大型海鲜及特色风味小吃美食大排档等。

(四)旅游娱乐

以温泉资源为载体,汇集世界各地特色 SPA 项目及专业技师,建设水疗中心。引导发展多元化休闲娱乐产业格局,包括历史文化与商务休闲旅游区的军事体验、康体健身养生旅游区的体育娱乐、六岛的探险娱乐等。

(五)旅游购物

近期应建设 2~3 个旅游购物场所,要求地方旅游商品特色鲜明、知名度高,旅游购物场所经营规范。开发包装一批具有自主知识产权、鲜明地方特色的旅游文创产品,推动其进入连锁超市、旅游景点、游客餐饮场所,形成空间全覆盖、购物便捷化的旅游文创产品营销体系,提高旅游购物在旅游收入中的比重。

重点打造太阳沟精品购物区,作为前期引爆点,带动名气和人气,吸引大连市区居民。引入大型免税店品牌,打造国际化的精品购物区,作为大连服博会的实物载体,引入国际知名品牌店铺,打造名人收藏馆一条街,明星私家博物馆。重点发展特色手工艺商品产业,包括特色手工艺品和各色海产品,汇集世界各地的特色手工艺品,形成极具异域风情特色的大型手工艺品产业区。

(六)旅游咨询

充分利用周水子国际机场、高铁站的巨大客流量优势,把咨询服务端口前移至大连交通核心枢纽中心。在各大商业银行营业厅增设旅游咨询服务站,在本区各个高速公路和通旅干道增设旅游服务点,更好地服务自驾游游客,以"感动每一位游客"为服务理念,让"旅顺旅游"品牌深入人心。

(七)旅游集散中心

积极建设高标准的旅顺口区全域旅游综合集散服务中心,用于本区旅游形象及资源的集中展示、精品线路的集中推介、入旅游客的集散服务、旅游消费的集中提供,包括:咨询、交通、租赁、救援、维权、中介等服务。通过基础设施、旅游设施和旅游管理的信息化,实现"旅游+"与"互联网+"的结合,为旅游者提供便利。加强旅游咨询人员培训,完善旅游集散服务中心问询、展示、代理、导游、租赁、营销等服务功能。

(八)智慧旅游

打造智慧旅游平台,加强对旅游产业运行监测调度平台的利用和功能开发,实现重点旅游景区视频监控和在线直播；加快数据中心建设，逐步实现对旅游业务的全程数据化管理，发挥大数据在决策参考、客源分析、信息发布等方面的作用。各景区积极建设官方网站，及时更新网站内容，宣传形式要多样化。

进一步突出旅顺口区人文、生态等方面的资源优势，把自然环境、人文历史、民俗文化、街村特色、海鲜美食引入全域旅游导览系统的设计之中，合成一部符合旅游发展规律的"导航"，串联起旅顺全域与旅游相关的景区、景点、业态，给区域空间戴上一条"美丽的项链"，让游客一部手机玩遍旅顺口。

此外，还应积极建设旅顺口智慧旅游体验厅，完善旅游区 GIS、3D 全域实景、3D 建模、360°实景照片与视频等，建成虚拟景区，通过 VR/AR 体验为旅游者展示一个不一样的旅顺口，全景展示旅游地的自然风光与人文历史，丰富游客的旅游体验。

（九）旅行社

主动适应自驾游、散客化和互联网时代发展趋势，着重在个性化服务方面下功夫，积极培育 2~3 家规模较大、能够满足大众旅游需求的高端旅行社。积极引导国、青、康辉、港中旅等知名旅行社在本区开设门市，完善外地旅游者来访的地接功能，解决旅顺口区本地居民长线旅游、特别是出境旅游的需求。大力发展个性化、定制化旅游服务，如租车、私人导游、特色餐厅预订等。近期发展 1~2 家会展、奖励等专业型旅行社，未来迎合旅顺口区发展会展业的需求，提供相关服务。

四、设计旅游线路

旅游线路是连接旅游点的纽带，应不断完善线路设计，适当增加景区数量，将旅游产品进行包装组合，形成环线，方便游览，避免绕行，为旅游者省时省力。注重旅游线路的差异与深度开发，以自驾、邮轮、文化体验、特色观光为主线，依据交通状况与市场细分等因素合理制定，提供集观赏、娱乐、购物为一体的特色线路吸引旅游者。

将旅游产品进行包装组合，设计独具特色的旅游线路，提升游客的旅游体验。改变传统的旅游线路设计，扭转以往沉重的基调，增加不同的主题创意，以开放、活力、激情、闲适、神秘为主线。以明确的细分客源市场为导向，在旅游线路设计时要考虑不同游客群体的需求。每条线路都要突出特色，具有灵活性，并且在线路设计上要根据交通状况与游客需求等因素具体制定，具体线路设计见表 4-1、表 4-2。

表 4-1　旅顺口区旅游线路（一日游）

线路	行程	
线路一	太阳沟景区（旅顺博物馆、胜利塔、留声机博物馆、关东军司令部旧址、中苏友谊塔、太阳沟陶艺馆等）； 在太阳沟特色餐馆（待建）就餐； 到太阳沟精品店（待建）/免税店购物（待建）	
线路二	旅顺博物馆—东鸡冠山—军港游园—白玉山（夜景）； 在水师营会见所/美食街/老铁山温泉会馆就餐； 到太阳沟精品店（待建）/免税店购物（待建）	＋潜艇博物馆
		＋日俄监狱旧址博物馆
		＋老铁山/开世温泉

表 4-2　旅顺口区旅游线路（二日游）

天数	行程	
第一天	太阳沟景区—东鸡冠山—军港游园—白玉山（夜景）	＋二〇三景区
		＋日俄监狱旧址博物馆
		＋老铁山/开世温泉
第二天	烟大轮渡—世界和平公园—老铁山灯塔	

第五章

旅顺口全域旅游产业链延伸研究

第一节 旅游产业链形成与延伸机制研究

一、旅游产业链形成机制

按照传统制造业产业链的观点，产业链源于社会分工，由交易机制引发产业链组织的深化，而旅游产业链的形成机制则相对复杂。随着旅游产业专业化分工细化，旅游系统组成要素相继出现，各要素间的交易程度持续深入，进而形成旅游产业链。它的形成利于压缩产业壁垒造成的交易成本，进而有利于促进竞争及组织更新，并且有利于区域产业结构的调整与优化。

二、旅游产业链延伸机制

旅游产业链是由于旅游产业的特殊性而形成的产业结构与时空布局关系引发的链条式产业关联形态，其产业链的延伸是此种关联的拓展。旅游产业链的延伸促进专业化分工，进而提升交易程度，促进高级别产业链形成，使得产业链继续拓展，其延伸机制见图5-1。

如图5-1所示，旅游产业链包括：旅游规划开发、旅游产品生产、旅游产品销售、旅游产品消费四大链核。旅游产品由设计、生产、销售直至消费，旅游规划者再根据消费者的反馈更新设计，从而形成闭合循环产业链。在旅游产业链中，每个链核都能延伸出一系列新的分支，向其他产业不断延伸，促使旅游产业链向更高级别发展。

其中，旅游规划开发部分包括：资源评价、功能分区、服务设施、生态保护等内容，涉及建筑、环保、林业、水利、园艺、咨询等众多行业。旅游产品生产部分包括：产品设计、景点建设、餐饮住宿、交通系统、旅游购物、休闲娱乐等内容，涉及餐饮、住宿、交通、娱乐、商贸、通信等众多行业。旅游产品销售部分包括：市场细分、市场定位、营销宣传、中介代理、分销渠道、批发零售等内容，涉及金融、保险、银行等众多行业。旅游产品消费部分包括：旅游体验、信息反馈等内容，涉及公共服务、医疗卫生、质量管理等众多行业。

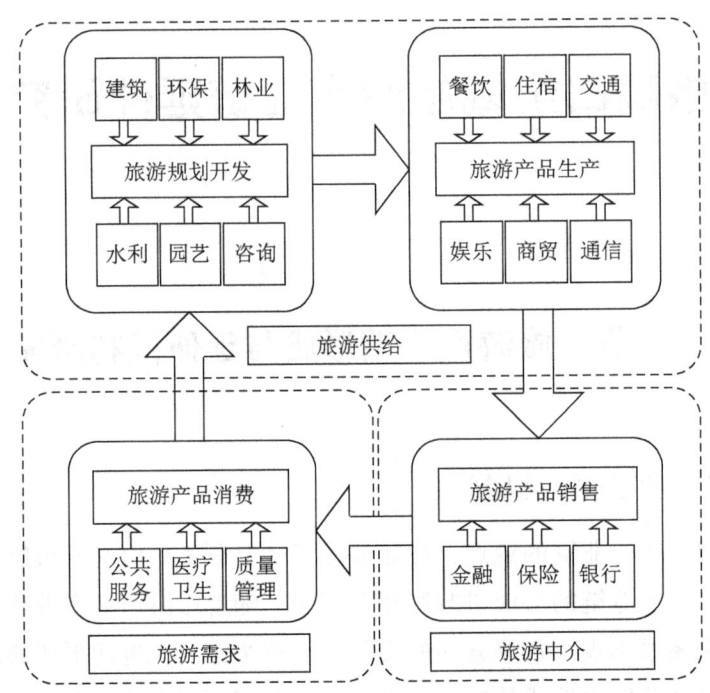

图 5-1 旅游产业链延伸机制

第二节 旅顺口全域旅游产业链延伸路径

产业联动、融合发展是时代发展的必然要求，特别是在全域旅游的背景下，旅顺口区应积极扶持旅游关联产业发展，大力推进"旅游+"产业，深度融合农业、渔业、林业、商贸、文化、教育、科技、信息、交通、环保等产业，进一步调整发展模式，持续完善旅游产业链，创建"国家全域旅游示范区"。其中，与生态化、信息化、新型城镇化、文化创意、新型工业化、农业现代化等进行深度结合将是未来旅顺口区全域旅游发展的重要方向。

一、旅游+新型城镇化

新型城镇化是在可持续发展理念引领下，通过人口城镇化、提升质量与优化格局及创新体制等，实现经济转型与社会和谐的城镇化过程。旅顺口区推进新型城镇化的主要路径是全面加快"五城一都"建设，以产业发展带动区域建设，实现城市组团式发展，最终实现城镇化。

将旅顺口区的旅游产业同新型城镇化的发展战略结合起来，以建立平等和谐的新型城乡关系为目标，走城乡统筹的新型城镇化道路。通过产业结构升级，加快旅顺口区城乡一体化的进程。统筹城乡基础设施与旅游服务设施建设，构建城乡一体化的服务设施系统，依据优化城乡产业结构和人口布局的要求，加快道路交通网络、给排水系统、供电网络、供热网络、商品流通网络等贯通城乡的服务设施建设，改善城乡环境。

二、旅游 + 新型工业化

新型工业化是发展经济学的概念，是工业化的知识经济形态，知识化、信息化、全球化、生态化是其本质特征。在知识经济时代，没有经过传统工业化的发展中国家可以直接通过新型工业化缩小和发达国家的差距实现赶超战略，避免所谓的"中等收入陷阱"。

将旅顺口区的旅游产业同新型工业化结合起来，凭借区域的特色工业，设计开发出极具创意与地方风格的工业旅游项目。可凭借旅顺近代工业文明发祥地、北洋船坞遗址、烟大码头、中远造船等工业文明资源，保护还原生产设备、厂房建筑及开发数码模拟生产场景等，增加厂区的文化内涵和体验深度，让游客了解中国近现代造船工业的历史文化，形成以工业文明为核心价值的旅游精品线。让游客走进船舶工业基地，了解船舶制造的历史、现状和未来发展。基地应设置展示大厅、购物大厅、动手操作大厅、演讲厅等，让旅游者通过工作人员的介绍，感受到大国工匠艰苦创业的精神，同时对企业本身也是一种宣传。同时，可以让游客深入作业现场，了解生产状况，观摩工业流程，熟悉关于船舶和港口物流等方面的知识。此外，还可以让旅游者亲身体验某一生产环节，或亲手制作零件，零件上可刻上游客本人的名字作为旅游纪念品。

三、旅游 + 农业现代化

将旅顺口区的旅游产业同农业现代化结合起来，以重大项目建设为载体，以旅游、设施农业、农产品加工等领域为重点，以民营经济为主导，增强农业经济发展能力，大力发展现代农业，进一步推进旅顺口区农业、渔业、农产品加工业与旅游的融合，促进产业结构优化。大力发展观光休闲农业，将生态农业和观光旅游业有机结合，因地制宜发展农家乐、采摘园等观光体验农业模式，不断拓展农民收入渠道。集中打造精品村庄，利用原有宅基地统一规划、集中建设，节余的土地发展农家乐、渔家乐等第三产业,从而增加村集体和农民收入。

结合美丽乡村建设,整合自然与人文要素,大力发展观光农业、休闲农业,培育田园艺术景观、阳台农艺等创意农业,鼓励发展具备旅游功能的定制农业、会展农业、家庭农场、家庭牧场等新型农业业态,打造一二三产业融合发展的美丽休闲乡村。以土羊高速创意农业带为核心,沿线的森林公园、樱花园、农业试验区和高科技农业区为依托,将农业劳作转化为艺术行为、农业产品转化为工艺品,打造集农产品生产销售、民俗体验、特色美食和野趣娱乐于一体的旅游+农业现代产业链,推进全域旅游发展。

旅顺口区拥有全国闻名的樱桃产业,然而目前的樱桃产业仅限于农产品的销售,形式较为单一。因此,应将樱桃产业与旅游业结合起来,创新设计开发相关旅游产品,并不仅限于采摘,还可以加入农业体验,樱桃产品的加工体验等。同时,可以将加工后的产品,如樱桃干、樱桃汁、樱桃酒、樱桃果酱、樱桃巧克力等销售给游客,为农户和旅游企业增加效益。此外,还应以种植北方花卉为主,如槐花、樱花等,营造区域大地景观氛围,做足花卉文章,建筑及园林都应以花为主题,根据季节举办以不同花卉为主题的花卉节;围绕花卉产业,发展花卉旅游服务业,实现多产业的联合发展。以传统的辽南民居建筑为主要形式,以建筑群为组织,围绕花卉的新品种研发、生产、加工、销售等形成完整的花卉产业链,依托华酝牡丹园建立旅顺花卉文化展示中心。积极开展"樱花节""樱桃节""赏槐会""草莓节"等节庆活动,盘活乡村旅游,带动樱桃、草莓、苹果等当地特色农产品销售。

四、旅游+信息化

将旅顺口区的旅游产业同信息化建设结合起来,积极转变思路,探索旅游宣传推介新模式,加快发展智慧旅游。进一步加强本区旅游信息化和大数据平台建设,强化智慧旅游安全监管与预警功能,加大数字资源开放力度,提升智慧旅游运营、管理和服务水平。将科技渗透到旅游产品创作、生产、传播、消费的各个层面和环节,积极应用AR、VR、MR、5G和人工智能等现代科技丰富游客体验,丰富数字化产品,提高旅游产品尖叫度。运用大数据助力公共文化旅游服务和市场精准营销,用文物数字化科技手段激活文化记忆。

通过基础设施、旅游设施和旅游管理的信息化,实现旅游+与互联网+的结合,为游客提供更多的便利。其中,基础设施的信息化建设包括:免费Wi-Fi系统、公交车进站APP、道路检测APP、全程监控系统、智能停车系统等;旅游设施的信息化建设包括:智能票务系统、门户网站、游客APP、微信公众号、电子商城等;旅游管理的信息化建设包括:内控管理系统、指挥中心、售票管理软件、景区监控管理软件、景区客流量管理软件等。

此外，还应积极建设旅顺口智慧旅游体验厅，完善旅游区 GIS、3D 全域实景、3D 建模、360°/720° 实景照片与视频等，建成虚拟景区，通过 VR/AR 体验为旅游者呈现一个不一样的旅顺口，全景展示旅游地的自然风光与人文历史，丰富游客的旅游体验。

五、旅游 + 文化创意

以旅顺口区特有的"和平文化"为主题，结合历史文化、军港文化、影视文化、生态文化以及民俗文化，将旅顺口区的旅游产业同文化创意结合起来，以独特的"和平文化"为主题，将区域规划分为四大板块：闯关东影视文化创意产业基地、太阳沟历史文化创意园区、军港文化标志展示带和自然生态文化体验区。依托本区良好的自然环境与深厚的历史文化，以闯关东影视基地为中心，加大网络化建设，形成集剧本原创、影视制作、版权交易、主题体验和衍生产品研发于一体的旅游 + 影视文化产业链。

同时，发挥演艺、节事及城市知名度的带动作用，以"印象旅顺"旅游演艺项目为近期重点产品，带动旅顺文化剧场的繁荣，远期随着各类旅游项目的上马以及旅游接待设施的不断完善，打造"军港之夜""One Night in Lvshun"等时尚旅顺系列演出，推出"旅顺国际旅游半岛"的新形象。此外，随着大连市的婚庆产业日益火爆，旅顺口区可充分借此契机，加强婚庆产业与旅游产业的结合，设计蜜月度假旅游产品，充分利用太阳沟历史文化街区的异域风情景观建筑以及本区优美的海岸线与生态环境，大力发展婚纱摄影等商业业态，丰富完善旅游产业链。此外，在提升现有节庆产品的基础上，还应结合区域文化特色，积极策划开展系列新型节庆活动，见表 5-1。

表 5-1 旅游节庆产品建设情况一览表

节庆类型	名称	建设情况
节日型旅游产品	国际樱花节、樱桃节、草莓节、彩叶节、赏槐会	提升
	渔人节、海灯节、蟠龙寺庙会、农民丰收节、海鲜美食节	提升
	北方国际旅游半岛国际旅游节	拟建
	东北亚电影节	拟建
	国际海港文化节（中、日、韩、俄、美）	拟建
	新创意、小成本影视作品节	拟建

续表

节庆类型	名称	建设情况
会展型旅游产品	旅顺国际旅游半岛"国际化营销"高峰论坛	拟建
	东北亚奢侈品展	拟建
	文化创意产品交易会	拟建
	东北亚动漫产品博览会	拟建
	东北亚影视作品交易会	拟建
	东北亚旅游交易博览会	拟建
	滨海风景道摄影展	拟建
	东北亚研学旅游文化展	拟建
	中日文化旅游论坛/中韩文化旅游论坛/中俄文化旅游论坛	拟建
	国际海港文化论坛（中、日、韩、俄、美）	拟建
	国际汽车/舰船展	拟建
赛事型旅游产品	龙舟大赛	提升
	东北亚船模/航模/车模设计大赛	拟建
	滨海风景道趣味运动大赛	拟建
	旅顺口文化旅游大赛	拟建
	专项运动赛事（高尔夫、滑雪等）	拟建
	旅顺口英雄大会	拟建
	国际老爷车拉力赛	拟建

六、旅游+生态化

旅顺口区以其长达169.7公里的海岸线资源和良好的生态环境优势，为生态旅游开发提供了优良的资源，这里环境优美、景色宜人，不仅具有较高的生态价值，更是旅游者净化心灵的好去处。

将旅顺口区的旅游产业同生态化建设结合起来，倡导可持续发展，打造生态宜居城市。建设生态宜居城市是旅顺口区实现全域旅游的本质特征和必然选择，要把旅游发展与环境保护和城市建设结合起来，坚持走环境友好的全域旅游发展道路。以旅顺口区建设滨海宜居城区和生态城区为抓手，实施积极的生态建设政策，加强生态绿地系统构筑，加强滨海生态区的管理，建设生态宜居城区，促进区域人与自然和谐相处。

第六章

旅顺口全域旅游产品创新研究

第一节 文化旅游产品创新研究

2018年，文化和旅游部正式成立，这是文化与旅游融合发展的时代需要，有利于统筹文化事业、文化产业发展和旅游资源开发，有利于提高国家文化软实力和中华文化影响力。

文化是旅游的灵魂，旅游是文化的载体；文化提升旅游内涵，旅游实现文化价值。旅游是文化消费的重要形式、文化传承的重要渠道、文化形象的重要载体和文化繁荣的重要支撑。文化产业与旅游产业可以在融合发展中达到互促共赢，产生叠加放大效应。文化内涵作为高品质旅游的底色，已是大势所趋。

一、旅顺口文化旅游资源分析

旅顺口区历史悠久，文化遗迹众多，旅游资源丰富，尤其以近代历史文化旅游资源最为著名，素有"半部近代史"和"露天博物馆"之称。目前，本区拥有历史文物和战争历史遗迹为主的人文景观上百处，其中区级以上文物保护单位71处，包括国家级11处、省级9处、市级26处、区级25处，国家级文物保护单位的数量在全国县市区位居榜首。上述旅游资源均有着各自显著的文化特点及其吸引游客的优势所在。

从历史背景、国内外知名度以及吸引游客的数量上来看，最能够反映旅顺口历史文化底蕴的，还是以甲午战争、日俄战争遗迹为代表的近代历史人文景观。旅顺军港、白玉山景区、日俄监狱旧址、东鸡冠山北堡垒、万忠墓、关东军司令部、关东都督府旧址、胜利塔、中苏友谊塔、二〇三高地等构成了旅顺口多元文化景观体系，这些历史遗迹见证了整个战争史，更浓缩了一部近代史。上述的历史文化遗产在丰富了旅顺口历史文化旅游资源的同时，也吸引了大量的国内外游客。

二、旅顺口文化旅游发展中现存的问题

与国内外历史文化名城相比较发现，旅顺口区目前的旅游业发展无论是在接待人次还是旅游收入上均存在着一定的差距。产生此结果的原因是多方面的，经过多次实地调研发现，现阶段旅顺口区文化旅游发展中主要存在以下几个方面的问题：

（一）文化旅游资源保护不利

在拥有丰富的历史文化旅游资源的前提下，首先要做好的就是保护。然而，目前旅顺口区很多历史遗迹都未被妥善保护，或者是被"旧貌换新颜"，失去了历史遗迹原本的价值与意义，甚至屡遭严重毁坏而无人问津。

例如，1945年8月，进驻旅顺口的苏军曾野蛮损坏了罗振玉大云书库的藏书与文物，极具价值的文化瑰宝遭到破坏。大云书库的藏书是由罗振玉自清末开始，历时四十余载，千方百计辛苦搜寻，或花巨资购置积聚的，包括大量的碑碣墓志、金石拓本、法帖、书画等，其中善本、孤本占有相当比例，不乏《大云无想经》等稀世之宝；还藏有数量可观的甲骨片、青铜器、古明器、碑拓等，仅甲骨片就有上万片。目前，虽然具有较高文化价值的罗振玉故居与大云书库建筑本身已被列入"大连市重点保护建筑"之中，但却并未得到良好的保护与利用，墙皮剥落、房身破旧，长期处于闲置状态。

此外，清末代皇帝溥仪曾下榻过的旅顺大和旅馆、原关东都督府旧址、关东神宫旧址、原旅顺师范学堂旧址等建筑均具有较高的历史文化价值，然而，这些建筑不但没有被妥善地保护，更谈不上开发与利用。更为可悲的是，有着显赫历史的肃亲王府（善耆旧居）已被整体拆除。

（二）文化旅游内涵挖掘不足

旅顺口区在拥有得天独厚的历史文化旅游资源的情况下，尚未真正意识到其价值所在。目前的资源开发仍处于粗放经营阶段，许多有价值的旅游资源尚未得到深度的挖掘与利用。山、海、河、城、建筑、堡垒、炮台、博物馆、名人故居、节庆等资源，旅顺口一应俱全。然而，相比其他历史文化名城，本区仍处于"养在深闺人未识"的阶段，缺少了"独特""之最""第一"等称号的景点，主要原因在于对区域历史文化旅游资源的挖掘深度不足，没有进行整体性、系统性的规划。对历史文化旅游资源的研究不深，文化旅游资源利用率低，展现形式陈旧，无法吸引旅游者到访。

除了区域目前拥有的旅顺日俄监狱旧址博物馆、万忠墓、旅顺军港、中苏友谊塔等历史文化旅游资源以外，本区还有许多极具文化价值的历史遗迹尚未合理开发利用。

例如，原满蒙物产馆旧址目前已被现代化建设所替代，具有历史意义的旧址，如今被变成了网吧、银行等。再如，大谷光瑞旧居、关东神宫等著名历史遗迹目前都被当地驻军掌管，长期空置或放置杂物，无法进行合理的旅游开发。

（三）文化旅游产品种类单一

目前，旅顺口区的旅游产品主要侧重于军港观光、滨海观光、生态观光等几个方面，以观光游览自然风光、休闲与娱乐为主，文化类旅游产品较少，产品体系不健全，很多具有较高历史文化价值的景区景点没有进行适当的推广，尚未形成高品质、有规模、涵盖面广的区域旅游产品体系。例如，目前本区主要推出的节庆类旅游产品为樱花游园会、樱桃采摘节和草莓采摘节等，对于历史文化类的节庆、博览会、文化论坛等的举办则尚不多见。

（四）文化旅游品牌不够突出

近年来，依托全国最佳旅游城市大连的知名品牌，旅顺口区旅游业蓬勃发展，逐渐被更多国内外游客所熟知。然而，经过调研发现，在大连市区域旅游发展中，旅顺口区所占份额极其有限。2018年，大连市全年接待国内外游客9398.38万人次，旅游综合收入1440.0亿元；旅顺口区接待国内外游客904.4万人次，旅游综合收入68.7亿元，其接待游客数量及旅游综合收入仅占大连市的9.6%和4.8%，很多国内外旅行社甚至在所经营的旅游产品中未涉及旅顺口的相关景点。由此可见，本区亟须打造一个属于自身的旅游品牌。

目前，本区现已开发的旅游产品中，自然景观、人文景观、节庆活动以及滨海度假等相对独立，缺少以近代历史文化资源为核心的区域旅游主题形象设计。一直以来，在大连市旅游产品体系中，旅顺口一日游或半日游的旅游线路中能展现本区近代历史文化资源的产品很少，大都是观光旅游类产品，没有真正地将旅顺口的文化底蕴展现出来，未能形成具有自身特色的旅游品牌。

（五）文化旅游活动缺乏参与

要想真正了解一座有故事的城市，那就必须亲身感受，参与进去才能体会其原真性的文化内涵。目前来看，旅顺口的文化旅游活动严重缺乏参与性，基本上只是走马观花，以参观为主，游览一系列战争遗迹、历史遗迹等。然而，这样的旅游形式很难让游客充分体验旅游资源自身所蕴藏的文化内涵。例如，日俄战争的见证——东鸡冠山北堡垒、悼念血腥战争受害者的见证——万忠墓等，目前游客们只是在导游的引导下，短暂停留，粗略参观，对于这些旅游资源所蕴含的文化意味是无法深入理解的，而其中的教育意义也不复存在了。总之，现阶段本区所开展的文化旅游活动十分缺乏参与性，很难起到相应的教育作用，对旅顺口的旅游形象塑造与推广产生了制约。

（六）文化旅游宣传有待加强

有效的宣传可以增加旅游地的客源量，有利于提升区域知名度。当前，旅顺口区的文化旅游宣传尚有不足，没有将区域特色文化旅游产品推广出去。首先，目前的旅游宣传只是通过制作简单的宣传图册，不能将旅顺口的独特魅力完整地展现出来。其次，当地很多景区至今没有建设官方网站，已有的旅游网站大多建设得比较简单，界面展示形式缺乏吸引力，文化旅游资源介绍相对较少且不全面，网站内容无法及时更新。再次，区域旅游市场营销手段较少，方式单一，无法很好地吸引游客。上述原因在一定程度上削弱了旅顺口区文化旅游资源对旅游者的吸引，影响了旅游者对旅游地的感知。

三、旅顺口文化旅游发展路径

（一）积极保护文化旅游资源

在城市化的进程中，一些有历史价值和文化内涵的历史文化街区、历史建筑等遗迹都遭到了不同程度的破坏。历史文化名城保护的问题，已经引起了全社会的重视。2008年4月22日，《历史文化名城名镇名村保护条例》在国务院第三次常务会议通过，予以实施。对于旅顺口区文化旅游资源，笔者认为可以从以下几个方面进行有效的保护。

首先，完善相关法律法规，增加执法力度。目前我国对盗窃、走私文物打击力度较大，但对于"建设性破坏"和对村镇历史遗迹的破坏与保护不利等情况的惩处力度较轻。因此，必须通过相关法律法规的完善，约束相关执法人员加强对村镇历史遗迹的保护意识。

其次，各部门明确职责，增加协调，进行监督检查。对于一座历史文化城市的保护不仅要靠一个地区的政府部门，还要联系到省、市政府及相关委、办、局，涉及街道办事处等部门，如果各部门的政策相互矛盾，法令不统一，无疑会给文化资源的保护带来不必要的麻烦。因此，各部门应恪尽职守，明确分工，相互协调。并且相关部门应增强对文化旅游资源保护的监督检查，对于违反相关法令的行为，严惩不贷。

最后，增加对文化旅游资源保护的资金支持。由于资金所限，很多文化古迹难以得到持续维护。因此，政府应设立专门基金对文化古迹进行拨款修缮，在不改变资源本质的前提下，进行科学的保护。对于没有开发利用的，长期处于闲置状态的旧居、遗迹等，应重新开发利用，展现其历史价值。

（二）深入挖掘文化旅游内涵

在对旅顺口区文化旅游资源积极保护的同时，要大力挖掘旅游资源内在的文化内涵。文化的魅力具有持久性，文化旅游也逐步成为现代旅游的新趋势。目前，旅游者已逐渐将传统的观光旅游转向更为深刻的文化旅游，深入体验旅游地的独特文化。具有深厚文化底蕴的旅顺口应在新的发展趋势中抓住机遇，顺势而上。

不论是北京的故宫、长城还是西安的兵马俑、华清池等，都是源自其灿烂的历史文化而被国内外的无数游客所熟知。因此，在发掘旅游资源的同时要明确资源的深层次文化内涵，将其自身的价值体现出来，将历史遗迹、旧址进行深度开发与利用。旅顺口区的历史文化悠久，文化淀积深厚，众多文化旅游资源极具开发价值，对其进行深层次开发是构建历史文化名城的重要保障。

例如，日俄监狱旧址博物馆在引导游客参观历史遗迹之余，也要让旅游者了解其存在的价值。在陈列的残酷刑具周围应该介绍该刑具曾经对谁使用过，侵略者是如何压迫反抗者的。在介绍的同时还要积极开展爱国主义教育，告诫旅游者勿忘国耻。再如，像大和旅馆这样有纪念意义的旧址、建筑，应将其充分开发与利用。此外，清末代皇帝溥仪曾下榻大和旅馆，依托这段历史背景可以将该旅馆在恢复原貌的基础上进行功能扩展，建设成历史文化展览馆。如此一来，不仅可以有效保护文化旅游资源，还可以带动地区的经济发展。

（三）不断丰富文化旅游产品

在深入挖掘文化旅游资源内涵的同时还应积极拓展文化旅游资源的开发方向。大力开发本区历史文化类旅游产品，将目前空置、废弃、未被合理开发利用的历史遗迹充分利用。将文化旅游产品与本区观光游产品结合起来，完善区域旅游产品体系。例如，目前白玉山景区的游览形式只是以观光白玉山塔，登上白玉山顶俯瞰旅顺口军港全貌为主。因此，在旅游开发时可以将白玉山的历史、军港的由来、兵器展览等文化元素融入其中，拓展文化旅游开发方向。

同时，还可以开展一系列旅游节庆活动。旅顺口的樱桃节自1998年举办至今，以"樱桃结友谊，旅游促发展"为宗旨走过了22年的时光，吸引了大量的游客观光游览，采摘品尝。在此成功案例的引导下，可以推出"镂刻近代史，品读旅顺口"的宣传语，选择具有历史意义的时刻，每年开展一次大型的博览会或节庆，大力宣传，吸引具有爱国情怀的旅游者及青少年游客开展文化研学旅游。

(四)努力创建文化旅游品牌

由于旅顺口的历史渊源,浓厚的文化底蕴,记载着许多沧桑的故事,可将"军港之夜——旅顺口"打造成区域文化旅游品牌。加强广告宣传,将旅顺口文化旅游作为一个品牌推销出去,让更多人认识它,接触它,这才是适应外部市场的重要环节。同时,结合旅顺国际樱花节、旅顺樱桃节、蓝莓采摘节、太阳沟金秋旅顺季、太阳沟彩叶节、北海渔人节、海鲜美食节、龙王塘海灯节等节庆活动,围绕本区文化旅游产品全力塑造区域文化旅游品牌,让广大游客体验不一样的旅顺口,促使其全面深刻了解旅顺口的品牌形象。

(五)增强文化旅游活动参与

旅顺口具有众多的军政机关、纪念碑塔、军事堡垒、炮台、名人故居等遗迹。为了一改以往观光游览的传统形式,达到让游客亲身参与体验的目的,可以利用本区文化旅游资源,开展"战争体验之旅",还原当年战争的情景,让游客体验战争的残酷与惊险。这样不仅利用了现有的资源,也带动了经济的发展,更增加了旅游的体验性,满足了现代人的旅游心理。

另一方面,目前国家越来越重视青少年的爱国主义教育,旅顺口区爱国主义教育资源丰富,众多文化旅游资源可以成为爱国主义教育的重要载体,其中包括了战争遗址、博物馆、纪念馆、纪念碑塔、名人故居等。因此,可以专门对青少年开展更多基于爱国主义教育的研学旅游活动,让游客真正参与进去,举行一系列有教育意义的知识问答活动、比赛等,并且对表现优秀者赠送相关书籍与纪念品等,从而提高参与者的积极性,同时继承优良传统,最重要的是激发旅游者的爱国主义情感,勿忘国耻,认清"落后就会挨打"的现实。

(六)大力宣传区域文化旅游

目前,大连市的旅游品牌已经较为成熟,可以依附大连市的旅游品牌效应,加大对旅顺口区"近代历史文化之旅"进行宣传,将大连与旅顺的旅游发展紧密相连。首先,在宣传的过程中,要一改往常的分发图册、图片等简单方式,积极参加国内外大型旅游展销会,制作大量的宣传优盘,自驾游的游线地图等,进行免费分发,以此展现旅顺口文化旅游资源的品质。

其次,加强旅顺口各景区的旅游网站建设,增加文化旅游资源的介绍,讲好旅顺故事,同时配备丰富的图片与视频,一改以往单调的形式与空洞的网站内容。在介绍旅顺口各景区的同时要着重突出其区域旅游品牌,通过创造内容丰富的旅游网站吸引更多的游客。

最后，采取多种促销手段，充分利用多种传媒方式，重点推介旅顺口的文化旅游品牌，让游客认识旅顺口，想来旅顺口。进而推出一系列旅游惠民政策，以亲民的价格吸引游客，开展区域旅游整合营销。

四、旅顺口文化旅游产品案例研究——博物馆旅游

博物馆是征集、典藏、陈列和研究代表自然和人类文化遗产的实物的场所，并对那些具有科学性、历史性或者艺术价值的物品进行分类，为公众提供知识、教育和欣赏的文化教育机构、建筑物、地点或社会公共机构等。博物馆是非营利的永久性机构，对公众开放，为社会发展提供服务，以研究、教育、欣赏为目的的征集、保护、传播并展示人类及人类环境的见证物。博物馆旅游在西方一直是颇受欢迎的旅游产品，然而在我国，博物馆旅游发展却相对滞后，根据相关研究分析发现其原因是多方面的，诸如：博物馆管理体系落后、展示设计乏味、游客认识偏差、旅游产品单一等。我国博物馆应根据自身情况借鉴国外先进经验，发展适合自身的旅游项目。

（一）旅顺博物馆的历史沿革及发展现状

1. 旅顺博物馆的历史沿革

旅顺博物馆属历史艺术性博物馆，位于旅顺口区列宁街，建于1917年4月，是日本帝国主义侵占旅顺后在沙俄未建成的军官俱乐部基础上改造而成的。建筑既有近代欧式风格，又具东方艺术装饰特色。旅顺博物馆原名关东都督府满蒙物产馆，1918年改称关东都督府博物馆，1919年改称关东厅博物馆，1934年改称旅顺博物馆。1945年由苏联红军接管，改名为旅顺东方文化博物馆，1951年苏军将博物馆馆舍连同馆藏的20 637件文物、7700册图书移交给中国政府。1952年改称旅顺历史文化博物馆，1954年定名为旅顺博物馆，1972年旅顺博物馆在"文革"闭馆后恢复开放，基本陈列为"历史文物专题陈列"。1999年，旅顺博物馆实施了总体改造，在本馆毗邻处新建了分馆，同时将原来的动物园、植物园归入博物园区，使园区的面积由原来的2.5万平方米增至15万平方米。2008年，旅顺博物馆获评首批国家一级博物馆。2013年，旅顺博物馆对外免费开放。

2. 旅顺博物馆的发展环境

（1）自然环境

旅顺博物馆位于风景秀丽的太阳沟风景区，主馆建筑为近代折中主义风格，以悠久的建馆历史、别具特色的藏品优势、庄重典雅的馆舍建筑及错落有致的庭院设计而蜚声海内外。博物馆道路为旅顺特色的鹅卵石铺砌而成，南部为植物园，北部为中苏

友谊塔，周围环境优美，绿色环绕，草木葱茏，幽静中又不缺乏生机，古老神秘的历史气息与周边自然环境的完美结合产生了较强的旅游吸引力。

（2）社会环境

旅顺博物馆集收藏、保护、展览、研究、公共教育、文化交流功能于一体，在妥善保管、深入研究文物、藏品的前提下，以面向社会、面向公众的办馆理念和以公众为中心的服务宗旨为引导，努力使陈列展览和文化推广符合当代公众的文化需求，使得参观博物馆成为公众的一种休闲习惯、文化习俗和生活方式。旅顺博物馆以"文化惠民、文化为民"为使命，不断举办精品展览，推出衍生产品，加大宣传力度，提升教育功能，合理释放文物藏品的文化内涵，担负起传播爱国主义精神、传承优秀传统文化的社会责任。

3. 旅顺博物馆的客源市场

旅顺博物馆的客源主要以本地居民和周边地区的学生及历史爱好者为主。2014年，旅顺博物馆开设了"博物馆之家"，让更多的观众有机会走进博物馆，了解博物馆。"博物馆之家"充分利用博物馆的资源，举办富有特色的社会教育活动，打造博物馆社教品牌。如利用学生寒暑假举办"旅顺博物馆快乐暑（寒）假系列活动"，下设剪纸手工课、小讲解员实战训练营、亲子阅读、拓片等活动。此外，旅顺博物馆还结合举办的展览，在"博物馆之家"开展相关社会教育活动，通过讲解、讲座、亲子活动等方式让更多的人走进展览、体验展览。

由于历史原因，日本和俄罗斯成为旅顺博物馆的重要客源市场。旅顺博物馆在日本北九州开展的照片展览吸引了大批日本游客的来访。日、俄两国博物馆与旅顺博物馆的频繁合作也使得博物馆在这两个国家拥有更多的客源。然而，不容忽视的是旅顺博物馆虽然作为大连市的文化地标，但专程来此参观的游客却很少，甚至有些游客并不了解旅顺博物馆的存在。

（二）旅顺博物馆旅游发展的优势与存在的问题

1. 旅顺博物馆旅游发展的优势

（1）历史地位优势

旅顺博物馆历史悠久，从1917年建立至今已有一百多年的历史，在此期间经历了多次的整修维护，也经历了近代中国多个时期的历史变革，可以说是一部"立体的中国近代史"，为首批国家一级博物馆，主馆建筑为国家重点文物保护单位。历史的烙印深深地印在旅顺博物馆的每一个角落，浓郁的历史气息是旅顺博物馆旅游发展的重要优势。

（2）藏品储备优势

旅顺博物馆现有藏品6万余件，文物资料20余万件，其中国宝级文物218件，以大连文物、新疆文物及中外传世的历史艺术类文物为主体，分为：考古、铜器、陶瓷、甲骨、玉器、漆器、珐琅器、书画、碑志、佛教造像、竹木牙雕、新疆文物、外国文物、货币等20个门类。其中尤以书画、新疆文物、印度犍陀罗艺术和罗振玉的《三代吉金文存》《贞松堂集古遗文》著录的商周时期青铜器等最具特色和影响。

（3）文化传播优势

旅顺博物馆的独特建馆历史增强了其文化传播的功能。作为日俄战争的主战场，旅顺口被这两国人民所熟识，并吸引着大量日俄游客及历史爱好者的到访。而旅顺博物馆正是了解旅顺口历史的必到之处。同时，旅顺博物馆专题文物展览多次赴日本、韩国进行交流展览，馆藏佛教造像、箸文化以及晚清孙温所绘《红楼梦》画册展成为观众推崇的品牌展览，多次多地对外展出。

2. 旅顺博物馆旅游发展中存在的问题

（1）展示设施有待完善

与国内先进博物馆相比较，旅顺博物馆目前的显著问题在于硬件设施不足，缺少虚拟仿真展示。以首都博物馆为例，其实施的"智能化工程"为展厅安装了智能化控制温湿度的空调系统，保证展厅内观众活动的空间为舒适的温湿度，且展柜内保持利于文物保护的温湿度；在文物库房则根据不同材质的文物库区提供不同的温湿度。此外，其馆内的安全技术防范系统（含停车库管理和灯光照明控制）、消防监控与自动灭火系统（含应急广播系统）、楼宇自动化系统、音响灯光联动控制系统等全面实现智能化；其中自动灭火还针对文物易损怕水的特性做出特殊设计。通过对比可见，旅顺博物馆的设施建设还有待于进一步完善。

（2）服务质量有待加强

要把博物馆与旅游更好地结合在一起，服务无疑是其间的重要一环。然而，在配备数量适当、素养较高的专业服务人员方面旅顺博物馆还有所欠缺。首先，目前旅顺博物馆在讲解服务方面规定，需要游客达到一定数量以上才提供免费的讲解，这样就无法保证所有来到博物馆的游客能更好地了解博物馆的历史。其次，内部服务人员缺乏责任感，不能较好地引领游客，为游客提供优质的服务。最后，馆内需要配备供儿童、老年人、残疾人使用的专项服务设施，如轮椅、电梯、残疾人厕所，以及专供盲人触摸欣赏的文物展览室等，让他们能够在感悟历史的同时，也得到舒适的服务。目前，旅顺博物馆尚无法提供上述服务。

（3）展览形式有待创新

目前，旅顺博物馆的展览形式基本上以静态陈列的方式为主，需要游客走进博物馆观摩、研究。然而，博物馆藏品更新周期较长，形式过于单一，游客看到精品的机会很少。对于大多数游客来说，他们希望看到更多的"国宝"，而目前常年不变的展出形式及展出内容使得游客对博物馆的兴趣大减。

（4）展品布局有待调整

不仅是展出形式，展品的摆放也要注重科学性。目前，旅顺博物馆内的展品摆放尚需调整，导致游客入馆后不清楚观赏文物的正确顺序，也无法理解文物之间的内在联系。

（5）品牌意识较为淡薄

品牌是一个形象的代名词，被认可的品牌有着良好的形象。一个博物馆想要在激烈的竞争中立于不败之地就必须打出品牌，树立形象。目前，旅顺博物馆的品牌还不够突出，缺乏丰富的宣传手段和树立自我品牌的意识。相比之下，旅顺博物馆周边的白玉山景区、日俄监狱旧址博物馆、东鸡冠山景区、七彩南山等景区均已形成较为突出的品牌形象。

（6）经营模式有待改善

过去旅顺博物馆的经营方式以门票为主，讲解员讲解、服务器材出租、纪念品商店为辅，营销模式较为传统。在实行门票免费后，旅顺博物馆的经营模式变得更加单一，仅靠出售简单的纪念品创收。文创产品设计缺乏创新性，官方网站上的"文创"板块至今仍为空白。同时，缺乏专业的管理团队对博物馆进行科学有效的管理。因此，目前亟须探索出一套适合自身的经营模式，能够让旅顺博物馆通过自主经营获取利润，并维持博物馆自身建设的开销费用，从而摆脱一味靠政府扶持投入资金的现状，为财政减压。

（三）旅顺博物馆旅游发展路径

作为遗址型博物馆，做好博物馆自身建筑的保护是一项非常重要的工作，对今后旅顺博物馆的可持续发展有着重大意义。在加快对旧馆区的维护与保护的同时，进一步完善新旧馆的陈列体系，具体发展路径如下：

1. 完善展示设施

（1）利用公共空间

公共空间的合理利用对博物馆的重要性不言而喻。例如，可在旅顺博物馆大厅设立公共休息区，在博物馆所属庭院及周边植物园可设立小型儿童游乐区等，让参观者在游览的同时能够得到合理的休息与娱乐。可利用博物馆内部空间，增设人性化的服务设施，为参观者提供更好的服务，如增设手机充电设备、无线 Wi-Fi、提供热水设备以及母婴室等；建立贵宾室和会议室，在贵宾参观时进行接待与会议服务。利用博物馆外部空间设立停车区域，方便车辆进出，提高承接参观者的容量。

（2）扩大展示空间

展示空间指的是物品展览的区域，展示空间的扩大意味着旅顺博物馆将会拥有更多的空间展示优秀展品。充分利用分馆展出更加丰富的藏品，将会吸引更多游客前来参观。

（3）完善设施设备

设施设备的完善会使博物馆的整体功能得到提升，并提高参观者的游览效率。同时，设施设备的完善也能够保证参观者的游览质量，并给予参观者良好的观赏环境以及愉悦的体验。设备的材料应尽量使用寿命长、无污染、无辐射、可循环利用的材料。设施设备的完善可降低博物馆的安全隐患，避免客流高峰期造成拥挤，保证了展品安全的同时，也保证了参观者观赏的安全。

（4）提升周围环境

参观者到博物馆参观和消费，应该得到保障完善的服务。作为博物馆应想方设法延长参观者的逗留时间，时间的延长意味着参观以外服务的拓展。例如：可在博物馆周边增设纪念品商店、礼品店、休息室、小茶座、凉厅、电影放映厅、图书阅览室等。尽可能使参观者产生愿意停留的心理。

同时，可通过扩大绿化面积进行博物馆周边环境美化，合理配备垃圾桶并安排保洁人员以保证环境的整洁。路边还可以设立车辆禁止鸣笛或减速慢行的标志，并适当建立隔音设施，为游客在参观文物时提供一个安静的观赏环境。

2. 提升服务质量

（1）丰富讲解形式

据调查，旅顺博物馆的观众群体对自助讲解的呼声最高，这种讲解方式自由、方便，不受人为因素和时间的限制。可大力推广手机扫码讲解等手机端的自助讲解，开发自助讲解迎合观众的需求，减轻讲解员的讲解压力。还有不少观众更喜欢听志愿者讲解，这反映出社会对志愿者的认可度，越来越多的人看到了志愿者服务活动对社会的价值，更加尊重志愿者。志愿者虽然不是专家，但是他们通过通俗易懂的讲解能够满足大众对展览的基本了解需求。因此，应不断扩大志愿者队伍，招募优秀的志愿者，对他们进行培训，考核合格后上岗。综上所述，旅顺博物馆应针对不同的观众群体，设置多种讲解手段，不断满足观众的需求。

（2）提升服务技能

博物馆工作人员应具备高度责任感，既能够为参观者提供热心周到的服务，又能够对参观者的一些不文明行为给予提醒与监督。工作人员应不断提高自身的服务技能，全面掌握藏品相关知识，对参观者提问能够给予满意的回答，以周到的服务让参观者感到舒心。博物馆应定期对工作人员进行培训和考核，不断提高专业素养和丰富文化知识。

（3）研发文创产品

文创产品的开发与设计是博物馆实现"让沉睡的文物以新的方式活起来""让观众把文物带回家"的重要途径。首先，合理利用馆藏文物资源进行文创研发，并不是简单的复制，而是文化的再创造。其次，配合临时展览开发文创产品。再次，结合社会教育活动开发文创产品，赋予产品更多的教育意义，并从参与者中获得反馈，有利于产品的开发和后续的改进。最后，举办文创产品设计大赛，吸引社会力量参与到文创产品开发中来，弥补博物馆专业力量的不足，汇聚大众的创造力和才智。

（4）创新展览形式

博物馆要处理好与城市、文化的关系，从"请勿接触"走向共同参与，展示方式从单一向多元化发展。因此，博物馆应不再以单一的静态形式展出藏品，而是以动态生动的形式展出，动静结合，让参观者能够亲自参与到展示活动中来。例如：制作高仿的古代酒杯和器具让参观者学习使用，体验"双龙洗"的奇特之处等。参观者亲身体验到古代人的日常生活，使得展出内容丰富而科学，表现形式艺术性与趣味性并存。

旅顺博物馆藏品丰富，稀世珍品为数不少，应加快展品的循环，运用多种展览手段，提高展品的陈列艺术效果，增强文物的视觉冲击力，贴近观众，引领观众。比如可以使用蜡像，特殊文物的环境模拟，采用高科技手段演示文物的制作过程等，都可以很好地吸引观众的目光。除主题陈列外，增加专题展览的项目与次数，例如：旅顺地方文物展、清代书画精品展、红楼梦绘画册页展、近现代火花展等，这些都可以很好地诠释旅顺博物馆的品牌特色和未来发展方向。

（5）合理布局展位

参观博物馆的藏品是旅游者的主要目的，展品布局是否合理是博物馆旅游发展的关键。因此，只有布局灵活合理才能够吸引参观者，保证博物馆旅游的持久吸引力。制作参观引导图，清楚标注参观顺序及位置。

①年代顺序排列

按照展品的年代顺序排列，让参观者从远到近地感受历史的发展，时代的变迁，跟着展品一路走来，感受每个时代的不同文化，让参观者在观赏中感悟历史的变迁。

②展品分类陈列

把不同年代的同种类物品布置在一起，如钱币、瓷器等。通过同种物品的比较让参观者更加直观地感受到不同朝代的文化特色与历史背景，从而让参观者能够理解民族的融合与文化的创新，体会到其中的历史意义和观赏价值。

（6）创建知名品牌

目前，旅顺博物馆并不为大多数游客所知晓，亟须提升自身的知名度。因此，创建知名品牌意义重大，尽可能在短时间内实现从区域品牌到国际品牌的飞跃。品牌的国际化能够提升文化产业的素质，形成与国际文化产业的对话机制。为了保证利润与发展，只有将旅游与博物馆进行合理融合，形成文化旅游，从文化旅游的形象重新定义博物馆，达到显著的品牌效应，进入市场竞争。另外，政府要加强引导博物馆走向产业化，加大宣传力度，使博物馆的知名度得以提升。

①宣传片制作

拍摄一个旅顺博物馆专题宣传片，与重大事件结合，例如重大节庆及赛事等，抓住机遇重点推介，让博物馆被国内外所知晓，吸引游客的目光，提高关注度。

②网站建设

目前，旅顺博物馆虽设有网站，但宣传效果不太明显。网站展示形式要多样化，把馆内的文物图片和将要开展的活动与参观者分享。同时，可在网上开设讨论区，由网站管理人员负责收集参观者的建议。例如，参观者希望看到怎样的展品，喜欢什么样的活动，博物馆人员就可以据此整理资料，对博物馆的下一步展出计划进行准备。

③开展各类活动

多样的参与活动也是吸引参观者、提升知名度的有效方法。博物馆可以举办知识问答比赛，通过比赛让参观者了解旅顺口及博物馆的历史。同时，也可以开展公益活动吸引关注。例如：举办为失学儿童筹款的活动，每位捐款人的名字都会出现在博物馆的网站上，并赠送其文创产品。除此之外，博物馆还可以创办区域文化宣传月，与国内外知名博物馆合作交流。同时，通过专家讲座可以让广大收藏爱好者分享收藏心得，寓教于乐，吸引参观者。

（7）改进经营模式

旅顺博物馆需要打破传统实现经营模式创新化，则应配备先进的管理团队提高经营管理水平，通过与旅游的有机结合，积极开展文化旅游不断完善经营模式。

①借鉴经验

国内外许多博物馆在管理模式方面有着自身的成功经验。因此，旅顺博物馆可以结合自身借鉴经验，不断创新发展。西方国家博物馆发展中一个值得借鉴的重要经验，就是善于利用各种有益的社会资源。美国市场经济发达，其博物馆在经营模式上充分利用国家优惠政策，经营品种丰富，树立品牌观念，多元化经营以网络协作，开展会员制并设立网络商店。而英国的博物馆则是一方面获得社会赞助，另一方面则举办系列临时商业性展览。有的博物馆还可以通过租借会议室和空闲展厅来获取租金。对于一些出版媒体和广告公司来说，博物馆的藏品图片也是他们需要的，英国博物馆也经营藏品图片出售,甚至博物馆内设有餐厅和咖啡馆。

旅顺博物馆可借鉴上述国家发展经验完善经营模式。根据中央文件要求,博物馆、纪念馆按照市场化运作举办的特别(临时)展览,可根据实际情况制定门票价格。博物馆的休闲娱乐功能应强化且亟待开发,应该构建集参观、娱乐、饮食、购物于一体的博物馆系统开发,提供一流的服务,才能使博物馆在现代社会中可持续发展。

②合作双赢

旅顺博物馆还需要通过不断的合作实现自身的价值。通过和学校合作,以爱国主义为主题吸引学生参观了解旅顺历史,突出博物馆的教育功能。与旅行社合作,设计文化旅游路线,把景点游览与文博鉴赏有机结合。博物馆之间的合作,通过藏品交流联合展出,既能扩大自身影响,又能加强相互关系,还能达到优势互补。因此,要主动与旅游酒店、旅行社及相关企事业单位进行合作,以文化旅游的方式形成规模效应。

五、旅顺口文化旅游产品案例研究——旅游演艺产品

奋力迈向优质旅游新时代已成为我国未来一段时间内旅游业的工作重心,提升和丰富行业的文化元素,对于旅游业的优质发展起着不可估量的作用。其中,旅游演艺产业的发展,对于提升一个地区、一个城市的旅游吸引力,甚至对于提升城市形象,具有极为显著的作用。本部分以旅顺口区为研究对象,在解析区域旅游演艺发展环境优势和劣势、机遇和挑战的基础上,系统研究旅顺口区旅游演艺产业的发展现状,总结现存的问题,提出相应的解决对策,以期为区域旅游演艺产品创新发展提供参考借鉴。

(一)相关概念及研究综述

1. 优质旅游

2018年全国旅游工作会议上提出,我国旅游业已发展至高速增长阶段转向优质阶段的关键节点,而优质旅游是更加安全、更加文明、更加便利、更加快乐的旅游。总而言之,是从"有没有"转向"好不好"的旅游。优质旅游的提出,是党的十九大报告中提出的在新时代让老百姓有更多的安全感、获得感和幸福感的真正体现。

2. 旅游演艺

旅游演艺顾名思义是将"旅游"与"演艺"相结合的新型旅游产品,是指在旅游目的地所进行的各种表演活动,以表现该地区历史文化或民俗风情为主要内容。旅游演艺是以旅游者为主要观赏者的各种表演及演出活动,包括了节庆表演、专业演出、

仪式表演等动态活动，是旅游体验的重要来源，同时也是游客进行休闲娱乐的重要吸引物。

现阶段，不同的学者对旅游演艺的具体概念持有不同的看法，但也有一些共同点。第一，旅游演艺在旅游地空间范围内推出，这个空间范围既可以是旅游城市，也可以是旅游景区、大型旅游主题公园及其周边。第二，旅游演艺以较强的文化性来展现其区域特色文化。第三，演艺产品的主要受众群体为旅游者，需要达到延长游客停留观赏时间和延伸产业发展链条的效果。第四，旅游演艺是集舞台表演艺术、地域文化、民俗习惯、节庆活动等要素于一身的产品，是旅游产业与演出产业相融合的产物。

发展旅游演艺是引领旅游业供给侧改革的战略选择，是城市旅游产业转型升级的关键路径，可以为旅游者提供极具地方文化与自然特征的审美体验，可以延长游客在目的地城市游览时间，延伸旅游消费链条，进而驱动区域旅游经济可持续发展。近年来，高质量的旅游演艺产品已成为游客到访旅游地的主要原因之一，旅游演艺日渐成为区域旅游的核心吸引物，成为展现地方文化精粹的快捷方式。

（二）旅顺口区旅游演艺发展现状分析

目前，旅顺口区的旅游演艺尚处于起步阶段。2014年，大连屹海旅游集团打造的《印象旅顺》成为旅顺口区推出的首个以演艺为主的大型旅游项目。该项目位于黄河路军港之夜主题公园，票价280元，只在旅游旺季开放。《印象旅顺》以中国近代史为支撑，"旅顺军港"为创意元素，旅顺口历史为文化内涵，演绎了众多重大历史事件，如"日俄战争爆发""甲午海战"，以及"辽宁号"航母在大连入编等，该项目的出现是旅顺口区旅游演艺行业发展的良好开端。本部分基于SWOT分析法对旅顺口区旅游演艺的发展情况进行研究。

1. 优势分析

旅顺口区自然资源类型齐全，品质较高，文化底蕴深厚。包括有历史文化、军港文化、海滨文化、民俗文化、节事文化等。本区以樱花游园会、樱桃采摘节和草莓采摘节等旅游活动为特色的系列节庆活动等为依托，举办演出活动，以此方式不仅推介了旅顺口独具地方特色的演艺项目，还有助于目的地形象的形成。

2. 劣势分析

旅顺口区拓展旅游演艺产业的条件不足。一是由于北部大连市区的各类旅游演艺蓬勃发展，对旅顺口区旅游演艺的发展产生了一定的阻碍或屏蔽。二是由于本区旅游演艺自身发展的条件束缚，可归为如下三点：

（1）文化资源有待开发

旅顺口区的历史文化、军港文化、海滨文化、民俗文化、节事文化等资源丰富，然而对于这些资源的开发力度不足，导致发展区域演艺产业还没有明确的定位。得天独厚的历史文化旅游资源提升了本区的竞争优势，然而旅游经营者尚未充分意识到其所蕴含的重大价值，目前的资源开发仍处于粗放经营阶段，未得到充分的发掘与使用。

（2）演艺内容相对单一

笔者通过访谈、实地调研等方式对本区旅游演艺产业进行了调查研究。研究发现，相比于江苏、浙江、广西、云南等省的知名旅游演艺项目，包括山水实景型、景区复合型、剧场依托型、影视表演型、主题类等众多形式，《印象旅顺》演出规模较小，形式单调乏味，演出内容难以吸引广大游客。

（3）专业人才较为缺乏

现阶段，本区的旅游演艺项目缺乏专业人员，从初始阶段的导演策划人员，到中期的舞台设计美工和后台技术服务人员，直至最终呈现的舞台表演人员以及衍生品设计与运营等相关人员，都要具备过硬的专业知识和职业素养。同时，本地还缺乏有影响力的艺术名家、大家。

3. 机遇分析

在优质旅游的背景下，旅顺口区积极发展旅游演艺产业，充分迎合了新的市场需求。而文旅融合的大趋势，也为区域旅游演艺产业提供了发展机遇与空间。同时，旅游演艺可以引导游客在目的地进行深度参观游览，拉动当地经济发展。发展旅游演艺将成为一种新的时代潮流，是优化旅游产业结构、丰富旅游文化内涵的重要形式。

4. 挑战分析

同类旅游演艺项目之间的竞争日益激烈。目前，我国已陆续推出了多种旅游演艺发展模式，主要包括：旅游＋实景类剧目、旅游＋主题公园类剧目、旅游＋独立剧场类剧目、旅游＋新增剧目等。其中，主要代表作品包括：《印象·刘三姐》《张家界·魅力湘西》《宋城千古情》《长恨歌》《武则天》《中国出了个毛泽东》《又见平遥》等。因此，旅顺口区只有凸显自身独有的特色，才能在旅游演艺之林中独树一帜，在竞争激烈的演艺市场中占有一席之地。

（三）旅顺口区旅游演艺创新发展路径

1. 体现地方特色，塑造演艺品牌

将当地文化资源整理分类，重点突出区域文化特色。大致可分为：历史文化资源，包括白玉山、东鸡冠山、旅顺军港、日俄监狱旧址博物馆、胜利塔、友谊塔等；生态文化资源，包括蛇岛、鸟岛、老铁山鸟栈、老铁山温泉、黄渤海分界线、樱花园等；海洋文化资源，包括老虎尾海滨、黄金山海水浴场、塔河湾浴场等；影视文化旅游资源，包括闯关东影视基地，其中电影《风声》《夏洛特烦恼》《后来的我们》等，电视

剧《闯关东》《王大花的革命生涯》《百花深处》等数十部影视作品均在此拍摄；民俗文化旅游资源，包括渔业民俗文化，如正月十三"海灯节"放灯祈福、四月十八蟠龙寺庙会、六月十三"渔人节"祭海祈福（旅顺渔人节是北海地区渔民每年农历六月十三为海龙王过生日而形成的祭祀性节日，在旅顺已有百余年历史，现已被列为市级非物质文化遗产）等；以及被列为市级非物质文化遗产的"旅顺水师营大火烧""花板舞""鞭扇舞"等。

品牌是产品的灵魂，本区应利用其独特的文化资源优势，精心打造出一系列高知名度、高美誉度的旅游演艺产品。独具地方特色的文化品牌是进行市场竞争的有力武器，能够提升旅游目的地品牌效应和声誉。此外，还需注重品牌传播和营销，创新营销方式，善于利用"互联网+"技术、微信、微博、OTA、UGC、视频营销等方式向外界宣传，打出专属旅顺口特色的"文化牌"，提高其核心竞争力，带动区域经济增长。

2. 丰富演艺内容，融入体验活动

旅顺口区可以凭借自身的资源优势，研究借鉴其他地区的旅游演艺经验，丰富完善演艺产业。例如，杭州将《印象·西湖》定义为"世界上唯一的都市山水诗情演出"，旅顺口区可以效仿其打造出"忆国殇民族痛"，以历史情怀为主题的旅游演艺产品。

此外，可围绕节庆活动发展旅游演艺，如云南的《丽水金沙》、湖北恩施的《比兹卡》、福建厦门《闽南传奇》、广东珠海《秘境奇迹》等。旅顺口区可以开展一段"神奇之'旅'"，以区域独特的节庆活动为主线，让游客参与体验当地的樱桃节、樱花节、各类采摘等，以体验渔家生活、聆听海神娘娘传说、参与海灯制作与祈福的过程等方式，向游客展示渔民生活，引导游客融入其中。

3. 创新场馆使用，拓展演艺空间

旅顺剧场设立于1985年，整体建筑3层，目前处于闲置状态，宽裕的室内容量能够为本区多样化的演艺活动提供场地，可利用旅顺剧场策划"旅顺缩影"或"又见旅顺"的旅游演艺项目。闯关东影视基地可采用情景再现的方式，聘请专业表演人员重现在本区取景拍摄过影视剧中的经典片段。旅顺蛇博物馆始建于2001年，曾有"亚洲最大蛇类博物馆"之称，2017年该馆关停，可以改造利用此场馆，结合所在的太阳沟历史文化街区的异国建筑，开展"俄罗斯风情"旅游演艺项目。此外，旅顺口区还可以充分利用露天广场、购物广场等大型场馆，开展富有地域特色的民俗类演艺活动。见表6-1。

表 6-1 旅游演艺场馆及产品主题

产品名称	场馆	产品主题
"旅顺缩影"或"又见旅顺"	旅顺剧场	以舞台表演的形式向游客介绍旅顺由古至今沧海桑田的变化，主要展示本区以洋务运动和日俄战争等近代历史遗迹为核心的文化旅游资源，以及国家级风景名胜区、国家级自然保护区的生态环境优势
经典再现	闯关东影视基地	采用情景再现的方式，聘请专业表演人员，重现在旅顺口区取景拍摄过著名影视剧中的经典片段
俄罗斯风情展演	原旅顺蛇博物馆	开展俄罗斯艺术、经典歌剧、芭蕾舞、国际杂技表演，以俄罗斯风情展示为主题，融合深厚的东西方文化为一体，呈现高雅艺术表演
旅顺民俗文化展演	友谊公园、中心广场等	在旅顺的露天广场或者公园内开展一系列具有旅顺民俗文化特色的活动，如"花板舞""鞭扇舞"；请老兵讲解历史，或进行军事文艺汇演等活动

4. 引进专业人才，提升演艺内涵

以张艺谋导演为主导，王潮歌、樊跃作为核心导演的"印象"和"又见"两大品牌旅游演艺项目取得了巨大的成功。科学发展旅游演艺产业，必须要有优秀的节目制作团队及演职人员作为支撑。一方面，需要积极引进专业人才；另一方面，可吸纳演艺场所周边的社区居民，他们更容易将原生态的文化展示给游客。旅游演艺公司可以通过校企合作的形式，采用订单式人才培养的方法，专门培养旅游演艺人才。同时聘请国内外顶级创编团队策划作品，将演艺产品的内容形式与区域特色充分融合，打造成为难以被模仿和复制的旅游演艺项目，提升本区旅游演艺的文化内涵。

（四）小结

在优质旅游日益蓬勃发展的趋势下，旅游产业和文化产业将会实现更大程度的融合。通过对旅顺口区旅游演艺发展状况的调研分析，有助于指导区域旅游演艺产业的健康稳定持续发展。本区应积极创新演艺形式，打造文化品牌，同时通过网络平台，扩大演艺产品的推广渠道，努力营造健康发展的旅游演艺环境。

第二节 生态旅游产品创新研究

在经济与科技迅速发展的当今社会，人们的旅游需求越发强烈，已不再是单一地追求视野上的满足，而是更多地追求心灵上的体验。传统的旅游方式已经过时，在旅游行业迅速发展的当下，生态旅游更能迎合大众的胃口。生态旅游，是遵循可持续发展原则，以保护生态资源为首要前提，让旅游者在旅游过程中走进自然、认识自然、欣赏自然的一种新兴的旅游形式。这种具有参与性、知识性、环保性和体验性的旅游方式,深受海内外游客的喜爱。在这种形式的旅游中,游客在欣赏大自然美景的同时,亲近自然,认知自然,保护自然,能够更加深切地体会自然界的美好,从而与大自然和谐相处。

"生态旅游"这一术语,最早由世界自然保护联盟(IUCN)于1983年提出,1991年国际生态旅游协会(the International Ecotourism Society)将其定义为:到自然区域对环境保育和当地居民福祉维系负有责任的旅游。长期以来,国内外专家学者从不同角度对生态旅游的内涵进行了阐述。我国学者王家骏通过研究44个生态旅游的定义后提出:生态旅游是一种非大众化的特殊旅游,通常发生在生态系统保持相对完好的自然地区及与之相伴的文化遗产地和传统社区。笔者认为各类定义不乏共性,即两个方面:一是生态旅游作为一种旅游类型,属于旅游活动,有其社会经济效益;二是生态旅游不同于一般意义上的旅游,更加强调生态环境的保护,与可持续发展有密切联系,有助于构建和谐社会。可以认为,生态旅游是一种将可持续发展理念充分体现于旅游活动各个层面的旅游发展模式。

一、旅顺口生态旅游发展条件分析

(一)资源优势

旅顺口区良好的资源环境优势是生态旅游开展的必要条件,为生态旅游产品的开发提供了基础。

1. 山地资源

(1)老铁山自然保护区

老铁山位于旅顺口区西部,濒临黄、渤两海,与蛇岛隔水相望,属长白山系千山余脉沿海丘陵地带,为辽东半岛最南端,主峰海拔465.6米,属温带亚湿润季风型气候,植被属华北植物区系。区域雨水充足,气候适宜,植物生长茂盛,已知植物达703种,其中被子植物多达180多种。动物资源丰富,其中鸟类307种、两栖类4种、爬行类10种、兽类16种、鱼类54种。

(2)二〇三景区

二〇三景区位于旅顺口国家级森林公园之中,距离旅顺市区3公里,占地约0.5平方公里。景区内生长大面积的黑松林,四季常青。此外,还种植各类樱花约33 000平方米,包括:中国樱、雪花樱、日本早樱、山樱、八重樱等2000余株,是一年一度中国大连(旅顺)国际樱花节活动的举办场地,也成为游客体验历史文化、生态环境的优选之地。

2. 海滨资源

（1）黄渤海分界线

黄渤海分界线即老铁山角，位于辽东半岛最南端，由于所处地理区位独特，海底地沟导致其东部黄海部分水呈深蓝色，西海渤海部分呈微黄色，进而形成了这一自然现象。

（2）杨家套海滨浴场

杨家套湾口呈北西向，宽2.3公里，纵深1.5公里，海滩平坦，地域开阔，湾内水浅。夏季盛行东南风，东南方的老铁山成为其天然屏障，湾内浪花波澜不惊，水温适宜，水质透明度较高，沙滩坡度较小，是海水浴、日光浴、避暑度假的理想之地，开发潜力巨大。

3. 岛屿资源

（1）蛇岛

蛇岛国家级自然保护区于1980年成立，已加入世界生物圈保护区网络，是全球仅有的生长黑眉蝮蛇单一品种的海岛，种群数量约2万余条。蛇岛位于旅顺西北角的渤海之中，距离大陆仅5海里，东北距猪岛11海里，西南与山东庙岛群岛隔海相望。蛇岛长约1500米，宽约800米，总面积约0.73平方公里，主峰海拔216.9米，四面多悬崖峭壁，唯东南角有一片卵石滩。岛上植物繁盛，达200余种。

（2）鸟岛

鸟岛又称海猫岛，属老铁山自然保护区的一部分，位于蛇岛南部3海里处，双岛湾镇董子村向西约7.2公里处的渤海之中，主峰海拔118.7米，面积约0.3平方公里。鸟岛植被繁茂，气候宜人，雨水充足，昆虫数量种类较多，每年有大量迁徙鸟类在此栖息，故得名鸟岛。

4. 湿地资源

旅顺口区作为国内湿地类型最为齐全的地区之一，在国际、国内都有着重要的地位，是东北亚候鸟迁徙的咽喉、世界候鸟繁殖的最南线和中国候鸟越冬的最北线。根据基于GIS/RS的实证研究，旅顺口区滨海湿地面积达1423.38公顷。本区不仅拥有绵长的滨海湿地，还有众多的河流入海口湿地和沼泽湿地，尤其是黄海湿地群，是整个环黄海湿地群中最重要的组成部分，维系着大连乃至辽东湾地区的生态平衡。

被誉为"辽南之肾"的双岛湾湿地位于蛇岛与老铁山的北部，距蛇岛自然保护区7海里，距鸟岛3海里，是蛇岛保护区缓冲区的一部分。双岛湾湿地占地面积约20平方公里，旅游资源丰富，拥有长达1.5公里的海岸线，广阔的沙滩，3亿年的海蚀地貌风光。

5. 温泉资源

（1）老铁山温泉

老铁山温泉位于将军山前，地处黄渤海交界处，三面临海，区位极佳。该温泉水富含多种天然矿物质，水温宜人，经鉴定可直接饮用。

（2）开世温泉

开世温泉地处石门山，面积约0.13平方公里，周围拥有原始森林约0.67平方公里，温泉区面积达40 000平方米，可容纳1500名游客，温泉水营养价值极高，富含多种微量元素与矿物质，如Ca、Mg、Mn、Sr、Zn、Se、H_2SiO_3等。

6. 气候资源

旅顺口区属于北温带季风气候，兼有大陆和海洋性气候双重特点，四季分明，日光充足，雨量适中，空气温和湿润。冬无严寒，夏无酷暑，温度适宜，常年温度在-8.2℃~27.5℃之间，年平均气温为10℃，适合休闲度假。水域面积大，水质优良，适合潜水与垂钓，具有较大的开发潜力。

7. 生物资源

特殊的地理位置与气候条件为区域内的生物提供了理想的生态环境，其中最具代表性的就是老铁山鸟栈，其早在1986年即被列入国家重点自然保护区。鸟栈位于欧亚大陆候鸟迁徙通道之中，由于其独特的"楔形"结构，使它成为候鸟在东北亚的中转站。每年秋季，白鹳、黑鹳、白枕鹤、金雕、白肩雕、白尾海雕、虎头海雕、胡兀鹫、丹顶鹤、大鸨、黑脸琵鹭等上百万只的鸟类大规模成群结队汇聚于此，它们是来自于西伯利亚和我国东北的候鸟，经此为迁飞南下而停留休息，补充食物。目前已发现鸟类19目57科307种，为全国鸟类种数20%，占我国东北鸟类种数50%。

（二）市场优势

多年来大连市的游客数量居全国前列，旅游形象定位明确，旅顺口区也受益于此，成为东北三省以及日、韩、俄等国家旅游者的热门旅游目的地。本区拥有丰富的历史文化资源，甲午战争至今，旅顺口历经沧桑，被世人称为"半部近代史"。本区特殊的地理位置及深厚的人文历史，为其增添了独特的吸引力。

"浪漫之都"大连作为全国最佳旅游城市，其知名品牌极大地带动了旅顺口区旅游市场的迅猛发展。随着时代的发展和经济的不断增长，旅游者的消费方式、动机和内涵也开始发生了转变，由过去单纯的观光度假向参与性、知识性、环保性和体验性的旅游方式转变；现代交通和通信技术的发展和旅游者自主意识的增强，使人们更愿意自助出行而非团队出行；旅游者生活水平的提高和知识文化的增长，使人们相比于静态的、传统型的旅游产品，更加青睐参与性强，可以让游客投身其中、忘却自我的旅游体验活动。近年来,生态旅游已成为大连市新的旅游增长点。旅顺口区生态旅游市场需求加大,合理开发能够刺激消费、拉动内需,带动众多行业的发展,有利于发挥本区旅游产品体系的整体效应。

(三) 区位优势

旅顺口区位于辽东半岛最南端,三面环海,海岸线漫长,背负东三省,扼守京津冀,临黄、渤两海,西南距胶东半岛86公里,位于东北经济区与环渤海经济圈的交汇处,区内的旅顺新港与双岛湾港均属深水良港,堪称"渤海咽喉,京津门户",区位优势明显。旅顺口区距大连市区32公里,已成为全国为数不多的具备港口、铁路、火车轮渡、高速公路、轻轨等"五位一体"交通优势的区域,是全国"八横八纵"交通干线的重要节点。优越的区位与便捷的交通为旅顺口区生态旅游的开展创造了良好的基础条件。

(四) 政策优势

党的十八大把生态文明建设放在突出地位,纳入中国特色社会主义事业"五位一体"总体布局,明确提出了全面建设社会主义生态文明的目标任务。积极发展生态旅游,是践行生态文明建设的重要方式。旅顺口区坚持走"绿色经济区"的发展路径,围绕六大功能区,打造"五城一都",构建开放型、组团式、注重品质的绿色经济区空间格局。根据此空间格局可确定旅顺口区的主体功能定位,生态旅游无疑是本区旅游业发展的最佳选择。

二、旅顺口生态旅游发展路径

借鉴国内外成功经验,结合本区旅游资源及发展优势等相关因素,经研究发现,为使生态旅游在旅顺口区成功开展,应做好以下几个方面的具体工作:

(一) 在保护的前提下适度开发

生态旅游资源有很高的观赏价值和科学文化价值,一旦被破坏,往往无法复原甚至消失殆尽。因此,保护生态旅游资源是本区开展生态旅游的重中之重。开发时应以生态保护为前提,树立可持续发展的资源利用观。在任何情况下,都不得以生态资源的浪费、生态环境的退化为代价,来满足游客的需求和获取短期的经济效益。

遵循可持续发展、实现"人—地"公平、代际和同代利益公平等原则,牢固树立资源有限、资源有价的观念,并将之贯彻到生态旅游开发、经营的全过程中。保持生态旅游区的特色,保护自然生态系统;保护与综合经营相结合,合理划分功能分区,以利于珍稀物种的保护、生态系统的稳定和生态效益的发挥;保持核心区的相对稳定

（二）科学控制生态旅游区容量

任何旅游区都有其一定的生态承载力，过多的干扰和游客将导致对主要保护对象的严重影响，破坏该地区的自然景观和环境因素。因此，应始终将严格控制旅游者的数量作为生态旅游区的核心任务。限制生态旅游区日参观人数，设立每周一天整顿不接受游客参观。科学测算旅游区游客容量，根据容量阈值加以严格控制。以蛇岛为例，蛇岛生态旅游开发应坚持高价格、低流量、短停留的经营方向。可采用预约登记、预收环保押金、颁发通行证、携带环保袋等手段控制游客数量，保护生态环境。

（三）多样化设计生态旅游产品

充分利用旅顺口区的自然资源优势，将山、海、岛、泉、林、动物等资源进行整合，依托旅顺口建设绿色经济区的发展定位，以及"五城一都"中"生态宜居城"和"花卉之都"的要求，多样化设计生态旅游产品。

1. 山林观光类

以老铁山自然保护区的黄渤海分界线和老铁山鸟栈以及二〇三景区的花卉资源为特色，以良好的生态环境为核心，建设兼有科学考察旅游、观光旅游、度假旅游以及研学旅游功能的高品质生态旅游示范区。依托区域内的自然资源面向体育爱好者建设徒步运动基地，老铁山沿途观鸟和二〇三景区沿途赏樱可作为其最大特色。

2. 海岛探险类

依托蛇岛蝮蛇等生物资源，以及鸟岛珍稀的鸟类资源和迁徙景象，在保护这些资源的前提下，开展户外探险、海岛攀岩及丛林摄影等项目，建设海岛探险体验基地。还可以动植物资源为基础，建设原生态户外体验区及科普教育实验区。开设环鸟岛航线，海上观鸟。利用动植物资源，创办生态摄影赛事等。

3. 温泉养生类

依托老铁山温泉和开世温泉等优质的生态资源与环境，打造温泉养生疗养胜地，开设康体、美容、疗养、休闲品茗等项目，以康体健身疗养为核心，开展养生文化体验旅游，充分结合温泉、老铁山茶文化等进行系统化的养生元素整合。

4. 节庆活动类

规划提升旅顺樱花节，结合大连"浪漫之都"的品牌推出"浪漫樱花节""浪漫彩叶节"等系列节庆活动。在节假日期间有计划、有目的地开展节庆活动，并与本地的气候资源、森林旅游资源和人文资源的特点有机结合，如春季赏花、夏季避暑、秋季赏叶、冬季泡汤等，做好节庆的主题活动文章，不断推陈出新，大力发展潜在市场，实现"年年有创新，节节都精彩"。

此外，还可针对不同市场开展亲子教育游、情侣踏青游及夕阳浪漫游等生态旅游产品，使游客在接触大自然的同时感受亲情、友情、爱情。根据人群、年龄、消费层次的差异设定不同类型的生态旅游产品，如湿地观光、自然科普、露营、野餐、徒步、骑车、摄影、登山、滑雪、海水浴、日光浴、水上运动等，充分体现本区生态旅游产品的多样化。

（四）完善生态旅游服务设施建设

在自然保护区设置旅游服务设施，以尽量减少对自然保护区的影响。对机动车辆实施严格控制，利用天然可生物降解材料进行旅游设施建设，如木屋、树屋、木栈道等，能源采用太阳能、风能、水能、地热能等绿色能源，完善生态旅游解说系统等。污水可以在处理后循环使用，加强生态厕所的建设。定期进行旅游者满意度调查，根据游客反馈进一步完善设施建设。

（五）加大社区参与，发挥教育功能

通过培训讲座的形式，提升旅顺口区本地居民的环保理念与生态保护技能，除了积极参加导游解说工作，也可以让一些优秀的候选人参与决策和管理，让社区居民产生归属感。在生态旅游过程中对游客开展生物多样性和生态环境保护的教育，充分发挥生态旅游的教育功能。合理放置垃圾桶，设立环境保护标语，加强社会监督。建设游客中心，完善标识系统，建设多媒体展览馆。在生态旅游的同时开展植树以及环境教育等活动。大力提倡和宣扬生态旅游，增强当地居民和游客对自然的保护意识，养成良好的绿色消费，绿色生活的习惯，促进生态旅游可持续发展。

（六）加强法制建设，实施可持续发展

在大力发展生态旅游活动的过程中，注意保护与建设并重，并以相应的经济回报支持区域生态环境建设，以保证生态旅游资源的持续利用。尽快制定旅顺口区生态旅游标准，创设严谨的市场准入及认证审核机制，构建系统的申报、规划、建设、运行、监督管理和监测体制，完善本区生态旅游管理制度，同时针对当前已开展的生态旅游采取全方位的评估和整治。在旅游活动的安排和旅游路线的设计上尽量减少人为对环境的影响，旅游设施尽量采用环保材料，加强对游客、导游及工作人员进行生态旅游培训。

三、旅顺口生态旅游产品案例研究——滨海湿地游

湿地是世界上最重要的生态系统之一，被誉为"淡水之源，地球之肾"，除直接提

供食物、工业原料、药材、花卉等，还发挥着调节气候、调蓄洪水、保持生物多样性等生态功能。旅顺口区拥有的众多海湾湿地既是保护生态物种、防止海水倒灌的重要基地，又是维护生态多样性和防洪抗旱的重要保障，同时也为生态旅游的开展提供了坚实的物质基础。

湿地生态旅游作为生态旅游的一种，不仅是对湿地资源的一种合理利用方式，还是对其生态系统的一种有效管理途径。湿地生态旅游作为一种新兴的出游方式，具有良好的发展前景。在开发湿地资源的同时，要做到开发和利用并重，合理利用湿地资源。开展湿地生态旅游，打造新颖的生态旅游产品，宣传环境友好型的旅游理念，加强人们对湿地资源重要性的认识，倡导游客采取节约型旅游的方式，不仅满足了旅游者的需求，而且对于我国旅游业可持续发展具有重要的推动作用。

（一）旅顺口区滨海湿地生态旅游产品开发研究

对于旅顺口区滨海湿地生态旅游开发，应在法律保障下，依据保护性开发原则，以可持续发展为目标，体现生态管理和群众参与的特点，进行滨海湿地生态旅游功能分区，不仅有适合人们观赏美景的滨海湿地观光生态旅游，放松心情的休闲度假生态旅游，还有适合人们了解旅顺当地民俗特色和历史渊源的文化生态旅游，以及最具有湿地特色的专项生态旅游等。通过划分不同的生态旅游功能分区，满足各类旅游者需求，使每一位游客都能切身融入其中，体会本区滨海湿地的独特魅力。

1. 滨海湿地观光型生态旅游产品

旅顺口区滨海湿地资源丰富，可以选取视野开阔、滨海湿地资源集中或典型的区域，专门设立观光型生态旅游产品。根据景观的差异，建立功能区。例如：湿地自然保护区、湿地植物保护区、湿地动物保护区等。旅游产品开发的过程中要尽量保持原生态，避免过度开发或商业化开发等情况。严格控制游客容量，不可超出环境承载量。在设计观光路线时，尽可能做到曲径通幽，多采取步行的方式游览，一方面给旅游者带来探索发现的体验，使其在自我探索中认识自然，另一方面也减少了对资源环境的破坏。对于观赏的项目要多样化，从水域景观到植物群落景观再到动物景观等，设立人工展示区域，将湿地内的各种物种，限量采集后移植于其中，让旅游者能够近距离地观赏体验，在满足游客好奇心的同时避免了对湿地资源的破坏。另外，可以适当建立一些自然辅助的、具有点缀性的小品，例如观景亭、木屋等，为自然景观增添色彩。

2. 滨海湿地度假型生态旅游产品

旅顺口区以其长达169.7公里的海岸线资源和良好的滨海生态环境优势，为生态旅游开发提供了优良的休闲度假资源。滨海湿地环境优美、景色宜人，不仅具有较高的生态价值，更是人们净化心灵的好去处。滨海湿地不仅可以建造观光性旅游产品，还可以为人们休闲度假提供良好的自然环境。在湿地资源保护区外围，可以修建度假村、别墅等，也可以开发休闲型产品，例如温泉、野营、休憩、养生等，还可以开辟垂钓区，有限制地满足游客的兴趣，或是在周边开辟露营区，进行海边烧烤等，尽可能地满足旅游者休闲度假的需求，让他们回归自然、放松身心、净化心灵。

3. 滨海湿地文化体验型生态旅游产品

旅顺口享有"一个旅顺口，半部近代史"之称，拥有源远流长的历史文化、丰富的人文古迹和淳朴的风俗民情。可以利用旅顺口的历史文化优势，突出"百年军港"的品牌特色，开发出历史文化旅游产品，满足旅游者的求知欲。同时，旅顺口人世代临海而居，以渔为生，在赶海、垂钓和捕捞过程中形成了极具地方特色的渔家文化，是吸引游客的重要资源，也是发展生态旅游的基础。应在充分挖掘当地"渔文化"的基础上，整合我国乃至东北亚地区的渔文化元素，借助本区优美的生态环境、岸线资源和渔家村落，集中打造博物馆群，形成东北唯一的渔文化博览体验园。利用渔业生产场地、渔船渔具、渔业产品、渔业经营等活动，增加游客对渔文化的感知，开展以"当渔民、唱渔歌、观渔灯、驾渔船、织渔网、撒渔网、钓海鱼、吃渔家饭"等为主要内容的渔家风情体验项目，实现游客"当一回真正的渔民"的愿望。

4. 滨海湿地专项型生态旅游产品

为满足不同旅游者的需求与偏好，可以开发设计出有针对性的专项旅游产品，包括：观鸟、垂钓、徒步、探险、攀岩、露营、摄影、水上运动等。旅顺口区不仅是我国东北、东北亚地区鸟类迁徙的中间停歇繁殖地，更是国际重要湿地分布区之一，滨海湿地迁徙鸟类数量巨大。据统计，鸟类共有21目、46科、210种，主要包括4类：涉禽、雁鸭、鸥鹬和猛禽，其中不乏国家一级保护动物虎头海雕、丹顶鹤、东方白鹳等，二级保护动物黑脸琵鹭、天鹅、黄嘴白鹭等，鸟类观赏是滨海湿地生态旅游发展的亮点。对于观鸟旅游产品的开发，首先应建立鸟类栖息地核心区，保留湿地原貌，为鸟类栖息提供原生态环境，减少人为干扰，避免过度开发，为游客展现百鸟相会、原始自然的美景。其次，建立缓冲区，减少人为活动对鸟类栖息地的干扰。在观赏鸟类的区域，可以用廊道栅栏等进行分割，避免惊扰到鸟类。

（二）旅顺口区滨海湿地生态旅游开发中应注意的问题

1. 在保护前提下合理开发

目前，湿地保护法律法规尚不健全。首先，在湿地的界定方面不够明确，对于是否可称之为湿地，开发者与保护者尚存明显的争议，导致许多未被列入湿地保护名录的无名湿地所受保护不足。其次，缺乏必需的专门法规约束，具体问题难以解决。再次，缺乏对湿地破坏行为的相关惩罚和处理办法，导致湿地的监管控制力度不足，容易滋生肆意侵占的想法。因此，要建立健全湿地保护法律法规，加强法制建设，完善湿地保护制度，让湿地保护有法可依，落到实处，分清责任，也有利于各部门之间协调工作，真正做到湿地资源利用的可持续。

随着人口的增加和经济的发展，各行各业在经济利益的驱使下，对于湿地的开发利用程度越发加剧。城市建设速度的加快导致了许多天然湿地的丧失，大面积的滨海湿地被人工养殖所占用，湿地面积急剧减少，湿地物种不断消失，湿地生态环境不断遭受破坏。目前，以旅顺柏岚子湿地为代表的滨海湿地正在被填埋，导致蛇岛老铁山国家自然保护区中鸟类和蝮蛇的生存环境受到严重侵害，保护滨海湿地已迫在眉睫。因此，各部门必须加强对湿地资源的保护，制定出行之有效的管理措施，控制湿地围垦和开发的规模，减少环境污染；对于珍稀物种的栖息地，要禁止围垦开发，可以建立自然保护区或生态公园等。同时，要对滨海湿地进行监管，对于破坏环境的行为做到及时制止并且警示，严重的必须根据相关规定进行处罚。

2. 普及公众对湿地的认知

人们对于"湿地"一词概念模糊，对湿地重要性的认识和对其保护的意识欠缺。由于旅顺口区近年来没有大型灾害，因而人们对湿地的意义认识不足，而多数大型灾害正是生态环境受到破坏所致。作为沿海城市，海水倒灌的威胁严重，而保护好湿地就是保护区域的生态安全。湿地一旦破坏就不可恢复，为了暂时的经济利益而破坏湿地资源，很可能三五年后就会后悔。对湿地的宣传力度不到位，使得一些居民把湿地视为"荒地"，将其化为私有，进行围垦；一些企业填海造地，进行房地产开发，在经济利益的驱动下，湿地资源在劫难逃。湿地不论是对于生态环境保护还是间接利用，都具有重要的价值。因此，需加强对湿地重要性的普及，使公众认识到湿地是人类共同的财富，是人类生存环境的"调节器"。政府必须加大宣传力度，进行环境保护宣传，为人们普及湿地的重要性，让人们意识到保护湿地对于人类生活的发展和经济水平的提高具有重要意义。

3. 注重湿地生态旅游特色

旅顺口区滨海湿地的开发应该以生态旅游为特色，坚持把保护放在第一位，通过科学合理的开发利用，为旅游者提供走近自然、了解自然、享受自然的机会，满足人们的旅游需求。湿地资源极其脆弱，应做好其承载力的控制，通过科学检测获得数据，合理控制游客容量，使之不超出资源环境的承受力，减轻环境承受的负担。根据刘滨谊提出的"减法原则"，减慢开发时间和速度，降低开发强度，划定大面积的保护范围，开发空间最小化，使湿地生态系统通过自我调节达到动态平衡，减少对资源环境的破坏。此外，还要尽量保证湿地资源的"原汁原味"，避免城市化、商业化开发，注重保持原真性，给游客呈现出湿地的原生韵味。

4. 坚持走可持续发展之路

随着人类活动的不断介入，湿地生态环境正在遭受严峻的考验，湿地面积的减少、湿地物种的消失和湿地生态环境的破坏，使得保护湿地刻不容缓。湿地生态资源的开发要以可持续发展为原则，在开发利用过程中，强调生态旅游对于环境保护和环境教育的重要作用，运用科学合理的手段，达到经济、社会、生态效益"三效合一"。在资源开发过程中，要在资源环境的承受范围内，合理地开发和利用，不能因经济利益或为满足旅游需求而破坏湿地环境。走可持续发展之路，就是实现"双赢"之路。保护好资源，才能创造出经济收益，有了开发的收益，才能给资源保护提供更多的资金保障，实现双丰收。

四、旅顺口生态旅游产品案例研究——樱花经济

樱花经济，是指借由观赏樱花带动的经济热潮，其最早出现于日本，是日本经济增长点之一。旅顺口区拥有发展"樱花经济"的优势，这里是我国栽种樱花最早、最多的地区之一，共有 50 000 余株樱花，是东北地区赏樱的最佳目的地。近年来，中国大连（旅顺）国际樱花节不断发展，吸引了大量海内外游客。然而，相对樱花经济发展日臻成熟的日本，旅顺口区的樱花经济发展尚有不足。

（一）日本"樱花经济"发展经验

樱花被称为日本国花，日本人民认为其具有高雅、刚劲、清秀质朴和独立的精神，把樱花作为勤劳、勇敢、智慧的象征。每年 3 月 15 日到 4 月 15 日是日本的"樱花季"，各地都要举办各种赏樱活动，其影响力不亚于全国性传统节日。目前，日本樱花节已成为世界知名旅游节，吸引了大量国际游客。据统计，2019 年的樱花季有 6300 万游客去日本赏樱，为日本旅游业带来直接消费高达 3010 亿日元，约合人民币 182 亿元。"樱花季"已成为日本旅游的"王牌"，对产业链有显著的拉动能力。现将日本"樱花经济"发展经验总结如下：

1. 精准的宣传与营销

日本旅游部门会通过传统媒体、社交媒体等全方位推介樱花季，发布樱花盛开的预告，按照预测的花期，帮助游客制定攻略。每到樱花即将盛开的季节，预测机构和电视台会特别关注樱花开放状况，不仅每天都要发布花期预测，电视台还会播报第一朵花开的情景。

同时，日本零售业纷纷抓紧时机推出各类樱花相关产品营销活动。许多酒店和零售商在这期间陆续推出以樱花为主题的各种套餐和产品。各大旅游网站也纷纷列出旅游攻略，指导游客在"何时何地"更好地观赏樱花。

2. 丰富的内容与形式

商家利用旅游资源，结合温泉及滑雪开发赏樱产品，为高端客户提供定制产品，让游客既能融入户外风景，又能安静享用高档餐饮。同时，还开发了树下透明冰屋形圆顶，配备咖啡桌和暖气，游客可在私密舒适的环境中赏樱。

每年的樱花季，日本人习惯举行"花见派对"，需要消费大量饮料和食品。当地有外卖平台负责提供相关配送服务，直接送到指定野餐地点。为给野外赏花游客提供便利，商家推出帮游客抢占最佳观赏位置的收费项目，客户还可以租借桌子、靠垫、餐具等。

除户外活动外，商家还推出樱花主题客房，配以人造草坪和樱花风景投影，游客可在此举办赏樱派对。这些丰富的活动形式，既满足了游客对赏樱新鲜感的需求，也给商家带来了更多的盈利机会。

3. 创新的樱花衍生品

同时，商家还创新推出樱花衍生品，从化妆品到服装、厨具、美食等，无一不有。首先，用樱花制作限定食物，包括：樱花酒、樱花茶、咖啡、巧克力、薯片、果冻、樱饼等，已成为供不应求的季节性美食。其次，用樱花元素设计生产化妆品，包括：樱花限定面膜、卸妆液、防晒霜、香皂、沐浴露、眼罩等，深得女性游客青睐。此外，由樱花衍生出的服装、餐具、手表、保温杯及其他生活用品，也让商家赚得盆满钵满。

（二）旅顺口区"樱花经济"发展路径

1. 充分发挥政府主导作用

樱花经济涉及广泛，既关系到农业、工业、服务业以及生态建设等产业，又关系到居民增收与就业，对国计民生有着重要影响。因此，政府应充分重视樱花经济的发展，并发挥其积极作用。首先，完善相关法律法规，进行科学规划、合理布局，引导樱花经济科学发展。其次，建立科技研发与推广培训体系，提供科技支撑与人才保障，促进樱花产业集群化发展。再次，完善政府服务体系，提供形象品牌塑造、信息支持与组织协调等服务，推动樱花经济持续发展。

我国作为樱花故里，民众对"赏樱文化"的关注远远不够，对樱花历史的了解普遍缺乏，甚至存在认识误区，认为其是"舶来品"。政府要把樱花文化研究与宣传的重要性提高到与樱花经济发展同等重要的地位上来，设立专门的樱花文化研究机构，加大对樱花文化的研究，为樱花经济发展提供新思路。还应加强樱花文化研究部门、科研部门、旅游部门及相关部门间的联系与合作，充分发挥各方优势，使文化研究成果、科研成果能够得以及时转化，达到樱花经济与文化的共同繁荣。

2. 实现樱花与文化相融合

以樱花文化为主题，可植入旅顺口的历史文化、民俗文化、城市文化、生态文化等元素，尤其是将旅顺口特有的地域文化，包括：军港要塞、蔚蓝海岸、战争遗址、欧韵建筑、节日庆典、旅游项目与樱花文化有机融合，以文化支撑樱花经济发展，使樱花成为本区的新名片，以及提升旅顺口区的城市品质、丰富城市内涵的重要载体，从而达到"1+1＞2"的效果。

实现樱花与文化的有机融合，既要重视樱花文化的挖掘整理及研究工作，更要展开樱花文化的创新性开发利用。比如，除了樱花文化有形展示与宣讲传播外，还可通过举办樱花艺术体验、樱花园艺技术培训、樱花相关知识竞赛、樱花相关会展等活动，丰富和发扬樱花文化。

应在樱花观赏区、景观建设上制订规划，营造樱花文化氛围，提升城市文化品位。在具体的景观设计上，应与区域历史、文学作品中有关樱花的典故、传说、人物、事件等有机结合，增加樱花文化的魅力，使游人在观赏樱花的同时，仿佛经历了漫长的时光隧道，把樱花浪漫的象征意义与人们对美好生活的向往结合起来，使游客充分享受樱花文化给予的精神愉悦。

3. 促进樱花旅游创新发展

首先，通过合理规划布局，大力塑造旅顺口樱花旅游目的地的品牌形象。以现有樱花观赏区为基础，将"中国大连（旅顺）国际樱花节"打造为国际知名旅游节；将二〇三樱花园打造为集观赏中国樱、日本樱、朝鲜樱、美国樱、加拿大樱等为一体的东北地区首选樱花旅游胜地；将太阳沟景区打造为集樱花观赏、历史感悟、文化博览、美食体验等为一体的综合型文化旅游社区；将龙王塘樱花园打造为樱花观赏、水域观光、宗教朝觐、休闲娱乐等为一体的樱花主题公园。

其次，加大对本地樱花花期的预测、线路制定及推广，根据客源市场特征，有针对性地设计出各具特色的樱花旅游线路。一方面，串联起旅顺樱花观赏区及旅顺博物馆、友谊塔、胜利塔、太阳沟历史建筑、留声机博物馆、陶艺馆、白玉山景区等景点；另一方面，串联起旅顺口全域的重点景区，带动文化游、生态游、美食游、研学游的热潮。

最后，创新开发以花居、花食、花行、花游、花购、花娱为主要内容的特色旅游项目，比如樱花主题景区、樱花广场、樱花小镇等，拓展为樱花展示、生态观光、节庆体验、户外运动等旅游综合产业，不断完善樱花旅游服务体系。

此外，选择多种宣传渠道，积极投放广告，利用网络传播，加强与旅行社的合作。播出专题推介节目，制作高水准的赏花宣传册、地图攻略在枢纽区域免费发放，设置户外路牌广告。创办《旅顺口樱花之旅》电子杂志定向发送，在各大门户网站注册

"旅顺口樱花之旅"的微博、微信账号,开展全方位"微营销",组织拍摄以旅顺口区著名樱花旅游景点为背景的微电影在网络平台进行分享等。

4. 完善樱花衍生产品体系

生产以樱花为原料的食品、饮料、保健品,包括:樱花糕点、樱花酒、樱花茶、樱花饮料、樱花酱、樱花冰激凌等。客房设计与樱花主题相符的图案与色调,并配以樱花精油、香薰等。举办插花活动,让游客参与花艺制作,收取材料费,出售成品。制作樱花精油、手工皂等既方便携带又可馈赠的精美礼品。以樱花造型、诗词、传说、人物等为内容,制作高质量的樱花文创产品,如陶瓷、玻璃制品、刺绣、纺织品、饰品、印刷品、音像制品、电子产品等。

第三节 乡村旅游产品创新研究

党的十九大提出实施乡村振兴战略,坚持农业农村优先发展,要求按照产业兴旺、生态宜居、乡风文明、治理有效、生活富裕的总要求,建立健全城乡融合发展体制和政策体系,加快推进农业农村现代化。党的十九大报告提出乡村振兴战略之后,2018年中央一号文件明确指出:实施休闲农业和乡村旅游精品工程,建设一批设施完备、功能多样的休闲观光园区、森林人家、康养基地、乡村民宿、特色小镇。

实现农村三次产业融合发展是全面推进农业供给侧结构性改革的有效途径。现阶段,乡村旅游已成为实现农村三次产业融合的重要抓手,是极具发展潜力的朝阳产业。休闲农业和乡村旅游作为近年来快速崛起的新产业新业态,在实现产业兴旺中扮演着重要角色,在实现生态宜居上发挥了重要作用,成为实施乡村振兴战略的重要抓手。

一、旅顺口乡村旅游发展现状研究

旅顺口区位于辽东半岛南端,三面临海,四季分明,气候宜人,森林覆盖率高,岛屿繁多,海岸线漫长,历史人文景观独具特色。独特的地理环境孕育了区域别具一格的民俗文化,并且形成了农、林、牧、副、渔等多种农产业综合发展的格局,为区域乡村旅游发展奠定了坚实的基础。旅顺口区农业优势有水产、水果、蔬菜、畜牧、花卉生产等,具备大连市唯一国家级出口食品农产品质量安全示范区等品牌优势,拥有旅顺大樱桃、赤贝、脉红螺、旅顺海带等国家地理标志产品,素有"中国大樱桃之乡"的美誉,渔业历史悠久,渔家风情迷人。

近年来,乡村旅游已逐渐成为旅顺口区旅游产业发展中的新热点。在空间上,本区乡村旅游资源主要分布在主城区周边,呈明显的距离衰减趋势,距离城区越远密度越小；在景点布局上，大部分景区分布在交通干线周围，以旅顺通往大连市区的南、中、北三条高等级公路为主轴，形成带状景区体系。

旅游休闲农庄、水果采摘园、乡村集市等成为本区乡村旅游业态的代表，农家游、渔家游、温泉滑雪游、采摘游等休闲农业和乡村旅游产品受到越来越多游客的喜爱，家庭组团到近郊采摘草莓、农庄赏花、休闲垂钓、吃农家饭、参与果蔬种植等已成为都市旅游者的时尚之选。

旅顺口区每年定期举办"樱花节""海灯节""渔人节""海鲜美食节""大樱桃节""草莓节"等乡村节庆活动。尤其是"樱花观光游"与"樱桃采摘游"，每年吸引了大量的外地游客。2019年，旅顺口区小南村荣获大连市唯一中国乡村旅游重点村，上榜中国美丽休闲乡村和千村万寨展新颜展示活动村。同时，本区培育形成双岛张家村、铁山王家村等一批乡村振兴特色村。

现阶段，乡村旅游目前已成为旅顺口区旅游产业发展的新生力量，大力发展乡村旅游可以为乡村地区的剩余劳动力提供更多的就业机会，减少城市地区的压力，加快农民致富的步伐，同时会给当地带来巨大的经济效益和社会效益，有利于乡村地区的精神文明建设和村民素质的提升。

二、旅顺口乡村旅游发展中的问题

（一）产品种类较单一

迄今为止，旅顺口区的乡村旅游还只是停留在观光层面，休闲度假的层面涉及较少且不深入。乡村旅游产品过于单一，与其他同类地区的产品重复度较高，大多都是采摘蔬果、农家乐等项目。目前，本区乡村旅游仅能满足游客食、住、行、游、购、娱等基本需求，而对于游客感受当地文化氛围及放松心情等体验类需求，尚无法满足，尤其是缺乏别具特色的旅游产品设计。

（二）基础设施不完善

旅顺口区乡村旅游目的地大多位于城市郊区或者偏远村庄，在基础设施建设方面缺乏足够的资金支持。基础设施的不完善导致游客难以留宿乡村，如卫生间、洗浴、交通等服务设施简陋、设备不足，无法满足游客各方面的需求，从而大大降低了本区乡村旅游的服务质量，也进一步影响了乡村旅游的经济效益。

（三）经营管理欠规范

旅顺口区乡村旅游目的地的经营管理有待提升，亟须建立统一的服务标准体系，从业人员的数量有待增加，职业素养有待加强。在大数据时代下，乡村旅游经营者更应该提倡旅游产品价格透明化，不断提高服务质量，而不是随意哄抬价格失去客源。

（四）生态环境遭破坏

旅顺口区乡村地区的生态环境随着游客的日益增加承受着巨大的压力。随手乱扔垃圾、肆意践踏花草树木以及清理不及时的动物粪便等都对乡村地区的自然生态环境带来严峻的威胁。

三、旅顺口乡村旅游业态升级模式研究

业态是乡村旅游的支撑，业态升级要围绕需求侧做文章，深入研究旅游者的兴趣点、兴奋点，关注休闲农业、观光农业、创意农业、体验农业、科普农业、康养旅游等新兴业态的发展，深入开展"互联网+"乡村旅游行动。具体的业态升级包括：服务设施、景观环境、产品创意、运营主体、市场营销等方面。

（一）积极拓展服务设施供给渠道

想要彻底解决乡村旅游目的地基础设施供给不足的问题，作为一只"看得见的手"，政府必须发挥主导作用，加大对乡村旅游目的地基础设施建设的资金投入，确保旅游地的安全、交通、环境、通信、卫生等方面均能够满足旅游者需求。应在管理部门统一指导下完善对乡村道路、通信、水电、卫生间等基础设施的建设，为旅游者营造出畅通的交通环境和舒适的休闲环境。现阶段，由于自驾游客的激增，还应在停车场建设方面予以大力加强。此外，很多旅游者会选择乘坐公共交通工具出行，因此，应在旅游目的地适当增加公交站点与公交班次。

旅游企业为了能够提供让游客满意的旅游产品，应当积极与市场接轨，时刻关注旅游者的需求动向，拓展服务设施的供给渠道。诸如农家乐、渔家乐等应着力改善接待、食宿、厨房、通信、卫生、安全等多方面设施，全力拓展服务设施的供给范围，建立完善的网络供应平台，加强与供应商、销售商的战略合作，融合供应、销售于一体，保障设施的供应效率，使设施设备在量与质上均能达到游客满意。最终能够在服务设施方面提升旅游企业的接待能力水平，同时也在提升旅游者满意度的方面达到理想效果。

（二）大力保护自然生态环境景观

加强景观环境的保护是乡村旅游供给侧改革的重要环节，关键取决于人们的环境保护意识，需要开展各种形式的环境保护教育，提高社区居民的环保意识，尤其是对乡村旅游的开发者和管理者进行教育，使其意识到不仅要注重旅游业的发展，更要注

重景观环境的保护,坚持把握生态效益与经济效益相结合的原则,使得乡村旅游目的地的景观环境得到合理保护。首先,旅游开发者必须坚持生态保护优先的原则,通过科学测算区域旅游承载力,将旅游开发对生态环境的影响控制在可承载范围内。其次,对乡村旅游的开发还应注意不影响正常的农业生产。同时,旅游者应做到文明出游,不乱丢垃圾,不随意破坏农田等。

乡村旅游的特点是以乡村区域为主要经营和活动场所,其所具备的卫生条件、基础设施等与城市地区精心规划建设的景区相比较差,居民的文化程度相对于城市居民来说也较低,宣传工作存在一定的难度。因此,管理部门必须要做好引导工作,鼓励居民一起整治大环境,倡导旅游者维护小环境,严格监管周边企业的废渣、废水、废气、固体废弃物等污染排放。加强各部门联动,聚焦畜禽养殖、村容村貌等影响旅游环境的重点问题,集中开展专项治理,维护旅游发展环境。通过管理部门、旅游企业、社区居民与旅游者的相互配合,使得旅顺口区乡村旅游景观环境得以合理保护。

(三)不断丰富乡村旅游产品创意

随着社会经济的不断发展,人们对乡村旅游业态提出了更高要求,品农家饭、住农家院已不能满足广大旅游者的心理预期,而对于包含新元素的乡村旅游产品则甚是期待。因此,应以旅顺口区当地的民俗风情、民俗文化、农耕文化、民间技艺等能反映本土文化的产品为核心,突出参与性、娱乐性、体验性,赋予乡村旅游产品的文化内涵与时代特征,以此提升产品的品质与档次,改变目前产品结构雷同的现状,同时也满足游客对乡村文化的欣赏、体验与学习等需求,进而不断加快形成具有较高文化品位和鲜明区域特色的旅顺口区乡村旅游产品体系。

在世界范围内,欧美地区的乡村旅游发展较为成熟。在发展过程中,推陈出新、结合自身、挖掘旅游产品的内涵是其首要准则,发挥自身的特色文化优势则是欧美乡村旅游的一大特点。例如,荷兰结合自身优势以养殖、花卉为主发展旅游,法国以发展特色农场为主,德国的优质服务一直闻名于世,英国在乡村旅游资源保护方面做得相当出色。可见,乡村旅游可以模仿,但不能山寨,可以学习,但不能雷同。应针对旅顺口区各乡村旅游目的地的实际情况,因地制宜提出适宜的产品创意,包括:主题农庄(休闲农庄、亲子农场、市民农园、假日农场、教育农园、农业科技园、农业观光园、文化创意农园等)、民族风苑、古镇村寨、乡村博物馆、艺术村、乡村酒店、特色民宿、自驾露营、康体健身等。

(四)完善管理体系提高服务质量

乡村旅游经营中,从业人员的服务态度直接影响旅游者出游的次数和旅游地形象。

要招揽更多的旅游者，政府应健全法律法规，管理部门应制定相应规章制度并加强管理与监督，还应联合行业协会，制定一系列乡村旅游经营管理标准，科学合理地对乡村旅游进行指导、管理及宏观调控，改善区域乡村旅游服务质量有待提升的现状。

目前，旅顺口区乡村旅游尚处于发展阶段，其发展趋势虽然迅猛，但服务资源供给储备相对稀缺，特别是急需大量专业的管理人才与优秀的服务人员。完善的服务资源体系不仅包括服务人员培训机构、专业技能培训机构，还应有充足的专业人才供给基地、旅游标准质量评价机构等。旅游管理者应通过对服务人员的定期培训，使其系统掌握旅游专业知识与服务礼仪，从而有利于提高从业人员的素质和服务质量，也有利于从业人员更好地了解当前乡村旅游发展的形势和未来趋势，从而谋求乡村旅游发展的新突破。

（五）更新营销观念加大推广力度

发展乡村旅游不能一成不变，要想发展得更好更快，就必须不断更新营销观念，制定新的营销战略。政府在制定乡村旅游发展政策的同时还应大力宣传区域旅游产品，利用多媒体平台进行市场营销，例如：旅游杂志、报纸、广播、电视、网站、户外广告牌等。

旅游企业之间应积极开展加盟合作，通过与客源地的旅行社、酒店、景区等进行协作，开展旅游市场的相互推介以增加客源，给同盟企业在价格上给予折扣，尤其是开展商务旅游的大型企业。利用微信、手机 APP、直播、微博、贴吧、博客、论坛、百科、播客、内容社区等社会化媒体方式，对旅顺口区乡村旅游进行推广，使旅游产品通过更多途径推广出去，让更多的游客能够及时获取本区乡村旅游的相关信息。

同时，还要特别注重节假日的宣传推广，采取更多的乡村旅游活动优惠折扣，以此吸引广大旅游者的关注。乡村旅游目的地社区居民应在自主学习旅游相关知识的同时，积极参与到乡村旅游建设中来，通过自媒体平台大力推广，积极配合政府和旅游企业对乡村旅游产品的宣传。

四、旅顺口区乡村旅游业态升级路径

在系统研究旅顺口区乡村旅游业态升级模式的基础上，结合国内外先进经验与本区乡村旅游发展现状，进一步提出旅顺口区乡村旅游业态升级路径，包括：旅游餐饮、旅游住宿、休闲娱乐、文创产品、旅游演艺和服务配套等方面。

（一）旅游餐饮

乡村旅游的餐饮设置应包括：绿色餐饮、有机餐饮、养生餐饮、特色餐饮等多种形式。应因地制宜开发利用旅顺口区当地乡村的特色食材，包括：水产品、禽畜产品、蚕茧蚕丝、干鲜果、干鲜菜及调味品、药材、土副产品等，将不同种类的食材重新组合制作出不同口味、不同类型的新产品。例如，可将药材与禽畜产品相结合制作出符合游客口味的农家药膳食品，新型食品不仅对游客身体健康有益，而且满足了游客体验新奇的饮食需求。

（二）旅游住宿

乡村旅游住宿不应以高星级度假酒店为核心，而应转化为多种特色、多种主题、多样化体验的发展形式。通过实地调研分析可知，现阶段本区各乡村旅游地应积极建设价位在300~500元/天的乡村客栈及民宿，建筑风格要体现旅顺口区及辽南地区传统乡村民居风格。经过科学规划及个性化运营以凸显当地特色，加强与游客互动，将民宿同体验乡村风情相融合，创新设计出具备独特吸引力的地方民宿。

（三）休闲娱乐

应在充分了解当前乡村旅游者需求的基础上，积极探索业态创新，科学定位，从原来单一的观光型，转向发展休闲、娱乐、度假、养生、文化体验等乡村旅游新业态，创新设计出丰富的乡村旅游产品，促进地方经济发展。由实地调研分析可知，应注重对旅顺口城区周边村落进行旅游开发，选择主城区距离较近的区域，把田园风光、古村落、果木园林、民俗村及农家乐作为开发重点。

充分利用旅顺口区依山临海的地理环境，积极开发探险类乡村旅游产品，例如：海钓、滑雪、攀岩、溯溪、漂流、滑翔、骑马、打猎、野外露营、森林探秘、拓展训练等户外活动，吸引偏好新奇刺激的旅游者。由实地调研分析可知，近年来的家庭出游模式基本上以三口之家为主，因此乡村旅游活动中应增加更多的亲子活动，例如：农耕体验、科普实践、创意手工、果蔬采摘、亲子游戏等活动都能增加对此类游客群体的吸引力。

（四）文创产品

加强乡村旅游购物的发展，从文化特色出发，每个旅游目的地都应有不同的文化特色，应根据不同的文化类型及区域特点设计出特色鲜明的文创产品，拓展旅游购物市场。针对目前本区乡村旅游购物产品种类不多、质量参差不齐的现状，要做到市场效益最大化，必须要有独特的市场供应。

此外，还应积极创新设计制作出能够反映旅顺口区当地农业生产与乡村生活场景的剪纸、版画、贝雕类产品，不仅可以继承乡村地区的传统艺术，还能展现当地的本土文化,这样的文创产品定能受到广大旅游者的欢迎,同时也能满足旅游者的需求。

(五)旅游演艺

旅顺口作为国家级风景名胜区、国家级自然保护区、国家级森林公园、国家级生态示范区和国家级地质公园,拥有其独特的文化与风格。同时,当地的村落也保留着其本土特色的乡村文化,正是这些丰富多彩的特色民风民俗,成了乡村旅游赖以发展的宝贵资源,吸引着四面八方的游客前来进行旅游体验。因此,应深入挖掘区域文化精髓,打造特色旅游演艺项目,借助媒体传播的途径大力宣传乡村文化,吸引游客,增加客流量,使得乡村旅游在旅游市场中占据有利地位。

同时,旅游演艺项目的设计应该"因地制宜",设计者要充分利用当地独特的文化资源,诸如节庆文化活动、农业作息活动、生活习惯等,合理设计相关旅游演艺活动,大力开发多元化旅游演艺类产品并积极创新以满足旅游者的需求,防止出现"山寨"雷同现象。

(六)服务配套

对于旅顺口区乡村旅游服务配套设施的建设,不能只追求高档次,也不能只追求"乡村风",而是应该注重舒适度,积极建设符合卫生要求、高质量、高品位、结合乡村生活的、具有乡村风格的服务配套设施。

第四节 工业旅游产品创新研究

工业旅游是以现有的工厂、企业、公司及在建工程等工业场所作为旅游客体的一种专项旅游。目前,学术界对工业旅游的主要认识可以概括为:工业旅游作为传统旅游业的重要分支,是经济发展水平的重要标志,强调开发工业旅游产品的经济效益和市场原则。这种认识的局限性在于,我国工业旅游的开发重点主要集中在工业企业的生产和作业景观,而忽视了对其内在长远价值的开发。

现阶段,我国处于发展工业旅游的瓶颈期,突出表现为,如何挖掘工业旅游的内涵以及其深层次价值,尤其是清末以来近现代工业遗迹的价值。因此,如何找准切入点,把握其发展脉络,补充中国元素具有重要的意义。对于这一问题的进一步探究,有利于发展中国特色的工业旅游。纵观全球,德国以其独特鲜明的工业旅游发展模式在世界范围内独树一帜,对于工业旅游兴起初期的旅顺口区具有较强的借鉴意义。

一、德国开展工业旅游的成功经验

（一）实施区域一体化开发策略

德国鲁尔区曾在德国的经济发展中做出了卓越贡献，然而随着城市化、现代化的发展，鲁尔区不得不进行产业结构调整。鲁尔区依靠其多年努力，最终向全世界展现出了特色鲜明的发展理念。不仅保留了大批工业废弃地，而且工业遗产旅游也渐成规模，并最终发展成具有示范效应、影响力的旅游区域。目前，发达的工业旅游已成为鲁尔区的支柱产业之一，以低成本、低环境破坏率达到经济增长的目的。鲁尔区经过多年探索实践，形成了独树一帜的工业旅游发展模式，现将其发展经验进行总结：

1. 坚实的工业基础

德国鲁尔区的工业发展在德国国内以及世界范围内始终具有深远影响。鲁尔区在战争期间为德国提供了充足的后勤支援。"二战"之后，又对德国的经济复兴起到了支柱性作用，现如今其在世界范围内的经济地位仍不容小觑。工业形式多样、部门结构复杂、工业地区密集是鲁尔区的突出特点，在传统采煤业的基础上，不断融入科技元素与环保理念，进而促进了高产业附加值的钢铁、化学工业的发展。坚实的工业基础是德国工业旅游发展的根本动力。

2. 多样化的发展模式

目前，鲁尔区的工业旅游主要有以下几种开发模式：一是博物馆模式；二是景观公园模式；三是购物旅游相结合模式；四是会展旅游开发模式。鲁尔区在传统工业旅游的基础上，开创并实现了方式新颖、路径交叉的发展方案，并实现了它们之间的内在统一，迎合了市场需求。

3. 政府的支持引导

德国政府对鲁尔区的升级改造给予了大力支持，具体包括以下几个方面：

（1）政策方面

政府制定并出台了对鲁尔区的帮扶政策，针对鲁尔区在工业转型期间可能出现的问题给出了具体应对措施，彻底解决其后顾之忧。

（2）融资方面

政府斥巨资给予鲁尔区转型升级提供财政支持，并在自身引导的同时，鼓励各企业进驻注资鲁尔区，为其发展提供资金支持。

（3）宣传方面

政府致力于转变鲁尔区给世界留下的传统印象，大力宣传其工业旅游优势，借助经济全球化的契机，将鲁尔区崭新的形象推广到全世界。

（二）开发体验型工业旅游项目

1. 大众汽车城

德国的沃尔夫斯堡市因其境内的大众汽车城而远近驰名，大众汽车城也逐渐成为德国旅游不可错过的游览景观之一。德国在工业革命之后就以其精密创新的汽车制造业享誉海外，大众汽车城的建设发展更是为德国固有的优势产业锦上添花。大众汽车城的工业旅游结合了城市特征和现代化趋势，具有鲜明的国家特色。

2. 水上仓库街

"仓库街"是工业港口枢纽，更是汉堡市的灵魂。汉堡以港口枢纽为基础，开发出以船舶观光为主导的工业旅游项目，利用其天然水道的优势，加之政府的支持引导，将观光旅游进一步细致分化，按游览时间、年龄阶层、旅游目的等区别分类，制订相应的接待计划，使得"仓库街"的船舶观光业精致化、系统化，成为独立的工业旅游产业。

3. 伊本布伦煤矿

德国的煤矿开采业一直以安全高效在世界著称。伊本布伦市在原有传统采矿业的基础上，开发出体验式的煤矿开采旅游项目，让游客可以深入井下，亲身体验煤矿工人作业的环境与过程。既为传统的煤矿开采业提供了附加收入，又使游客在体验乐趣的同时，理解了煤矿工人的辛勤劳作，继而提高了其社会地位。

4. 米尔西巧克力工厂

米尔西巧克力工厂具有完整流畅的巧克力生产线，在此基础上，米尔西市积极探索体验式旅游。该市对外开放了部分厂房和流水线，宣传引导游客参观并参与制作，赢得了儿童们的兴趣与响应，进而广泛地扩大了其市场影响力。

（三）注重生态保护与可持续发展

德国政府在发展工业旅游的同时，召集专家对区域内的环境保护与可持续发展制作出详细规划。德国在发展工业旅游的过程中，谨慎地避免了环境的二次破坏。与此同时，德国尽可能地解决了工业开发过程中环境破坏的问题。例如，对工业造成的贫瘠土壤培植抗腐蚀性植被，科学处理工业生产过程形成的地表痕迹以及工业废弃物等。

二、旅顺口区开展工业旅游的可行性分析

（一）区位交通

旅顺口区位于辽东半岛南端，地理位置优越，距大连市区32公里，拥有号称"黄

金水道"的天然良港——旅顺新港,已成为全国为数不多拥有港口、铁路、火车轮渡、高速公路、城市轻轨等"五位一体"交通优势的区域,是全国"八横八纵"交通干线的重要节点。

(二)工业基础

2019年,旅顺口区工业增加值实现152.5亿元,增长11.7%,对GDP增长贡献率达75%,规模以上工业增加值连续6个月保持两位数增长;高新技术产品增加值增长20%,工业经济"量质双升"态势明显。船舶制造业增势强劲,产值增长达20%。中远川崎等企业为支撑本区经济增长做出了突出贡献。轨道交通装备产业核心竞争力快速提升,中车电牵获评全国首批"一带一路"联合实验室。智能制造实现新突破,德迈仕等一批高端项目建成投产,亚明汽车部件晋级全国压铸企业综合实力50强,4家企业获得省中小企业"专精特新"认定。生物医药产业加快布局,中新生物港等项目签约落地,红旗生命健康产业创新基地入驻鑫创健康科技小镇。

旅顺口区拥有国家级经济技术开发区——旅顺经济技术开发区(以下简称旅顺开发区)。旅顺开发区于1992年成立,2002年晋升为省级开发区,2008年纳入辽宁"五点一线"重点支持区域,2009年纳入辽宁沿海经济带发展规划,2010年作为旅顺绿色经济区的重要组成部分纳入辽宁沿海经济带重点发展区域。2013年11月,晋升为国家级经济技术开发区,定名为旅顺经济技术开发区,实行现行国家级经济技术开发区政策。旅顺开发区以船舶制造、轨道交通、重大装备制造和港航物流等产业为主导,拥有坚实的工业基础。中远集团、中车集团、日本今治株式会社、大连重工起重集团、大连船舶重工集团、大连大显集团等一批世界500强和中国500强企业在这里建立了生产基地。

(三)文化底蕴

旅顺口的工业化进程是一本厚重的书,其中有血有泪,但留下更多的是以工业遗产为佐证的丰富历史文化,可以成为工业旅游开发的宝贵资源。本区拥有丰富的历史文化资源,甲午战争至今,旅顺口历经沧桑,被世人称为"半部近代史"。在经济日渐发达,国力越发强盛的中国,国人更需去回味并设身处地的感受那段历史,居安思危。

(四)发展机遇

2013年11月,经国务院批准,旅顺经济技术开发区晋升为国家级经济技术开发区,实行现行国家级经济技术开发区政策。这为本区的经济发展带来了前所未有的机遇,开发工业旅游正迎合了国家政策的要求,第三产业的发展创新将给旅顺口区带来巨大的经济效益与市场影响力。

三、德国经验对旅顺口区开展工业旅游的启示

目前,随着国家级经济技术开发区的获批,旅顺口区迎来了产业结构调整的关键时期。在这一过程中,区域众多工业设施或被闲置,其中不乏有代表性的工业遗迹可以开发成旅游产品。然而,目前很多工业遗迹却大都成为房地产项目的选址,而没有大力发展成本低、附加值高的工业旅游。

在工业旅游的发展历程中,德国无疑是世界上最璀璨的明星,其借助鲁尔区等传统工业区开展的博物馆式旅游、景观公园式旅游、体验式旅游都具有重要的指导意义。旅顺口区可以借鉴德国的成功经验,积极开展工业旅游。

(一)统一规划,合作营销

德国政府对鲁尔区等传统工业区的升级改造十分重视,在这个过程中,政府的支持引导起到了决定性作用。政府针对其独特的自然状况和历史渊源,制定出相对应的升级措施,整合区域资源、细化部门分工,与此同时,积极引导市场体系的介入,分析市场需求,使鲁尔区的工业旅游蓬勃发展。旅顺口区可以此为鉴,以政府为引导、市场为导向,借助本区现有的工业资源及大型企业的财政支持,开辟出一条独具特色的工业旅游之路。

(二)创新开发旅游产品

1. 开展以"船舶制造业"为主的工业旅游

(1)中远集团——邮轮旅游

中远集团拥有世界级邮轮船队,已达到发达国家水平。中远集团可借助其邮轮资源,开展海上体验式邮轮旅游。目前全球四大邮轮品牌:嘉年华邮轮、皇家加勒比海邮轮、P&O公主邮轮、丽星邮轮基本垄断了世界范围内的邮轮旅游产业,而中远集团可借助自身资源发展亚太地区的邮轮旅游产业,借助旅顺口历史文化名城的影响力、百年军港的知名度,吸引中、长线旅客,以扩大知名度。

(2)大连船舶重工集团——海上博物馆、景观公园

大连船舶重工集团有限公司是目前国内规模最大、建造产品最全、最具国际竞争力的现代化船舶总装企业,也是拥有军工、造船、海洋工程、修船和重工等五大产业的综合企业集团。船舶重工集团可借鉴2010年上海世博会中国船舶馆的经验,借助现有资源,创新规划设计,在政府的支持下,开发以"船舶制造业"为核心的海上博物馆与景观公园,展出中国船舶制造史及集团发展史,并辅助以船舶制造体验项目,让

游人身临其境、感同身受。

（3）日本今冈船舶——中日航线

大连今冈船务工程有限公司是日本今治造船集团投资兴建的船舶设计制造企业。可以借助日资优势与海上航线，开辟中日海上观光游览。具体来说，要建设一条精致化、专业化的海上观光游览路线。针对市场需求日益旺盛的两国游客，按游客年龄、目的划分为：亲子游、蜜月游、青年游、银发游等。按游览时间、空间划分为：大连三日游、辽宁七日游、环渤海半月游、东部沿海整月游等项目，也可根据个人或团队的需求进行调整。将此路线做大、做精将有利于推动两国旅游产业的发展，加深两国人民的友谊。

2. 多种体验型工业旅游项目共同发展

（1）大连重工起重集团——工业流程体验

大连重工起重集团有限公司主要是以服务城市建设为主的国民经济基础产业，具有完备的生产流水线，硬件设备在国内首屈一指。重工起重集团可在此基础上，开辟出独立的厂房，为游客开展体验式旅游服务。效仿德国的奔驰体验店，开放梅赛德斯生产车间，为游客提供独特体验。重工起重集团可借鉴效仿开展体验旅游，不仅提高了产品的附加值，更提升了企业的知名度与影响力。

（2）大连大显集团——手机私人订制

大连大显集团有限公司是一家大型电子信息产业集团，享有一系列国家优惠政策，为企业开发体验式旅游提供了坚实基础。德国伊本布伦煤矿的体验式旅游服务是业界的经典，已形成产业链式的工业旅游产业。大显集团可借鉴其经营理念，开放厂房及生产流水线。在此过程中，还可征集到外部公众对企业的意见及建议。体验式旅游以其低成本、高附加值的优势应被列入企业发展战略之中。

此外，随着手机更新换代速度的加快以及人们对个性化要求的不断提高，大显集团可在开展工业旅游中提供手机私人订制服务。针对个人不同喜好，订制属于个人的独有手机。在手机批量生产、高度模仿的当下，这项服务会受到要求手机高度安全的商业人士、追求新鲜独特的年轻消费者等受众的追捧。

（3）跨海通道游

国务院出台的《国务院关于近期支持东北振兴若干重大政策举措的意见》（国发〔2014〕28号）中提出了有关"渤海跨海通道工程"的建设性意见。此次论证的渤海海峡跨海通道，初步规划东起大连旅顺口，西至山东蓬莱。其基本设想是：利用渤海海峡的有利地理条件，从山东蓬莱经长岛至辽宁旅顺，建设公路和铁路结合的跨越渤海海峡的直达快捷通道，进而形成纵贯我国南北的东部铁路、公路交通大动脉。跨海通道竣工后，旅顺口到烟台仅40分钟，大大提高了两地之间的联系，这对于两地开展旅游开发合作具有深远的意义。

辽宁、山东两省具有深厚的历史渊源，借助修建跨海通道的契机，可发展两地间的旅游合作。例如可在跨海通道及其周边地区设立历史展览馆、海洋科技馆等景观，吸引两地游客，增强其兴趣，对于本区工业旅游的发展具有重要意义。

（三）实施可持续发展

鲁尔区在工业转型的同时十分注重对环境的保护及可持续发展。政府也出台相关政策，坚决杜绝在此过程中出现破坏生态平衡的行为，否则将给予严惩。工业旅游对于旅顺口区来说是一个待开发的产业，在发展过程中不可避免地将会遇到旅游开发与生态环境相冲突的情况。

因此，旅顺口区应借鉴德国先进经验，力争做到经济开发与生态保护并举，实现可持续发展。在开展工业旅游之前，政府应出台政策，大力宣传，提高人们的环境保护意识；在开发过程中，应给予政策与财政支持，用于生态维护。各企业在工业旅游开发过程中，不可一味追求经济效益，要力争做到与自然和谐相处；在开发末期，政府及企业团体应对于已破坏的自然环境，做到最大程度的修复处理。

第五节　夜间旅游产品创新研究

现阶段，"夜经济"已成为推动优质旅游发展的重要动力，时下城市旅游业竞争的焦点已逐渐从游客数量的竞争转变为游客时间的争夺，也是从游客"流量"的竞争转变为游客"留量"的竞争。夜间旅游作为消费者需求不断进阶的消费行为，已逐步成为满足广大人民群众日益增长的美好生活需要的重要部分，夜经济的发展水平也成为衡量城市生活质量、消费水平、开放度、活跃度及经济与文化创新发展活力的重要指标。

一、相关概念及研究综述

（一）优质旅游

《2018全国旅游工作报告》中提出：优质旅游是能够很好满足人民日益增长的旅游美好生活需要的旅游，优质旅游是更加安全的旅游、更加文明的旅游、更加便利的旅游、更加快乐的旅游，是旅游从"有没有"转向"好不好"。

目前，学术界尚未形成"优质旅游"的权威概念，对其研究尚处于初始阶段。王德刚认为，我国现阶段要从高速旅游发展向优质旅游发展转变，要做到：优质发展模式上的转变，着重强调量的积累与增长以及质的提高，两者并进式的发展模式；要以内涵式的发展模式为主；要走"高渗透发展之路"追求全面发展。胡抚生进一步指出，优质旅游发展是新时代旅游目的地形象的重要表现形式以及载体，优质旅游的发展并不是单纯的优质旅游服务，而是全域旅游的不断深化，包括优质的旅游治理机制、旅游综合服务水平、旅游专项人才队伍等多方面的内容，强调的是旅游目的地在综合方面的发展能够达到优质水平。

笔者认为，优质旅游就是更加安全、文明、便利、快乐的旅游，其代表着游客对质量与品位的高追求，是能够满足广大人民群众日益增长的美好生活需要的旅游。新时代所提出的"优质旅游"，要求在传统旅游的基础上提供更高品质的产品与服务。

（二）夜经济

所谓"夜经济"，是根据时间的阶段性划分出的经济形态。相对于日间经济而言，夜经济是一种全新的经济发展形态。夜经济是指以旅游者与城市居民为主体，通过休闲、餐饮、娱乐、购物等形式，从晚7点至次日凌晨之间的各种消费，强调的是消费者精神层次的需求。

夜经济是城市经济发展到特定阶段的产物，是一种高层次的新型消费经济，一方面它直接地反映了一个城市的经济发展水平；另一方面，夜经济在经济发展中发挥着至关重要的作用。国际上将"夜经济"称为"24小时城市"（The 24-Hour City），它起源于20世纪70年代的英国，是当时为改变夜晚经济的空白而提出的经济学名词，之后又逐步形成了"24小时城市"这一概念，主要目的是推动城市夜经济向多元化发展。

改革开放之后，我国城市夜经济逐渐发展起来，人们开始逐渐重视夜晚生活。同时，随着人们生活水平的不断提高，居民的消费需求也趋于个性化、多样化。因此，夜经济已不再是传统意义上的普通夜市，而是伴随城市居民生活方式转变而产生的一种经济与文化相结合的产物。顺应优质旅游的发展趋势，旅顺口区应不断创新发展本地夜经济，提升服务质量，强化区域特色，使之成为推动本区优质旅游发展的驱动力。

二、旅顺口区夜经济发展现状分析

随着人们生活作息时间的改变，夜间成为极具消费能力的黄金时段。首份反映中国城市深夜活力的"城市支夜报告"指出，21:00为第一段夜宵时间；22:00为淘宝的消费高峰；支付峰值以及夜生活进入活跃期则是在23:00；直到凌晨4:00，7.1%的商户仍在营业。此外，统计数据显示，景区76%的消费都集中发生在夜间，见表6-2。

在全国夜经济迅速发展的大趋势下，旅顺口区的夜经济发展程度与大连市区相比仍存在较大的差距，但同时也具有一定的发展潜力。

表 6-2　景区昼夜营业时长，消费者消费占比、理智程度、情感的对比

昼夜对比	白天	夜间
营业时间	8 小时	16 小时
消费占比	24%	76%
游客理智程度	高、谨慎	低、易冲动
游客情感	较理性	偏感性、易产生共鸣

（一）节庆拉动夜间消费

现阶段，旅顺口区立足于自身特色，深度挖掘优势资源，开展了一系列节庆活动，推出了：旅顺国际樱花节、旅顺樱桃节、蓝莓采摘节、太阳沟金秋文化旅游季、太阳沟彩叶节、北海渔人节、海鲜美食节、龙王塘海灯节、旅顺之夏纳凉晚会等节事活动。2017 年旅顺口区共举办 12 项节庆活动，旅游收入增长 15%。早在 2016 年，旅顺二〇三樱花园就推出了"夜赏樱花"的活动，当年实现旅游综合收入 4.7 亿元；2017 年的夜赏樱花活动接待海内外游客同比增长 17.3%。夜间节庆活动为旅顺口区夜经济的发展汇集了巨大的商机和客流，已成为本区发展夜经济的关键动力。

（二）交通设施日渐完善

城市公交体系不断完善，出行方式的选择日益增多。2018 年，旅顺口区新增、调整 29 条公交线路，投入运营新能源公交车 100 辆，公交智能化跻身全国前列。本区公交线路现已开通：旅游公交、景点公交、酒店公交等路线。此外，大连地铁 12 号线由河口站至旅顺新港站，途经蔡大岭、黄泥川、龙王塘、塔河湾、旅顺、铁山等站点，更加方便了游客和当地居民的夜间出行。

（三）旅游产品不断创新

近几年，旅顺口区的旅游发展逐渐形成创新化趋势，为吸引更多的旅游者，本区不断推出新颖的旅游产品，也为其夜经济的发展奠定了基础。

1. 风情小镇

2018 年 7 月，旅顺口区首个汽车露营地在俄罗斯小镇滨海度假区正式开放。该汽车营地紧邻优质沙滩，海岸线绵延，配备 50 个营位。目前，引进著名房车品牌华晨家庭房车，度假区内还建设了 40 多栋风格多样的别墅庭院，开设垂钓、海上摩托、观光

游艇等娱乐项目。风情小镇的建设为夜间活动空间提供更好的选择，满足了游客在旅游景点过夜的期望与需求。

2. 温泉旅游

旅顺口区拥有较为丰富的地热资源，现已开发老铁山温泉、开世温泉、金海洋温泉等旅游度假区，集温泉养生、餐饮娱乐、露天烧烤、儿童乐园、商务会议等为一体，弥补了本区夜经济旅游项目的空缺，形成了休闲康养商圈的新业态，迎合了游客康养旅游的消费需求。

三、旅顺口区夜经济发展中的主要问题

通过实地调研走访，发现现阶段旅顺口区的"夜经济"发展中存在诸多不足，与发展"优质旅游"的具体要求，即"更加安全、文明、便利、快乐"尚有一定的差距。在旅游供给层面，表现在旅游产品、服务设施、监督管理等几个方面。

（一）文旅产品缺乏特色

文化是旅游的内在灵魂，是城市的内涵体现，也是展示城市魅力的重要载体。截至目前，旅顺口区所开发的夜间旅游产品中并没有与其海港文化、军旅文化、历史文化、影视文化等紧密结合，进而导致缺少优质的文化体验要素，这与当地深厚的文化底蕴形成了强烈的反差。

以《印象旅顺》演艺项目为例，该项目以"旅顺军港"为创意元素，旅顺口历史为内涵，运用多维空间手法、3D技术与史实素材相结合，营造出战争场面。然而，由于《印象旅顺》尚未进行大规模市场推广，知名度无法与国内众多经典演艺项目相比拟。此外，经调研发现，该项目的演艺内容较为单一，缺乏创意，没有对形式进行创新，设备设施等方面也有待提升，观赏过的旅游者对该演艺项目的整体评价不高。

（二）服务设施尚需完善

服务设施作为保障旅游活动顺利开展的必要条件，自始至终都起着不可忽视的重要作用，只有优质的服务才会给游客带来安心、舒心的体验。目前，本区的服务要素配套较为落后，特别是住宿、餐饮、购物、文化娱乐休闲等设施条件无法满足游客需求，承载能力不足。这已成为区域夜经济发展的制约因素，其中最为突出的问题就是住宿。本区酒店房间数量上的紧缺，在旺季时成为旅游发展的瓶颈，是制约游客留宿当地的关键因素，极大地束缚了本区夜经济的发展。

旅顺口区的住宿业与"优质旅游"的发展目标尚存在一定距离。通过"去哪儿"全网比价搜索出大连市共4864家酒店，其中五星级酒店29家。然而，旅顺口区仅有

酒店 240 家，尚无五星级酒店。本区的酒店类型包括：商务型酒店、客栈、酒店式公寓等，主要以经济型酒店为主，规模较小，形式单一。能够满足房间数量在 50 间以上且配备宴会厅、会议厅、餐厅设施及早餐服务的仅有 5 家。只有 2 家酒店可提供在线选房服务，11 家酒店可提供早餐服务，19 家酒店可接待外宾。根据消费者评论发现，上述酒店服务仍有较大提升空间，普遍涉及服务设施和服务态度两个方面。由于本区缺乏高档型酒店，仅目前的 2 家四星级酒店难以满足消费者对于高品质住宿的需求。

（三）监管工作有待加强

现阶段，当地政府管理部门缺乏对夜间市场的严格监管，治安、噪声、食品安全、交通堵塞等方面亟须高度重视。由于现阶段的夜间经营场所仍以零售摊点为主，经营准入门槛较低，存在一定的安全隐患，如若监管不严，可能导致酗酒、打架等暴力行为。

同时，由于缺乏系统化的规范管理，导致食品安全监察工作不到位，环境卫生问题较为突出。露天经营，设施简陋，餐具食品未经过监管部门严格把关，对夜间烧烤食材的检查力度不够，包括路边商摊、店面所销售的海鲜和肉类的新鲜程度，是否经过消毒，食品生产环境是否达到卫生标准等，这些方面的安全排查依然存在较大漏洞。街边烧烤经营时烟雾缭绕，结束后垃圾遍地，严重影响市容。此外，由于缺乏充足的停车位，容易导致交通堵塞，为夜间出行带来不便。

四、旅顺口区夜经济的发展路径

根据"优质旅游"发展的具体要求，结合旅顺口区"夜经济"发展中存在的实际问题，提出相应对策建议。

（一）丰富夜间经济业态

打造旅顺旅游文化品牌和"故事里的旅顺""舌尖上的旅顺"等旅游特色，设计多种形式的夜间消费新业态，延长游客的驻留时间、提高过夜率，让游客感受到一个潜力无限、活力四射、魅力万千的旅顺口。

1. 构建文化创意商圈

在当地热门景区附近，增设具有较强吸引力的夜游街区与标志性消费区，将旅游、休闲、文化、创意等多元素相互融合，打造成富有文化特色的主题街区。多点分布书咖、剧场、电影院、水吧、咖啡馆等文化休闲娱乐设施，打造以影音、餐饮、文创为场景的商业街区，形成井然有序的夜间消费格局。将分散的夜间旅游产品集中串联起来，推动美食一条街、酒吧一条街形成规模和影响力，实现点—线—面连锁效应。

(1) 打造夜间景区实体书店

夜间不仅是消遣娱乐的时间,更是读者阅读体验的最佳时刻。据统计,63.4%的受访者表明过去一年中去过实体书店,其中78.3%买过感兴趣的书籍,实体书店依旧具备较强吸引力。本区应结合当地景区的文化氛围,打造与之形象相符的景区书店。例如,在旅顺博物馆、留声机博物馆等文化场馆周边,以"历史、艺术、音乐"为主题,采用"简洁、复古、典雅"的装修风格,建设文艺氛围浓郁、全开放式的实体书店,为读者提供夜间阅读场所,为旅游者提供多样化的夜间体验选择。既通过书店集聚了人气,又延长了景区的夜间经营时间,从而有效助推夜经济的发展。

(2) 建设海洋风格酒吧咖啡馆

酒吧、咖啡馆是夜间消费的主要场所,其外形的建筑风格、装修设计是吸引消费者的重要因素。结合本区独特的海洋文化,打造富有海洋主题风格的音乐酒吧、咖啡馆、KTV等休闲娱乐设施。装修设计突出海洋动物、海底世界等元素,将海洋文化与科技融合,为游客提供VR体验,让游客仿佛置身海底世界,增添游客的新奇感,带动夜间消费。

(3) 开发复古集装箱艺术工厂

依托本区港口产业资源,建设别具一格的集装箱艺术工厂。一方面,将货运集装箱应用在建筑设计上,在保持集装箱原有形式的基础上,实现资源的再利用,达到环保效果。另一方面,将艺术展览、文化体验、休闲美食等融为一体,为游客提供全新的一站式服务,提升游客的体验质量,引领夜间旅游新潮流。

2. 打造特色餐饮文化

根据国际著名酒店及住宿在线预订平台Booking.com的最新调查研究发现,平均每10位中国游客中,有7位游客选择旅游目的地的初衷在于当地美食,在大都市附近的旅游目的地,美食具有强大的拉动力。因此,提供优质的特色美食会给予游客极佳的旅游体验,也是发展夜经济的关键因素之一。与单一的观光游览不同,特色的饮食文化、优质的餐饮服务能够为旅游地带来高黏性客流,可将"游客流量"变为"游客留量"。因此,应通过特色旅游餐饮留住更多的夜间游客,提升区域夜经济发展的市场竞争力。

(1) 赋予美食文化内涵

"一方水土养育一方人","一方水土"指的是美食来源,"一方人"则是文化的创造者,美食与文化相辅相成。积极开发富含文化底蕴的美食产品,主要体现在产品设计、品牌塑造及服务配套等方面。将美食融入本土文化特色,塑造品质卓越的美食产品,才能满足消费者对夜间美食的品质化需求。

（2）产品符合季节特征

由于受到季节因素影响，冬季成为夜间旅游的淡季。随着所依托活动领域逐渐变化与改善，夜经济经历了由室外向室内发展的历程。因此，在夜间室内场所建设不断完善的条件下，更要注重美食产品质量的提高，尤其是在美食产品的供应上，要提供应季、新鲜的食材，展示出符合当地时令特色的美食。

（3）精心设计节庆活动

节庆活动是夜经济发展的重要载体，美食节庆活动一直以来都是备受欢迎的旅游吸引物，是促进夜经济发展的重要动力。应积极协调好各方面力量，共同配合，精心谋划活动流程，做好活动宣传、运营、反馈等环节，打造出高质量的美食节庆活动，吸引更多消费者，提升夜经济的市场吸引力和消费能力，以节庆经济带动夜经济发展。

（4）产品口味丰富多样

根据中国食品商务网的数据统计，在餐饮消费人群中，千禧一代已成为餐饮消费的主体，"90后"和"00后"贡献了餐饮消费一半以上的订单。同时，不同年龄阶层有着明显不同的食物偏好，"90后"对蛋糕甜品的喜爱超过中餐，老年群体则偏向清淡食物。因此，应在美食产品开发过程中应更加精细化，注重夜间美食的口味开发，满足不同消费群体的个性化需求。

3. 创新文化演艺形式

创新《印象旅顺》等旅游演戏项目的策划设计，保证内容与形式上持续的新鲜感。以旅顺军港实景为载体，结合区域历史文化、军旅文化等文化资源，借鉴承德宽城《满秀》、连云港《天海传奇》等光影秀表现方式，采取全息5D光影秀技术，改善演出形式单一的劣势，打造焕然一新的夜间演艺，给予游客五觉全方位体验。同时，大力开展能够真实反映本土文化的音乐剧、话剧、水幕等主题演艺，以新颖的表现方式调动游客的参与性。打造属于本区特有的演艺品牌，吸引游客及居民重复消费，丰富夜经济消费形式。

（二）不断完善服务设施

优质旅游的背景下，旅顺口区应做好相应公共服务设施的建设工作，从优质旅游的供给侧方面入手，由单一景点景区建设向综合旅游目的地服务过渡，更新、升级服务设施，提供"更便利"的旅游服务。

1. 优化交通服务体系

交通设施是发展夜经济的重要基础。目前，旅顺口区公交车运营时间较短。为了不断完善交通服务体系，需合理延长公交车以及轻轨（大连—旅顺）的运营时间，加密运营班次。同时，精心设计公交夜游专项线路，将公共交通与夜间旅游景观连线结合，为旅游者夜间休闲体验提供完备的交通条件，激发夜游热情。

2. 提升住宿产业功能

过夜率是夜经济发展的决定性因素，根据酒店平均入住时长分布数据显示，62.4%的消费者倾向于选择入住1天，90%以上的消费者选择入住1~3天。优质旅游的时代，不是细分市场而是细分需求。本区应推动住宿业的创新发展，改变原有酒店单一的住宿功能，满足游客的个性化需求；提升酒店规模，容纳更多的游客入住，为游客提供安心、放心、贴心、开心、舒心的优质住宿条件。

（1）创新住宿形式

应积极促进经济型酒店向智慧酒店转型，完善智能预订、智能前台、智能客房等功能，既可以推动酒店科学化管理、提高服务效率，又能让游客体验全新的入住模式，满足游客的个性化需求，吸引更多游客在当地过夜。与星级酒店相比，越来越多的旅游者更青睐民宿，游客不再局限于住酒店，更期待与大自然进行亲密接触。结合本区湿润温和的气候、幽雅的自然环境、传统的农家院落，以"户外乡村民宿"为主题，打造室外帐篷、树屋、农家院等多样化民宿。满足游客的新奇体验，助力本地特色民宿创新发展，促进发展旅游与乡村文化融合的新业态。

（2）提升酒店规模

根据本区酒店的发展现状，理想的客房数量应达到80~120间，并且能够占有超过总建筑面积70%的面积比例；配备能够容纳百人的宴会厅以及具有完备设施的商务会议室，为消费者提供全方位的优质服务。提高酒店的整体规模、优化酒店的服务，不仅会扩充游客入住的承载量，也会吸纳更多游客在当地过夜，从真正意义上将游客"流量"转换为"留量"。

3. 构建夜景照明体系

灯光在夜间活动中必不可少，是营造夜间吸引力的重要因素。应以"自然景观、灯光场景、特色文化"为内容，打造本区夜景新面貌。秉承"创新、开放、生态、共享"的发展理念，既要做到灯光照明效果与当地的自然环境相协调，又要倡导绿色生态理念，采用低能耗、环保的照明材料，以达到"生态领先，绿色发展"的目标。

同时，随着城市个性化的日益凸显，城市色彩规划在夜经济的发展中扮演着重要角色。本区可借鉴日本的城市色彩规划，利用环境色彩规划法，在设计夜晚景观灯光照明时，挖掘与区域环境、气候、原材料相匹配的色系，展示出创意化的夜景照明。通过夜间场景的塑造，点亮城市，照亮民心，提升旅游地形象，促进夜经济创新发展。

（三）切实加大监管力度

借鉴先进地区经验做法，建立健全旅游警察、旅游巡回法庭、旅游工商、旅游仲裁等综合执法体系的作用，完善旅游市场监管联动执法机制，加强事中和事后监管，维护良好的市场秩序。

同时，加强夜间行业综合管理，建立健全公众监督制度，协调好各部门工作任务。尤其注重食品安全监管，对原材料进货渠道严格审查，提高对食品生产的环境要求，翔实记录食品安全追溯档案，有效维护游客的切身利益，让消费者吃得放心，营造良好的夜间消费环境。

政府应积极出台一系列惠及夜间商家经营的政策和补贴。根据当地商户白天和夜间的经营额，区别征收税额以减免小微型企业税收，鼓励商家延长夜间营业时间。此外，加大宣传力度，营造积极健康的夜间消费氛围。通过电视广播、微博微信互动平台、旅顺口区政务信息网站等，宣传本区夜间活动项目的相关信息，与当地有声誉的旅游企业联合宣传，扩大宣传影响力。以积极的宣传内容引导良好的消费观念，使人们正确认识夜经济并且能够积极参与其中。

第七章

旅顺口全域旅游社区参与研究

第一节 社区参与对旅顺口区全域旅游发展的影响

全域旅游发展要改变以部门为核心的行业管理体系,构建起以旅游领域为核心的社会管理体系,推动旅游行业管理向社会管理转变。这种转变,一方面包括私人资本、外国资本等在内的社会投资在旅游发展中的比重日益提高,另一方面则包括当地社区、民间组织等在内的社会组织在旅游管理中的地位不断提升,还包括各类研究机构、大众传媒等在内的社会力量在旅游决策中的作用逐渐得到认可。

其中,加强社区参与对于全域旅游发展具有至关重要的作用。全域旅游强调社区居民和旅游者不是对立关系,对社区居民来说旅游者不再是破坏当地资源的干扰者,对旅游者来说也不会成为社区居民捞一笔的肥羊。相反,全域旅游强调的是一种共建共享的理念,让居民从被动的弱势群体转变成主动的参与全域旅游建设的执行者和受益者,让他们的经营服务从单调虚假的舞台表演转变成原汁原味的风土民情,使每个社区居民都有可能成为最好的旅游地宣传者和服务者。具体而言,社区参与对旅顺口区全域旅游发展的影响主要表现在以下几个方面。

一、促进经济发展

社区参与对经济的影响至关重要。发展全域旅游的根本目的是让当地人受益,提高社区居民的生活质量,带动区域经济增长。现阶段,旅游者的消费需求呈多样化个性化趋势,传统的观光产品已无法满足,必须充分挖掘地方特色文化,以社区的独特风格吸引游客。社区文化为现代旅游产品的创新注入了生机与活力。社区参与全域旅游发展,是区域旅游产品创新的源泉,对于志在创建"国家全域旅游示范区"的旅顺口区意义重大。

现阶段,旅顺口区结合当地丰富的社区文化,开发出一系列独具特色的旅游产品，并已取得良好成效。例如，"2017大连旅顺大樱桃节"期间，旅顺口区共接待游客188.2万人次，同比增长13.2%，实现综合经济收入32.6亿元，同比增长16.4%，其中销售大樱桃3万吨，带动农民创收2.8亿元。积极引导社区参与有利于推动旅顺口区全域旅游的发展，促进区域经济增长，优化产业结构，增加就业机会，改善居民生活水平。

二、提升旅游形象

社区参与有利于营造良好的社会环境。旅游目的地形象是招徕游客的关键因素，而社区的人文环境又是旅游形象的重中之重。居民与旅游者的互动关系会影响文化交流的程度，而这种互动关系的建立又与居民的受教育水平、与游客交流的能力以及他们对旅游者的印象紧密相关。相对传统的"景点观光"，全域旅游突出社区居民和旅游者的"亲密接触"，居民的好客程度和良好的社会环境均能影响旅游目的地形象与旅游者满意度。因此，积极引导社区参与能够有效促进社会结构优化，提高当地居民素质，维护社会治安稳定及各民族和谐发展等。

目前，旅顺口区从当地居民本土传统节日入手，大力引导社区参与。例如，龙王塘、龙头、铁山等地的正月十三"海灯节"放灯祈福；水师营的四月十八蟠龙寺庙会赶集游玩；北海的六月十三"渔人节"祭海祈福等传统节庆，均吸引了大量外地游客慕名而来。利用当地社区的参与，有效提升了本区的旅游形象，优化了社区人文环境，同时也起到了传承和保护当地本土文化的作用，提高了社区居民的素质与好客程度，社会效益明显。

三、助力生态保护

社区参与同时也是全域旅游可持续发展的重要保障。积极引导社区参与，让居民自觉维护旅游地生态环境，能够为旅游地节省大量环境保护费用，并能获得一定的经济效益，从而为当地的旅游规划、旅游可持续发展、旅游资源的保护、旅游经济活动等多方面提供经济支持，促进全域旅游开发与保护的良性循环。

近几年，旅顺口区积极引导社区居民参与到优化当地生态环境，维护老建筑和公共设施建设之中。例如，将太阳沟历史文化街区的绿化治理与街道建筑维护进行整合，合理规划太阳沟一带的俄式、日式风格建筑，开发建设商业风情街，引导当地居民参与，形成可持续发展的产业模式。又如，大力引导柏岚子当地居民参与湿地与野生动物保护，在积极改善生态环境的同时，也吸引了旅游者的目光。

第二节　旅顺口区全域旅游社区参与路径

旅顺口作为我国主要军事基地之一，既有重要的军事设施，同时也是边防军队驻地，大量的土地、历史建筑等为部队所有。因此，借鉴国内外社区参与旅游发展的先进经验，结合本区的实际情况和地方特点，建议采用"政府＋部队＋公司＋协会"与"股份制"的互补模式，由政府与当地驻军部队联合引导、企业主持、协会协调，联合开发旅游项目，社区居民以入股的形式参与经营获取利润。具体包括以下几个方面：

一、旅游规划与决策参与

在进行旅游规划与决策时，必须强化社区参与的理念。在该理念的引导下，政府部门和旅游企业才能找到全域旅游发展中存在的问题和弊端，开展系统分析之后，进而制定科学的全域旅游发展规划。若盲目地制定规划或决策而忽略社区居民对规划的态度和感受，势必会引起当地居民的反对，这与发展全域旅游可谓背道而驰。

首先，要健全法律保障机制，保障社区居民参与旅游规划与决策的权利。其次，成立社区居民旅游发展委员会等机构，代表居民参与旅游决策，监管旅游利益相关者的经营行为。社区居民参与旅游规划与决策程序如下：①旅游地点的选择要有社区参与，并对该地资源进行评价；②与居民共同确定规划目标、发展方向以及保障措施；③制定旅游规划，与居民共同确定最佳方案；④按照规划方案选择执行方式，实施规划；⑤对取得的成果进行跟踪评估。在规划的过程中要广泛采纳社区居民的意见与建议，要确保居民的发言权与参与权，决策时要仔细考虑居民的态度。

二、旅游经营管理参与

开展全域旅游，要调动社区居民的积极性、主动性、创造性和联动性。为了保障全域旅游的开发和地方可持续发展，社区参与加入旅游经营管理是必然的需求，能够增加社区居民的旅游从业机会，保障居民从中获得利润。因此，应对从业的社区居民进行专业培训，安排其就业岗位，确保社区居民优先上岗的权益。同时，给予经费支持，倡导当地居民参与旅游经营管理活动，分享"产业红利"。

大力引导社区参与，体现旅顺当地人民的热情好客。营造良好的民俗文化环境氛围和旅游气氛，可以通过各大节庆活动，按照市场化的操作，调动相关行业和民间资本，以及社区居民的积极性，营造出富有吸引力的旅游社会环境。积极发挥社区参与的作用，充分挖掘具有地方特色的相关资源，在此基础上创新设计符合当今旅游者需要的旅游产品。

三、旅游资源环境保护与宣传教育参与

社区居民有保护旅游资源环境与宣传教育的责任。宣传教育和保护融入社区参与能让居民了解社区参与的作用，当地社区管理部门如居委会等应安排适当的时机对社区居民开展全域旅游社区参与的讲座宣传，提升社区居民的主人翁意识，树立科学的旅游环境保护观念。专业知识有利于当地居民帮助游客解决问题，提高服务质量，促进居民更好地参与到全域旅游建设中去。

对于自然旅游资源，例如老铁山国家级自然保护区等，可通过对社区居民开展培训、讲座等方式提高保护区周边居民的环境保护意识，吸纳具有环境保护知识的当地居民参与全域旅游建设，使社区居民能够自觉维护自然生态环境。对于人文旅游资源，例如太阳沟历史文化街区等，应以所在社区为主体，动员全体居民积极参与"国家全域旅游示范区"的创建活动。在整体上保持一种渐进演化，让历史文化街区与生活在其中的社区居民共同讲好地方故事，把历史遗存、传统记忆与地域文化共同留下，通过培训教育，将"沟通关联"和"培育情感"作为社区居民的应尽职责，积极倡导社区居民成为文化遗产保护的知情者和受益人。

四、旅游收益分配参与

社区参与全域旅游是为了当地旅游业的发展，而居民在参与的过程中也成了旅游业发展的受益者，旅游收益是提升社区居民参与度的保障。完善收入分配和税收机制，保障旅游开发后当地居民的基本生活水平；健全经济补偿制度，对未直接参与旅游开发却同样受到影响的社区居民提供必要的经济补偿。当地资源环境因发展旅游而出现破坏和污染等问题，需要一定的补偿措施，补偿金可用于改善当地居民生活条件和修复当地因发展旅游而带来的破坏。

政府部门应向当地居民提供一系列优惠政策，如破解居民在投资中贷款难的问题，降低租赁费用等，这些措施能让居民更好地参与全域旅游，成为其中的利益相关者，同时也能提高政府、企业的收益率。鼓励居民全民参与，注重当地居民的利益保障，可采取土地或资产入股投资等方式，使社区居民与企业成为合作伙伴，避免矛盾，分享成果。

第八章

旅顺口全域旅游发展保障体系研究

第一节　旅顺口全域旅游发展保障体系建设

一、管理机制保障

（一）构建全域旅游发展机制

1. 改革创新旅游发展工作机制

从全局统筹谋划、整合资源、协调推进本区全域旅游示范区创建工作及全域旅游发展，形成"政府主导、部门联动、社会参与"的工作机制，在全域旅游示范区创建工作领导小组领导下，建议各街道也要设立相应的办事机构或协商议事机构，加强对创建工作的组织领导，着力形成本区上下统筹推进、同步创建的工作合力。

2. 转变政府职能，加强服务意识

加快发展全域旅游是一项紧迫而艰巨的任务，各级政府和部门要把这项任务提上重要议事日程，切实转变职能，努力在理念、体制、方法和手段上有所创新，加快形成本区上下合力促进旅游服务业发展的浓厚氛围。

3. 制定促进全域旅游发展的政策

出台政策措施，调整旅游产业结构，实现资源的最佳配置。在政策上向龙头项目和重点地区倾斜，引导资金、技术、人才流向重点项目和地区；积极推进区域旅游经济发展，在继续开拓省内市场和周边地区的同时，大力开拓入境旅游市场和国内重点城市的客源市场。

（二）旅游引领多规融合创新

1. 大力推进"多规合一"

"多规合一"是全域旅游发展的前提和保障。旅游业是一个名副其实的"一业兴，百业旺"的综合产业,基本涵盖了主要生产消费领域,其产业关联性是其他产业类型难以比拟的。推进全域旅游要求涉旅部门联动,充分发挥旅游带动作用,实现设施、要素、功能在空间上的合理布局和优化配置。

因此,全域旅游的实施绝非主管部门一己之力能够完成的,而是需要多个部门协调联动共同完成。建议本区规划先行,以"多规合一"的方式,形成旅顺口区全域旅游"一本规划、一张蓝图",通过规划协调好部门利益,落实好责任关系,共同塑造"山水对话、天人合一、城景一体、产城融合"的城市形象。

2. 加强政府对规划实施的领导

政府要对规划的实施起到领导和推动作用,让全域旅游规划在各级政府之间、政府与企业之间起到桥梁和纽带作用,打破条块分割的管理格局。同时,建立、健全旅游规划编制与项目评审、审批机制,并对全域旅游规划实施的全过程监督管理。

二、财政金融保障

(一)积极争取政府财政投入

本区各级旅游主管部门可以在充分论证和合理建议的基础上,积极将一系列大型的重点项目上报省、市、国家有关上级部门,纳入国民经济计划,争取国家和省市的政策性投资或申请专项资金的支持,如旅游国债,省、国家旅游项目开发补助费,各类引导资金等。设立旅游发展专项资金,统筹各部门资金支持全域旅游发展,出台贷款贴息政策,实施旅游发展奖励补助政策。

(二)创新体制,争取多渠道投资

制定开发性金融融资方案或政策,吸引直接投资,鼓励外资(包括内地和海外的资金),发行股票融资、债券融资。采用"PPP"模式,鼓励私营企业、民营资本与政府进行合作,参与旅游设施的建设。以租赁等形式引进国内外高科技设备,以及娱乐设施。

三、旅游企业发展保障

(一)加强旅游企业制度建设

进一步开放市场,建立完善的旅游市场体系。在开放、合理、公平的基础上改革价格、外资、外联等体制,鼓励多种经济成分参与市场竞争,逐步与国际接轨。采取联合、独立投资、参股、置换等方式建立跨地区旅游企业(集团),或建立虚拟联合体等,创新旅游行业管理机制。

(二)优化旅游企业组织结构

大力深化国有旅游企业改革,实施战略性重组,引导国有资本向优势企业集中,促进国有资产由低回报领域向高回报领域转移。加大产权制度改革的力度,通过采取有限责任公司、股份制、股份合作制等多种形式,吸引各种投资主体,发展适合企业实际、多种形式混合所有制的经济实体。以资产为纽带组建大型旅游企业集团,鼓励旅游企业积极开展连锁化、网络化经营。逐步建立和发展国际化企业集团。积极支持符合条件的旅游企业或集团上市。

四、社区与人才保障

(一)强化公众参与,营造旅游社会环境

吸引公众参与,体现当地人民的热情好客。营造良好的民俗文化环境氛围和旅游气氛,通过各大节庆活动,按照市场化的操作,调动相关行业和民间资本,以及城市居民的积极性,营造出富有吸引力的旅游社会环境。广泛开展全域旅游宣传教育,实施旅游惠民政策。积极创建旅游扶贫富民方式多样,主客共享的旅游社会氛围。

(二)发展人力资源,多渠道优化人才质量

大力培养具备较高的现代管理理论素养和系统的旅游管理专业知识,具有国际视野、创新意识、实践能力和社会责任,具有创新能力、批判性思维能力、公民素养、合作与交流的能力、自主发展能力和信息素养等专业核心能力和素养,面向各类旅游相关行业,能够从事经营、管理、策划、咨询、服务等工作的应用型高素质旅游管理专业人才。

发展多种形式的旅游企业人员培训,培养一批公共管理人才,以实现高效率的宏观层次的调控管理;完善旅游行业人才认证考核制度;实现周边如山东、河北、吉林等地区的旅游人才互通、互认和互流;联合培训战略,包括旅游企业与高等院校,旅游行政机构与高等院校,旅游企业与高等院校合作培训等。

五、旅游安全保障

2020年初暴发的新冠肺炎疫情,对旅游产业造成了很大的冲击,导致全行业"停摆",旅游经济损失巨大。据中国旅游研究院预计,今年全国仅国内旅游就要减收1.18万亿元。疫情以后,消费者的防疫和安全意识普遍增强。因此,要树立危机常态化理

念，把生态安全、文化安全、经济安全和社会安全，特别是游客的生命安全，放在重中之重的前提位置，构建旅游安全保障体系，重构和增强游客的安全感。

加强安全风险管控，健全安全预警、风险防范、应急管理、安全救援和安全信息共享制度，将突发性公共卫生事件应急管理纳入旅游系统和各级政府（包括城乡社区）的应急管理体系。探讨创新旅游大灾保险产品和建立旅游产业防灾基金的必要性与可行性。倡导旅游企业建立和完善经营风险管控机制。鼓励游客错峰出游和采用分餐制就餐，全面禁止非法野生动物交易，革除滥食野生动物陋习。深化旅游安全综合治理，完善安全联合监管机制。突出抓好旅游安全生产，重点抓好节假日和重要活动期间的旅游安全检查及安全生产专项整治等行动。加强对重点旅游目的地和高风险旅游产品安全风险监测和评估，对重大旅游安全隐患及时排查处置。

第二节　旅顺口区滨海湿地生态补偿机制研究

湿地是地球上水陆相互作用形成的独特生境，是自然界最富生物多样性和最具生产力的生态系统之一，被称为"淡水之源""地球之肾"，具有调蓄洪水、调节气候、保持生物多样性等重要生态功能，在人类生存发展中发挥着不可替代的作用。目前，国家对湿地采取了一系列保护政策。然而，在这些政策的实施过程中，如果不能够相应地建立起合理的生态补偿机制就会缺乏社会各界的理解与支持，难以全面实施。因此，建立符合区域实际情况的生态补偿机制具有十分重要的意义。

一、旅顺口区滨海湿地现状分析

（一）旅顺口区地理区位分析

旅顺口区位于辽东半岛最南端，三面环海，距大连市区32公里。区域总面积506.8平方公里，海岸线长169.7公里。这里气候宜人，冬无严寒，夏无酷暑，森林覆盖率高达54.5%，是大连龙湖国家湿地公园的所在地，更是冬季鸟类迁徙的必经之地。

（二）旅顺口区滨海湿地现状

1. 湿地景观的变化

从2000年至2009年，旅顺口区海岸湿地面积缩小了392.47公顷，而建设用地面积却增加了8213公顷。随着区域城市化进程的不断深入，对土地的需求量越来越大，这是造成湿地面积骤减的一大原因。大量的海岸湿地被开发为人工水库和池塘，以及水产养殖和盐田工业，其中水产养殖和盐田工业转化比率达到了1.21%。此外，公众并没有意识到湿地保护的重要性，也没有对湿地采取相应的保护措施，这也使得湿地不断受到破坏。

2.湿地水文状况的变化

近几年，旅顺口区海产加工业逐步成为区域主要产业，许多湿地附近的居民在周边海域捕捞和加工海带，并将产生的大量污水无节制地排放至湿地。长此以往，打破了区域土壤的酸碱平衡，湿地的生态修复功能正在逐渐退化或丧失。目前，旅顺口区的天然水资源量仅为2320万立方米/年，人均占有地下水可采量仅为121立方米/年，是大连地区地下水资源最贫乏的地区之一。

3.湿地生物资源的变化

旅顺口区湿地内的生物多样性极为丰富。以旅顺东郊的龙湖国家湿地公园为例，湿地内共有国家重点保护野生动物9种，拥有两栖类2科2种，爬行类5科16种，兽类13科20种，鸟类25科98种。然而，由于近年来湿地受到人类活动的强烈干扰，原来2000公顷的双岛湾湿地，已有超过140公顷的面积被人工养殖占用，柏岚子湿地也正在被大面积填埋，使得老铁山自然保护区内生物的生存环境遭到严重破坏，无论是种类还是数量都已明显减少。

二、旅顺口区滨海湿地生态补偿机制的构建

（一）旅顺口区滨海湿地生态补偿的必然性

2013年，《大连市"水上旅顺"规划方案》编制完成，按照该方案要求，旅顺口区将围绕大潮口、老铁山、双岛湾及小孤山四大湿地公园，打造芦苇湿地、海洋湿地、野生动物栖息湿地和湖泊湿地为目标，对旅顺区域内的湿地进行综合管理，使生态系统更加平稳协调。这一方案的编制表明大连市政府已经意识到湿地资源对于区域可持续发展的重要性，旅顺湿地的保护正在逐步受到重视。

近年来，大连市及旅顺口区为湿地生态系统的保护与恢复做了大量的工作，投入的人力、物力和财力不计其数，而且这些努力也取得了一定的成果。例如，2015年4月，旅顺老虎尾湿地迎来了稀有鸟类黑脸琵鹭，这种全世界仅有3000余只的鸟类在旅顺停留了10多天之久。这些因保护和恢复湿地生态系统带来的环境、社会效益将惠及所有当地居民。

然而，保护必然会影响社区居民对于湿地资源的获取和利用。因此，谁来为保护和恢复湿地生态系统所花费的这笔巨大开支买单，如何构建长效稳定的湿地生态补偿机制，维护公平，保护滨海湿地生态环境，促进人与自然和谐发展，上述问题的破解

已迫在眉睫。

（二）旅顺口区滨海湿地生态补偿的理论基础

1. 生态补偿的概念

生态补偿一词最早由荷兰政府于 1993 年在解决全国 15 条高速公路的选址问题时提出，Cuperus 等进一步完善了生态补偿原理，确定了施行生态补偿的原则即首先避免生态损失，如果无法避免就要减少生态损失，然后再对损失部分进行补偿，即无净损失原则。

2. 生态补偿的理论基础

经过国内外学者的多年研究，普遍认为生态补偿有两大理论基础，即：庇古手段与科斯手段。庇古手段是指政府对破坏生态环境的市场主体征税，使其私人成本追加至社会成本，或者给予利益受损者一定的补偿，补偿费用等于生态环境破坏而造成的损失。然而，庇古手段的缺点在于，要想采用庇古手段必须要保证信息完整，政府要根据污染企业的私人成本和社会成本进行适当税收。然而，就旅顺滨海湿地而言，这些信息是难以确定的，有些湿地在几年前就已经受到破坏，现在已无法考证。即便是能够找到破坏湿地的人或企业，也无法保证其成本一成不变。这使得政府的税收量更加难以确定。

科斯手段在庇古手段的基础上提出了更为合理的解决方法。在旅顺滨海湿地补偿的问题上，可通过科斯手段让造成损害者和利益受损者进行协商，补偿金额不得低于因破坏湿地而造成的损失，不得高于造成损害者的收益，否则交易不能达成。通过科斯手段有利于社会利益达到最大化。然而，科斯手段也有其缺陷。因为只有在交易双方对外部性的评价相同时才有协商的可能，如果评价相左则无法进行谈判。科斯手段相对于庇古手段而言有些进步，但是不可避免的是仍无法取代庇古手段。

由于庇古手段和科斯手段都有各自的弊端，因此需要结合两者的优点，克服两者的缺陷，重新构建起科学合理、符合区域实际情况的生态补偿机制。

三、旅顺口区滨海湿地生态补偿机制的主要内容

（一）生态补偿的主体和客体

对于生态补偿的主客体要坚持"保护者受益，损害者付费，受益者补偿"的基本原则。其中，保护者是指滨海湿地的保护者，他们为生态环境的保护做出了贡献；损害者是那些对滨海湿地造成破坏的个人或企业，要交纳一定的罚款作为破坏生态环境的代价；而滨海湿地生态功能的受益者也要对保护区周边群众，以及为保护区做出贡

献者给予一定补偿。目前，由于我国大部分湿地归国家管理。因此，补偿的主体主要是湿地开发者及资源利用者。此外，目前的一些滨海湿地已经建成保护区，不再具有开发的可能，在今后的一段时间内，政府也将成为补偿的主体。滨海湿地生态补偿的客体应是滨海湿地的保护者与管理者以及因湿地生态环境破坏而利益受损者。

（二）生态补偿的方式

1. 政策补偿

政策补偿是指通过国家、省、市、区各级政府制定一系列优惠政策，并且能够适当地将权力下放，赋予下级政府制定优惠补偿政策的权力，以此促进发展筹集资金。保证这些优惠补偿政策能够使受补偿地区得到更好的发展。对于环境污染较严重，经济不发达的地区，给予合理的政策补偿是十分重要的。

2. 税费补偿

收取税费是最有效的经济手段，也是各界最为认可的补偿方式。具体的做法是：政府机关成立专门机构到各处湿地进行实地考察，设立专门的"湿地生态保护税"，根据不同受益者的受益程度缴纳不同金额的税金。所得的税金全部用来保护和完善湿地生态。通过对当地居民进行的问卷调查发现，超过40%的人同意通过税收的方式进行付费。税收在控制湿地污染上起到了至关重要的作用。

3. 资金补偿

资金补偿一般是由补偿双方经协商达成一致意见后，主体直接向客体进行一次性的现金补贴。这种方式具有补偿直接、投资效果快等明显优势。然而，资金补偿所消耗的费用过多，在对湿地保护无法找到确切主体时，这笔费用往往由政府承担，因此这种方式无法持续太久，只能在其他方式无法妥协时使用。

4. 实物补偿

实物补偿是指通过给予受补偿者土地、劳力、物质等实质性事物进行补偿的方法，其对于补偿者的经济影响较小，较容易接受，对于受补偿者也有实质性的帮助。这种方法也是真正能达到环境保护的有效方法之一。

5. 智力补偿

智力补偿是由补偿主体通过无偿输送专业人员到受补偿地区，或者无偿地将技术传输给受补偿群体，以此提高受补偿者生产技能、技术含量和管理组织水平。这种补偿方法是通过知识的传输促进湿地受到更加专业的保护。

6. 自愿捐献

可以效仿盘锦市红海滩湿地保护组织，成立湿地生态保护基金会，提倡机构或个人向基金会提供资金，以此保护滨海湿地。筹集到的款项可用来发放给滨海湿地保护者及利益受损者。资金来历透明化、公开化，能够调动公众的积极性，让更多的人了解到滨海湿地保护的重要性。

（三）生态补偿的标准

生态补偿标准是生态补偿机制的核心，在制定滨海湿地补偿标准时既要考虑到补偿者能接受的范围，也要让被补偿者感受到付出得到应有的回报。因此，要制定出一项双方都满意的补偿标准十分困难，这也是目前学术界研究的重点。

确定生态补偿标准主要有两种方法，一是核算法，以生态环境治理成本或生态环境保护投入和生态环境损失生态价值评估核算为基础来确定生态补偿标准的方法；二是协商法，是利益相关者就一定的生态补偿范围协商同意而确定生态补偿标准的方法。核算法是理性化的聘请专业人员就当地湿地情况进行评估而得出结果，以此来补偿的方法。协商法是人性化的通过人与人之间的沟通得出双方都能接受结果的方法。两种方法亦可结合起来使用，以达到兼容理性化与人性化的目的。

第三节 旅顺口区文化景观保护及利用研究

文化景观是指人类为了满足某种需要，利用自然界提供的材料，在自然景观之上叠加人类活动的结果而形成的景观。文化景观的概念及研究源于国外，美国地理学家苏尔创立了著名的文化景观学派，惠特尔西首创了"文化史层"一词，Dodge、Tomas、James等丰富和完善了"文化史层"理论，成为文化景观的重要理论基础。文化景观的内涵、定义、起源、变迁、感知和解释等构成了国外学者研究的主要内容。当前，在新文化地理学背景下，国外研究者已开始从对景观物质本身转向景观表征之下的意义及更深层次内容的研究。

我国的文化景观研究起步较晚，目前对文化景观的研究主要集中于文化景观的构成及类型、文化景观的保护及利用等方面。但大部分研究成果主要集中于乡村景观以及传统地域文化景观，对于近代城市文化景观的形成演化及保护与利用协调发展则鲜有触及。当前，在全域旅游发展的背景下，如何构建协调的文化景观将是促进区域旅游可持续发展的关键所在。

一、旅顺口区文化景观保护利用现状及问题

旅顺口曾是中国近代史上的政治、经济重镇，军事要地，也曾是近代中国重大历史事件乃至世界重大事件的发生地，保留了一大批保存完好的具有西洋风格、充满异

国情调的建筑，见表 8-1。

表 8-1 旅顺口区重点历史文化遗迹

序号	名称	建设时间（年）	建筑风格
1	旅顺日俄监狱旧址	1902—1907	近代俄罗斯建筑风格
2	万忠墓	1896	中式建筑风格
3	原关东都督府旧址	1900	近代俄罗斯建筑风格
4	旅顺博物馆	1905	罗马复兴与新古典和式风格折中主义建筑
5	旅顺火车站	1900	俄罗斯古典建筑风格
6	旅顺医院	1902	文艺复兴建筑风格
7	罗振玉大云书库	1931	中西合璧式民居
8	原旅顺船坞旧址	1883	中国古代建筑风格
9	原赤十字医院旧址	1900	近代俄罗斯建筑风格
10	原师范学堂旧址	1901	近代俄罗斯建筑风格
11	原大和旅馆旧址	1903	近代俄罗斯建筑风格
12	善耆旧居	1903	近代俄罗斯建筑风格
13	原关东军陆防副司令官邸旧址	1900	近代俄罗斯建筑风格
14	原工科大学旧址	1900	俄罗斯古典建筑风格
15	原关东军司令部旧址	1900	近代俄罗斯建筑风格
16	俄清银行旧址	1902	近代俄罗斯建筑风格
17	原高公宿舍本馆旧址	1903	近代俄罗斯建筑风格
18	原沙俄旅顺普希金小学旧址	1898	近代俄罗斯建筑风格
19	原沙俄康特拉钦柯官邸	1903	近代俄罗斯建筑风格
20	北洋水师海军公所旧址	1890	中国古代建筑风格
21	原关东州民政厅旧址	1900	近代俄罗斯建筑风格
22	原沙俄太平洋舰队司令官官邸	1898	中国古代建筑风格

据实地调研发现，旅顺口区的文化景观保护存在以下问题：产权制度缺乏，不能统一管理；快速城市化与有限土地之争；"旧城改造"引发"建设性破坏"。目前，这些近代建筑有的还在使用，有的则已空置。在建筑质量方面，大多数建筑主体结构还保存完好，但一些建筑附件如屋面、门窗、木构架等已损坏，墙面脱落，楼板遭腐蚀，缺乏维护与管理，目前已无法满足生活需要。个别单位及个人为改良居住环境，已将一些历史建筑改造甚至拆除。房地产开发商的开发拆迁也已经进入其中，而政府部门又缺少必要的资金来维护、整修和开发，如何合理保护和利用区域历史文化景观已迫在眉睫。

此外，旅顺口区发展文化旅游的思路尚不明晰，文化产业要素发展严重不足。虽然本区的历史文化资源丰富广博,但是如何承继历史文脉,拉动文化产业与旅游产业上档次、上规模,尚无清晰的规划思路与行动路径。由于各种原因,从事文化产业的企业数量少,规模小,发展思路不清,国际化视野不足。支撑文化旅游产业的基础设施与载体较为落后,具有代表性的高档酒店、宾馆和文化集聚区尚属空白,具有重要意义的历史文化名城建设一直没有得到系统规划实施,同时文化产业发展的政策体系、产业配套服务体系、投融资体系和公共服务平台等还需大力建设和完善。

因此,应尽快形成科学规划、研究保护与利用对策、制定相关法规,挖掘旅顺口区历史文化价值、社会价值、经济价值、环境价值,变包袱为动力,使本区焕发生机和活力,为全域旅游的发展服务,为提升整个城市的文化品位服务。

二、旅顺口区文化景观保护利用对策与建议

(一)加快太阳沟历史文化街区保护建设

太阳沟历史文化街区位于白玉山西侧的新市街,面积为124.75公顷。北靠青山,南临碧海,呈北高南低的地势;东西以河流与城区相隔,环境高雅。区内居民皆有在房前屋后植树养花的习惯,使这一地区鲜花绚丽绿树成荫,并与北部青山融为一体。空气清新,景致怡人,造就了这里宜人的居住环境。太阳沟历史文化街区是本区文化景观保护与利用的核心区,应抓紧完成相关的总体策划、定位分析、发展战略与模式、空间布局与功能分区等工作。

1. 做好规划编制前期的现状调查工作

组织成立城市历史文化资源普查工作组,对太阳沟历史文化街区和老城区的历史与现状资源进行多层次地毯式的翔实调查,包括房屋的建筑形式、使用性质、建筑年代、配套设施以及业主的改造意愿等,并进行分类、登记,再进行评价,从而确定保护建设紫线,提出规划建议。

2. 做好总体规划和控制性详细规划

实行分阶段、由整体到局部、由概念规划到详细规划直至修建设计的循序渐进方法,编制《太阳沟历史文化街区保护控制规划》,向社会公示,广泛征求意见,并邀请全国历史文化名城保护专家委员会资深专家莅临指导,修改完成后报大连市人民政府批准。

3. 做好调研资料归档建库

将现状调查收集到的大量资料按区域环境、建筑构件、窗及窗拱、阳台、立面花饰、柱式、店面铭牌、斗拱、门及入口和屋脊形式等部分编制完成《太阳沟历史建筑——图库索引》,详细记录建筑的门牌号、立面照片、朝向、风貌、质量、年代、层

数、使用性质、建设情况及周边环境等，为保护修缮街区历史建筑提供强有力的数据支持，也为旅顺老城区等其他历史文化街区改造提供参考，为政府创建操作性强的管理平台。

4. 制定整体保护建设和修复细则

要完整保护历史文化街区的整体空间格局不变，保护现存街巷、广场的空间尺度，建筑界面空间的基本特色，对破坏的部分根据整体风貌协调原则尽可能给予修复。强调空间景观的熟知性营建，编制地方构造标准图，组建历史建筑修复专业技术队伍，制定规范建筑市场的标准。引入"有能力的社会人士"共建历史文化街区，建立和制定一个有利于保护建设和引进的机制。

5. 开展空间布局规划

在太阳沟历史文化街区先行划定124.75公顷的旅顺口区文化景观保护及利用起步区，对该区域进行空间布局规划，按历史文化建筑的分布状况和特色差异划分成不同的功能区，深层次挖掘历史建筑的文化内涵，确定合理性开发方案，形成完整的空间结构体系和合理的街区网络，发挥太阳沟核心区的整体效应。

构筑"一核、四区、三带"发展格局："一核"——"东方太阳城"文博展览中心；"四区"——"旅顺·1898"文化休闲区、"自由港"文化创意区、日本风情街区、俄罗斯风情街区；"三带"——贯穿整个太阳沟历史文化街区的"一横两纵"景观廊道，并在短期内形成示范效应，见图8-1。

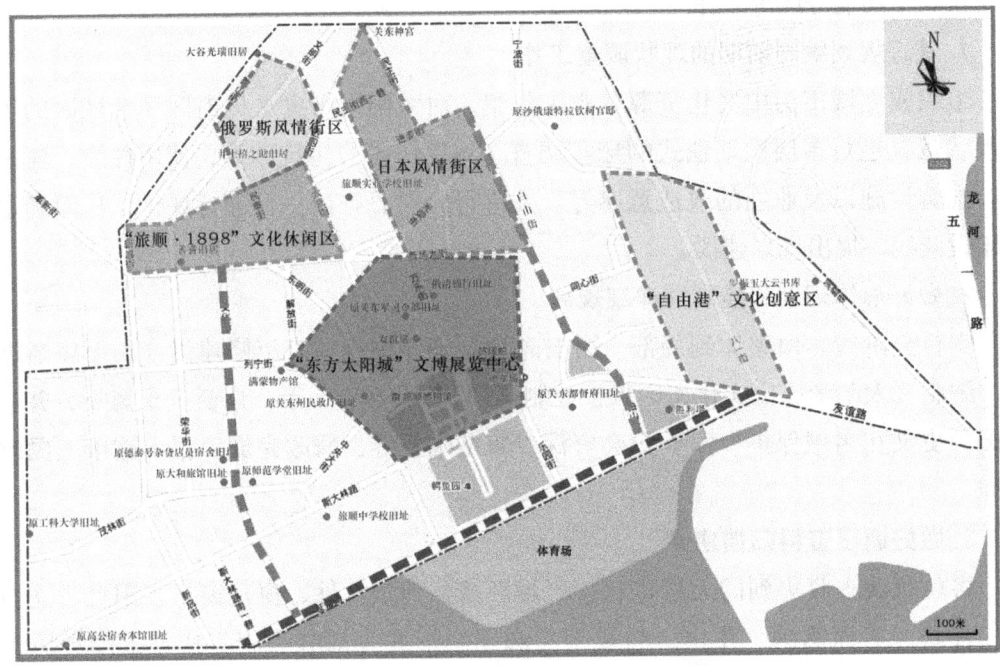

图8-1 太阳沟历史文化街区功能分区图

近期主要完成街区建筑风貌整治工程,并先期启动核心项目——"旅顺·1898"休闲商业街,以核心项目吸引人气,引爆街区开发热潮,带动其他片区,尽快营造太阳沟的旅游氛围和商业氛围。

尽快启动太阳沟核心项目——"旅顺·1898"文化休闲区的基础设施改造完善工程。包括商业街住户搬迁、项目招商与业态引进;名人故居、博物馆修旧如旧;游客服务中心和停车场改造;休闲商业街街道景观美化以及铺装、完善夜间照明系统;修缮老建筑,适当移植复制区外的老建筑,统一街区建筑景观风貌;主题特色街区和民居改造工程,科学规划俄式和日式风情街区,形成不同的街区景观。

(二)大力发展文化旅游产业

1. 文化旅游业

发挥碧海、蓝天、绿林和名城良好的组合优势,以和平文化为核心,军港文化为特色,以建设滨海文化体验带为重点,改革旅游业现有体制,加强导游队伍建设,淡化门票经济,围绕文化旅游主题,打造遗产旅游、军港文化体验、滨海时尚休闲、海岸生态度假、工业文明旅游等品牌,构建支持深度旅游的产业体系,实现旅顺由"过路观光地"向"全域旅游目的地"转变。

(1)发展文博会展业

依托历史文化街区丰富的历史遗存、严整的街坊里弄以及现存的旅顺博物馆等著名建筑,修建表现特定文化内涵的主题性博物馆,成为历史文化街区传统功能更新的重要手段。在新城区和文化产业园区建设大型国际会议中心,争取举办国际和平发展论坛、国际文化产业发展论坛和国际海洋文化论坛等,抢占国际文化产业论坛高地,构建中国会展业"南博鳌,北旅顺"的新格局。

(2)发展工业文明旅游

依托旅顺近代工业文明发祥地、北洋船坞遗址、烟大码头、中远造船等历史和现代的工业文化资源,保护和还原生产设备、厂房建筑以及开发数码模拟生产场景等,增加厂区的文化内涵和体验深度,吸引人们来此了解中国近现代造船工业的历史和文化,形成旅顺口区以工业文明为核心价值的旅游精品路线。

2. 影视文化产业

(1)影视产业

影视产业将发展成为旅顺口区文化产业中的支柱产业。依托区域优越的生态环境和国际知名的历史文化,以独特性、国际性和高端性为要求,以闯关东影视基地为中心,加快市场主体培育,加大数字化和网络化建设,逐渐形成集剧本原创、影视制作、版权交易、主题体验和衍生产品研发于一体的产业生态群落,充分发挥影视产业的引领和拉动作用。

（2）演艺娱乐产业

在改善和提升旅顺剧场、海军俱乐部等已有演出场所的基础上，结合时尚休闲体验区的建设，以打造东北亚滨海演出中心为目标，积极筹建国际一流水准的演艺场馆，吸引和鼓励国内外顶级娱乐机构和国际品牌剧目到本区投资和演出，积极创排以和平和谐为主题的《军港之夜》等大型演出剧目，塑造旅顺口国际性演出品牌；同时，加大演艺业与影视业、文化旅游业的互动结合，不断延伸演艺娱乐产业链。

3. 休闲文化产业

（1）休闲体育

利用区域三面滨海、环境优美和文化特色突出的优势，以海上时尚运动中心建设为重点，大力发展大型海上运动项目，同时通过承办和举办各类国际性赛事，加大营销造势力度，打造具有旅顺特色的国际休闲体育品牌，构建集竞技赛事、极限运动、体育娱乐、体育培训和相关产业开发为一体的海上休闲体育产业。

（2）休闲农业

以建设土羊高速创意农业带为重点，以沿线的森林公园、樱花园、农业试验区和高科技农业区为依托，运用创意思维，将农业劳作活动转化为艺术行为，将农业产品转化为文创产品，提高产品文化内涵和产业附加值，打造集创意农产品生产销售、民俗体验、特色美食和野趣娱乐于一体的创意农业产业链，推进全域旅游发展。

4. 新兴文化产业

（1）数字产业

依托现有产业基础，加大对旅顺南路软件产业带、大学文化产业园、中科院科技创新园的支持，重点扶持和引进软件及信息服务、动漫游戏、数字出版、无线增值服务等行业的龙头企业，构建集技术研发、生产制作、外包服务和物流集散于一体的数字产业链，推动数字产业的快速健康发展。

（2）艺术产业

依托时尚都市大连，借鉴韩、日等艺术设计大国的先进经验，创新产业管理模式和运营机制，通过鼓励大型设计公司入驻、邀请著名艺术家建立工作室、支持驻区高校发展艺术院系等形式，打造以工业和时尚设计为主的设计产业链，逐渐将旅顺口区建设成为国际知名的东北亚设计服务基地。

（三）深化体制改革与机制创新

1. 体制改革

旅顺口区文化景观保护及利用的首要任务是管理体制改革。由于本区由军港发展起来，许多具有历史意义的建筑为部队所有，保护及利用文化景观必须协调军地双方的利益和管理职能，成立由军地双方共同组成的高级别的管理委员会，实现由多方行政管理区向综合的文化经济功能区转变。

2. 机制创新

（1）投融资机制创新

搭建合理的管理架构和资金筹措平台，构建高效的执行机构，提供充足的资金保障。创新产业投融资机制，建立信用担保体系。政府与相关商业银行、担保公司和评估机构合作，推动建立文化产业无形资产评价机制，实现无形资产的有效质押；成立文化产业专门投资组合机构，形成以动员社会资金为主、官民合作的运作方式，大力鼓励和引导非公有资本及海外资本进入文化产业；同时，大力支持有条件的企业改制上市，拓宽投融资渠道。

（2）人才培育长效机制创新

积极制定产业发展人才需求规划，大力支持驻区高校扩大和增设与区域文化产业门类相关的学科和院系，加大地区与高校、企业的合作，建立大学文化产业园，吸引大学生就地就业、创业、兴业；大力吸引区外教学科研力量，加强与中国传媒大学文化发展研究院等机构合作，建立高校科研分支机构；积极邀请国外著名院校或社会研究机构来旅顺建立研究基地。通过联合办学、建设创业基地和成立著名院校分支机构等多种形式，为本区创意人才需求提供长久保障。同时，大力打造国内一流的中小学教育体系，发挥"名中、小学效应"，增强地区吸引力和凝聚力，为产业发展提供人才储备。

3. 考核指标体系创新

改革创新指标考核体系，把文化景观保护及利用情况作为供给侧结构性调整，转变经济发展方式的重要指标。建立区域差异化考核体系，建立由经济指标、生态指标、社会发展指标等多项指标加权形成的综合指标。以各区域资源禀赋、发展潜力及其在旅顺口区经济社会发展中的功能作用为依据，将旅顺口区划分为经济、生态、社会等不同功能区，依据区域的类别对各指标赋予不同的权重。同时，根据评估评价体系，把发展情况作为评价指标纳入对各级党委、政府领导班子和领导干部的考核体系中，建立长效机制，实现长远发展。

建立和完善领导小组议事制度、联络员制度、信息通报和主要经济指标季报制度等工作制度，确保规划确定的目标、任务和各项措施得到切实的贯彻和落实。在不改变所有制关系的前提下，通过租赁关系和利益机制，理顺关系，灵活解决历史文化街区内的所有制复杂矛盾，使各保护单位或利益主体在利益共享等共赢条件下达成共识，广泛汇聚各类社会资源共同创建历史文化名城。

具体可考虑由政府主导下的大连旅顺文化旅游集团有限公司或其他有实力的国有资产公司，统一出资收购或统一租赁历史文化街区内各个单位的使用权，经过规划包装后，再向国内外广泛推介、招租、引资、引智。

（四）申报国家历史文化名城

依照申请国家历史文化名城的程序和内容要求，成立专门机构，组织申报专家，借鉴成功地区的经验，做好规划管理工作，并汇总、提交申报的各项材料，接受国家有关部门的验收和指导。

1. 启动申报程序

成立专门的申报机构，拟订出详细的工作计划。程序和步骤是先由区政府争取大连市政府支持，再由大连市政府向省政府申报，最后再由省政府向国家住房和城乡建设部申报。整个申报过程力争3年内完成。

2. 收集、整理、编撰和录制申报材料

主要包括：填写历史文化名城申报表；撰写历史文化名城资源评价报告；绘制相关图件；录制能反映历史文化传统风貌的音像或视频资料；提供专家评审意见等。

3. 履行申报程序

国家历史文化名城的申报，首先由大连市人民政府向省政府出具请示，并附报相关申报材料：一是《旅顺历史文化名城保护规划》；二是《旅顺历史文化名城保护办法》；三是《旅顺申报国家历史文化名城简本》。

然后，由省政府向国务院提出申请，住房和城乡建设部会同国家文物局组织专家进行论证。在专家评审前需准备以下材料：一是关于历史文化名城保护的一系列地方文件；二是旅顺历史文化名城申报电视片；三是反映旅顺历史文化的摄影集、画册、图书等影像资料、书籍。经专家论证提出审查意见后，报国务院批准公布。

第四节　旅顺口区创建历史文化名城的现实困境与发展路径

一、历史文化名城相关概念

根据《中华人民共和国文物保护法》，历史文化名城是指"保存文物特别丰富并且具有重大历史价值或者革命纪念意义的城市"。根据国务院公布的《历史文化名城名镇名村保护条例》规定，申报历史文化名城必须具备以下4个条件：（1）保存文物特别丰富；（2）历史建筑集中成片；（3）保留着传统格局和历史风貌；（4）历史上曾经作为政治、经济、文化、交通中心或者军事要地，或者发生过重要历史事件，或者其传统产业、历史上建设的重大工程对本地区的发展产生过重要影响，或者能够集中反映本地区建筑的文化特色、民族特色。

二、创建历史文化名城的意义

（一）构筑城市文化精神

旅顺口的城市历史文化精神充满了悲情与悲壮。宽厚包容、高贵典雅、坚韧不拔、自强不息是当代旅顺的城市文化精神，是旅顺宝贵的非物质文化财富，是大连城市文化精神的重要组成部分，像图腾一样铭刻在旅顺的城市建筑上。通过创建历史文化名城，有利于发掘整合区域历史文化资源，弘扬城市文化精神，增强城市的凝聚力与国际影响力。

（二）促进区域经济转型

通过历史文化名城的创建，可以转变经济增长方式，打破现有的经济增长方式，打破以政府为主导的经济促进机制，实现区域经济的转型发展，实现由开发利用资源型经济向开放服务型经济转型，促进旅顺口区经济的可持续发展。依托区域丰富的文化遗产资源、战争遗迹，顺势而为，可以将旅游资源优势转变为竞争优势，以遗产观光、历史科考、海滨休闲度假、娱乐休闲等为主题，加快本区全域旅游发展，促进以旅游业为主体的服务业的大发展。

（三）带来丰厚的经济效益

创建历史文化名城，一方面，可以保护历史文化街区和文化遗产；另一方面，可以增加城市的知名度。因为历史文化街区、文化遗产本身就是旅游资源，它们具有多重价值。保护文化遗产、战争遗迹，恢复历史文化街区风貌会促进旅游业的发展。战争遗迹、文化遗产、历史文化街区的保护可以增加城市的知名度，同时旅游业的拓展可以给城市带来信息、资金等联动经济效益，吸引外资到地方投资设厂。历史文化街区保护的连带经济效益，还表现为带动吃、住、行、游、购、娱等服务业的发展，完善城市功能。

（四）形成显著的社会效益

历史文化名城的氛围具有寓教于乐的功能，可以对旅游者、居民进行爱国主义教育和普及推广历史文化知识，此外也为考察历史城市及建筑提供了宝贵的原始素材。

名城荣誉会激发各利益主体创建的积极性和主动性，进而促进更多的历史价值地区和文物得到保护，珍贵遗产、遗迹会得以保留，历史文脉会得以延续。

（五）获得良好的生态效益

经由开发高端低碳的文化休闲产业，不但可以增加当地居民的财富收入，还能够促使资源合理利用，提升资源利用效率，增进节能减排，改善区域生产环境及人居环境，有效保护生态环境与历史文化资源，并带来丰厚的生态效益，居民可以从优美的生态环境中永久受益。

三、基础条件分析

（一）近代中国乃至世界重大历史事件发生地

旅顺口曾是中国近代史上的政治、经济重镇，军事要地；也曾是近代中国重大历史事件乃至世界重大事件的发生地，包括中日甲午战争、日俄战争等；它因拥有众多珍贵的文物遗迹、战争遗迹而享有盛名。

（二）具有保留完好的历史文化街区

从1880年开始，清朝政府在这里扎营盘、筑炮台、修船坞、建军港、设立水师兵营，使之成为亚洲著名的军港而驰名海内外。19世纪末至20世纪上半叶，旅顺口屡遭帝国主义列强的践踏和蹂躏，沙皇俄国曾统治旅顺口7年多，日俄战争结束后，旅顺口又被日本殖民统治长达40年之久。在反侵略、反压迫、反殖民统治的斗争中，留有大量的历史遗迹和历史建筑。

（三）多元文化的交流地

自古以来，旅顺口就是我国关内与关外文化互动的枢纽。由于旅顺的地理位置，与山东半岛通商联姻的传统由来已久，特别是在元明两朝，旅顺地区有一段相当长的时间归属于山东登州府管辖，由于这种历史渊源关系，促使旅顺成为关内和关外文化交流的枢纽，留有大量的珍贵遗迹、遗址及遗产。

近百年来，旅顺成为中西文化交融场所。日本、俄罗斯和朝韩等国的舶来文化与本土独特的山海人文风韵在这里交融生长，积累了丰富而又独具特色的文化资源。旅顺口区的文化影响力直达日、韩、俄等东北亚各国乃至欧洲各国。久远的历史文化和丰富的人文古迹赋予了旅顺口"露天博物馆"的称号；近代历经洋务运动、中日甲午战争、日俄战争等重大事件，既是朝韩民族的爱国义士安重根烈士的就义之所，又是

"二战"中国战场的终结之地,堪称"半部中国近代史"。

四、城市建设中的认识误区

(一)重视城市更新,忽视文化传承

随着城市居民生活水平逐渐提高,对基础设施改善和良好生活环境的诉求也进一步提升,老城区正在经历城市更新与旧城改造的高潮。很多人认为历史文化街区和文化遗迹等形象破旧,没有价值;也有人认为其是落后的标志,已经过时,不能满足当前人们生活生产需要。正如阮仪三所说,"作为一种重要的资源,城市历史文化遗产没有在城市经济发展中发挥重要作用,而被当作发展的障碍物—除为快"。

(二)重视经济价值,缺乏全面考量

历史文化街区和文化遗迹、遗址往往占据城市的中心位置,区位优势明显,地产开发潜在的经济价值巨大。因此,很多人觊觎这些地区,而且认为这些历史文化街区和文化遗产等不合今用,其存在是浪费用地。也有人认为它阻碍发展,不利于成片整区开发。

总而言之,历史文化街区和文化遗迹、遗址等不仅具有潜在的经济价值,还具有历史文化科考价值,承载着城市的发展历史,表征着它曾经的身世,是文化的积淀。同时,历史文化街区也是彰显城市自身特色的一张名片。

(三)殖民色彩浓厚,国耻不宜宣扬

旅顺口区众多遗迹为殖民统治者所留下,很多人认为不宜作为遗迹、遗产加以保护,更不能对其进行宣传,理应清除殖民地色彩,拆毁古建筑。其实,这些主张是不负责任的,更是不可取的。保留战争遗迹、殖民遗产,可以见证旅顺口曾经经历的沧桑,也可以教育后人,促进世界和平。

五、现实困境

(一)产权制度缺乏,不能统一管理

新中国成立以来,旅顺口作为我国主要的军事基地之一,既有重要的军事设施,同时也是边防军队驻地,很多历史文化街区、遗址古迹为军队所有。此外,还因为历史遗留等原因,很多近代战争遗址及遗迹的归属问题、管理问题没有明确的、统一的责任主体。尽管以太阳沟为主体的老城区内很多近代遗迹在军队管辖范围中而没有被

破坏，然而，由于很多历史文化街区、遗址古迹所属关系多元、房屋产权关系复杂，有的产权关系甚至缺失，导致很多街道与房屋年久失修，其他利益主体因为街区和遗址古迹的产权不明，以及其多头管理等因素，不愿意参与开发与保护工作。进而，导致保护与开发的资金来源渠道少，保护资金严重匮乏，区域众多珍贵遗产得不到修缮保护，历史建筑陈旧，安全隐患严重；传统风貌和非物质文化正在消失；其价值也得不到充分利用。因此，明确责任主体，明晰产权关系，制定历史文化街区的保护与开发规划，吸引保护与开发资金，对于旅顺口区创建历史文化名城意义非凡。

（二）快速城市化与有限土地之争

随着旅顺口区被确定为大连市主城区，旅顺口区总人口达 27 万。自 2009 年，实现全面对外开放后，旅顺口区又于 2011 年被全域纳入辽宁沿海经济带重点发展区域，城市核心区建设步伐加快，实施了行政区搬迁，建成旅顺大学园区，完善道路、供水等基础设施。城市基础设施建设以及环境保护工作得到加强，这为旅顺口区未来加速城市化进程奠定了物质基础和管理保障，也为旅顺口区率先实行全域城市化提供了有力保障。

然而，旅顺口区土地资源等要素十分有限。因此，集约节约合理使用土地资源，尤其是建设用地资源，建设资源节约型和环境友好型城区，对于缓解快速城市化与有限土地之间的矛盾显得非常必要。

（三）"旧城改造"引发"建设性破坏"

旅顺口区城市的建设过程中虽然已经具备了一定的保护意识，但在具体操作过程中，缺乏超前和系统的保护措施及保护方案，以至于"建设性破坏"的事件频频发生。一些部门和个人为了追求经济效益最大化，不合理地要求"就地平衡"，盲目拆旧迎新，造成历史文化街区的格局被破坏，珍贵遗产被野蛮拆除，使得本区部分珍贵遗产及其环境遭到毁坏。因此，制订旧城保护规划，并加快落实，保护历史文化街区和珍贵遗产迫在眉睫。

六、制约机制分析

历史文化街区、珍贵遗产是否得到保护性开发，或者被破坏拆除，受到街区客观条件、相关利益主体的利益诉求及其利益博弈等诸多因素的影响。若受到短期、局部利益驱动，加之对街区、珍贵遗产的规划与管理方法不当，会对历史文化街区、珍贵遗产采取粗暴方式——拆旧迎新，造成对历史文化街区、珍贵遗产的毁灭性破坏。

相反，如果受到长期、全局利益驱动，加之对街区、珍贵遗产的规划与管理方法得当，会对历史文化街区、珍贵遗产采取保护性开发，使得历史文化街区、珍贵遗产得以传承，其价值将会在保护性开发的过程中逐步释放（见图8-2）。在各利益主体进行利益博弈的过程中，利益主体的保护意识是根本，开发与保护的资金是关键，相关制度及政策是核心，它们将决定博弈的结果。

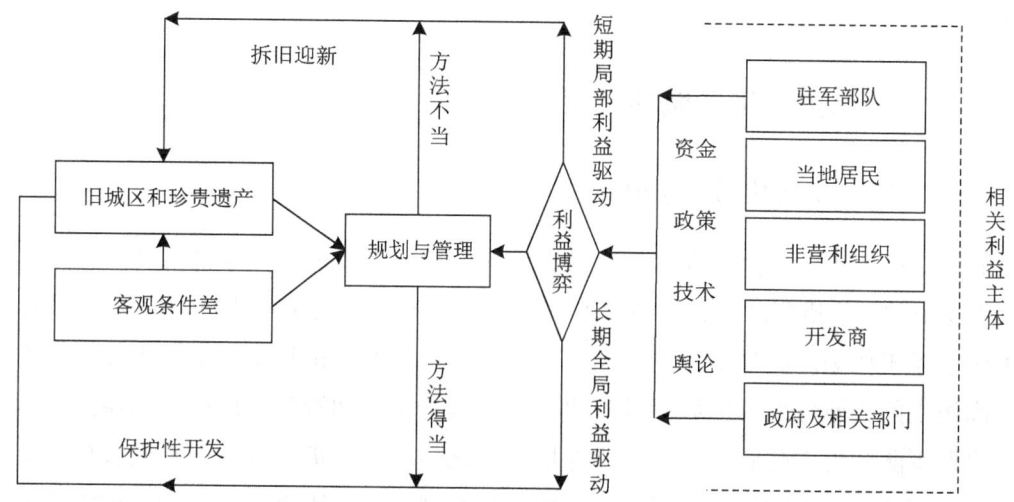

图8-2 历史遗迹保护与开发的制约机制分析

造成制约机制的原因主要有以下几个方面：

（一）客观条件制约

由于受到经济发展水平、时代背景、历史基础等一系列客观因素或条件的制约，比如：①城区人口密度过大；②多数古老房屋危险残破，或经过多次翻建失去原貌；③投机的房地产开发；④无序的交通；⑤大部分平房区生活质量很差，水、火隐患不能排除；⑥许多历史文化街区已经插入不少艺术质量低下的非传统风貌的永久或半永久建筑，传统风貌残缺不全。

（二）相关利益主体参与

①开发经营者，只有在靠近有历史基础的地方，开发经营才有较高的回报率；②城市领导者，在人们最容易见到的地方，才最能表现其政绩，才能得到赞誉；③一些蹩脚规划师、建筑师，要么不懂，要么迎合，从大拆大迁中得到好处；④部分居民，原来无力通过自己改善居住条件的，可能从拆迁中得到一定的补偿（被强迫命令者除外）。

（三）规划与管理失误

将历史城区和现代城市两种不同的城市功能强行叠加在同一空间。历史城区保护所要求的是文化遗产的真实性与完整性；而现代城市所需要的是交通便利和工作高效。两种互为矛盾的城市功能被人为地置于激化的焦点之上，造成相互排斥、互相掣肘。随着城市化的加速发展，历史城区往往又被赋予新的更加强大的城市功能，对原有的保护规划构成新一轮挑战，历史风貌不断地消失，传统道路不断地拓宽，文物建筑不断地被拆除。

七、创建历史文化名城的对策

（一）建立历史文化名城保护管理机构

旅顺口区大多数历史遗存因部队管理而被保存下来，但也由于部队的管理不善使一些有价值的建筑遭到破坏和拆毁。由于90%以上有价值的历史建筑物仍属军队管理，地方政府难于作为。旅顺不单是中国军方和地方政府的，也是中国的和世界的。建议成立高级别的权威性的军地联动常设机构直接负责保护和管理，协调各利益主体的关系，协调军队和地方政府的关系，确保历史文化名城的保护、开发与有效管理。应成立由解放军总参谋部和旅顺口区政府组成的高级别的旅顺历史文化名城保护管理委员会，以明确责任主体，协调各利益主体关系，确保旅顺历史文化名城的保护、开发与管理。

组建保护机构，组织专家，对旅顺区全域进行翔实的现状调查。对每个建筑的使用性质、建造年代、结构状况、内部设施以及原始风貌等情况进行调查和测绘，重点对木结构的安全性进行鉴定，对一些文保建筑开展细心勘察、精心测绘，为旅顺创建历史文化名城打下基础。

（二）成立历史文化名城保护与开发建设机构

坚持以"政府为主导，企业为主体，市场为导向"的原则，通过向社会公开招标，让投资商或企业来参股，共同组成投资开发公司，以公司为主体，实现在旅顺国家历史名城保护管理机构的领导下开展投资与经营活动。

（三）积极保护历史文化街区，保证保护工作有效得力

1. 控制是保护的基础

"控制"应当是第一阶段的目标。目前的任务是，划定明确的保护区范围，控制拆除，防止人为破坏。

2. 加强宣传教育，引导居民参与

上一阶段的控制可能在一定时间内使得保护区的环境和基础设施得不到很大改善，

为了减少恶化需要投入更多的维护费用，这也是代价之一。因此，作为第二阶段的主要内容，加强宣传教育，得到社区的理解与支持，引导居民参与其中显得尤为重要。

3. 历史文化街区风貌全景归复

第三阶段，通过整治、更新原物保护历史建筑，完整保护街区肌理，梳理轮廓，全面复归历史文化街区固有的尺度、格调、风貌。

（四）举办旅顺历史文化名城论坛活动

加强创建历史文化名城的"借势"与"造势"活动，通过有影响力的论坛等学术活动的策划与实施，吸引国内外公众的参与和注意，并通过新闻媒体渠道，形成新闻热点，不仅可以形成短期的冲击力，而且有助于塑造旅顺口区长期的良好社会形象。

（五）社区主体，全民参与

以历史文化街区所在的社区为主体，动员全体居民积极参与创建活动。通过培训教育，将"沟通关联"和"培育情感"作为公民的应尽职责，积极倡导社区居民成为文化遗产保护的知情者和受益人的理念。

（六）建立并逐步完善保护建设相关法规

首先，明确责任主体。文物行政主管部门负责历史文化街区、历史建筑、不可移动文物的保护、管理和利用等工作。其次，采取严格保护措施。核心保护范围和建设控制地带的范围要列入保护规划，报市、区人民政府批准并予以公布。最后，明确保护禁令。对违反禁令者要按国家和省市区有关法令惩处。此外，规划城市紫线，加强对历史文化街区的保护。

第九章

旅顺口全域旅游示范区建设研究

第一节　全域旅游示范区建设背景

一、国家背景

《国务院办公厅关于促进全域旅游发展的指导意见》（国办发〔2018〕15号）中明确提出"创建全域旅游示范区"，全域旅游已上升为国家战略。"国家全域旅游示范区"创建时间原则上为2年至3年，凡列入示范区名录者，将优先纳入中央和地方预算内投资支持对象，优先支持旅游基础设施建设，优先纳入旅游投资优选项目名录，优先安排旅游外交、宣传推广重点活动等。目前，全国已拥有500家全域旅游示范区创建单位，其中，大连瓦房店市和庄河市位居其列，同时大连金普新区也启动了全域旅游示范区的创建工作。

二、区域背景

2019年3月，旅顺口区启动了全域旅游示范区创建工作，计划用三到五年时间，创建国家全域旅游示范区，实现旅游发展全域化、旅游供给品质化、旅游治理规范化、旅游效益最大化的发展目标。把推进全域旅游示范区创建工作作为本区厚植高质量发展基础，推进服务业转型升级的重要载体。据悉，旅顺口区将聘请专业资深团队编制全域旅游发展规划，在区域产业布局、基础设施建设、资源统筹整合上做到"多规合一""一体推进"，突出"全区域""全要素"理念。秉持保护与开发并重，树立保护文物和"绿水青山就是金山银山"的理念，统筹旅游资源保护开发，遵守自然保护区、风景名胜区等法律法规要求，严守生态保护红线。充分利用山、海、河、森林及历史遗迹等静态旅游资源，通过提升科技水平、注入文化内涵、推动绿色发展等方式，加速旅游＋文化、旅游＋教育、旅游＋农业、旅游＋服务业、旅游＋工业等产业融合。

落实中小旅游企业扶持政策，促进旅游领域创业和就业，引导本区旅游企业实现创新发展。同时，旅顺口区深入推进"文明美丽家园建设"专项行动，抓好文明美丽家园建设，夯实全域旅游发展基础工程。

2019年9月25日，国家文化和旅游部公布了首批国家全域旅游示范区名单，共71个区县市。现阶段，旅顺口区正处于创建"国家全域旅游示范区"的关键时期，对照《国家全域旅游示范区验收标准（试行）》（以下简称《标准》），在诸多方面仍存在较大差距。根据实地调查发现，本区目前旅游发展中主要存在以下几个方面的问题，包括：旅游产业规模远未形成，未能发挥带动作用；旅游产品、业态类型单一；旅游＋新业态发育程度与旅游产业融合开放力度不足；旅游信息化和旅游咨询服务体系有待完善等。特别是"供给体系"方面的问题尤为值得关注，本章基于供给侧结构性改革背景，对旅顺口区全域旅游发展供给体系进行系统研究，以期为本区创建"国家全域旅游示范区"提供参考与借鉴。

第二节　旅顺口全域旅游示范区供给体系建设比较研究

一、全域旅游示范区供给体系构成要素

在传统的景点观光旅游模式下，封闭的景点与开放的社会是割裂的，有的甚至是相悖的，导致景点内外"两层皮"。当前，旅游业已发展至大众旅游和个性化游、体验游为主的时期，以往的景点观光旅游模式已无法满足当前旅游发展的需求。现阶段，我国旅游发展中亟待解决的突出问题即：在新形势下，旅游者日益增长的需求与当前有待改善的旅游供给之间的矛盾，包括旅游产品及服务设施的供给与广大人民群众极速增长的旅游需求不相适应，旅游企业对门票经济的过度依赖与广大人民群众的心理预期不相适应等问题。

因此，必须通过积极探索科学的全域旅游发展模式以促进旅游产业的供给侧结构性改革，对全域旅游发展进行顶层设计研究，对全域旅游供给体系中各组成要素进行综合分析，科学构建全域旅游供给体系。全域旅游发展的重点任务是对生产要素的重组与整合，不仅包括旅游资源，市场、交通、城市载体及地方特色产业都应是旅游开发所依托的重要资源基础。因此，要构建起以旅游为载体的综合型产业结构，通过产业融合互补扩充服务内容，丰富服务门类，延伸产业链条，推动旅游产业由"小旅游"向"大旅游"转型。

《办法》指出，国家全域旅游示范区要求旅游供给要素齐全，布局合理，结构良

好，假日高峰弹性供给组织调控有效；旅游业带动性强，与文化等相关产业深度融合发展，业态丰富，形成观光、休闲、度假业态协调发展的产业结构，综合效益显著；具有不少于1个国家5A级旅游景区，或国家级旅游度假区，或国家级生态旅游示范区；或具有2个以上国家4A级旅游景区。

《标准》指出，国家全域旅游示范区要求旅游供给要素齐全，旅游业态丰富，旅游产品结构合理，旅游功能布局科学。《标准》设置了8个单项验收指标，共计1200分。其中，"供给体系"一项为240分，为8个单项验收指标中的最高分值。"供给体系"具体包括：旅游吸引物（50分）、旅游餐饮（35分）、旅游住宿（35分）、旅游娱乐（35分）、旅游购物（35分）、融合产业（50分）6个方面，具体评定标准见图9-1。

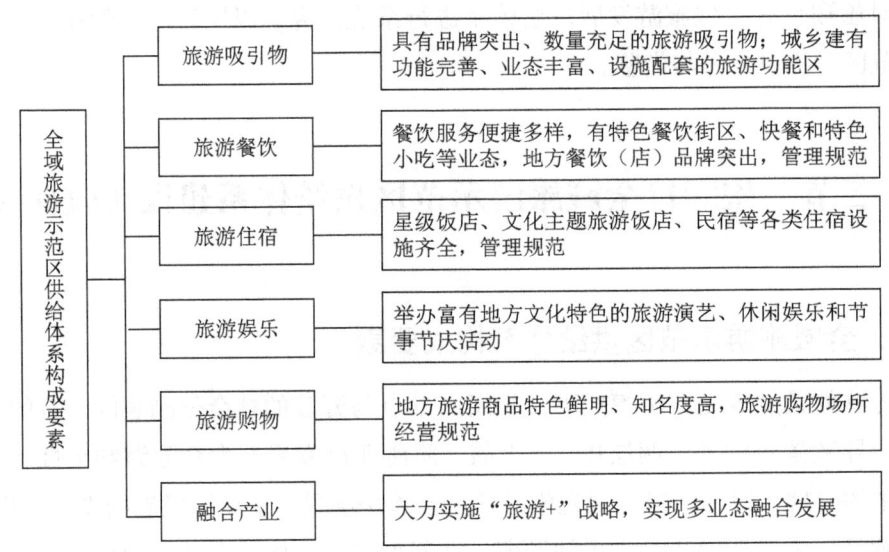

图9-1 全域旅游示范区供给体系构成要素

二、全域旅游示范区供给体系建设现状

通过实地调研、文献研究、网络评价分析、数理统计分析等方法，对大连市4家全域旅游示范区创建单位进行实证分析与比较研究，即：旅顺口区、瓦房店市、庄河市和金普新区，将其供给体系建设现状总结如下。

（一）旅游吸引物

根据统计分析发现，大连市4家全域旅游示范区创建单位均已达到《办法》中关于旅游吸引物方面的基本要求，即："具有2个以上国家4A级旅游景区"，见表9-1。

其中,旅顺口区和金普新区旅游吸引物数量较多。

表 9-1 大连市全域旅游示范区创建单位旅游吸引物统计

创建单位	区域面积（km²）	国家 4A 级旅游景区	数量（个）
旅顺口区	506.8	旅顺东鸡冠山景区、旅顺白玉山景区、旅顺日俄监狱旧址博物馆、七彩南山旅游景区、大连旅顺潜艇博物馆	5
瓦房店市	3794	香洲田园城、将军石旅游景区、仙浴湾旅游度假区	3
庄河市	4113.6	大连冰峪沟旅游度假区、天门山国家森林公园	2
金普新区	2299	关向应纪念馆、紫云花汐旅游景区、铭湖国际温泉滑雪度假区、世外俭汤旅游景区	4

资料来源：大连市旅游发展委员会官方网站。

此外，金普新区还拥有 1 家国家 5A 级旅游景区和 1 家国家级生态旅游示范区（均为大连金石滩景区）。相比之下，旅顺口区旅游吸引物的等级尚有待提升。值得注意的是，目前这 4 家创建单位都没有国家级旅游度假区。

通过比较分析发现，目前旅顺口区的旅游吸引物主要为观光类，档次不高，规模不大，度假类产品较少，吸引力欠缺，品牌突出、主题鲜明、具有轰动效应的旅游吸引物尚待开发完善。对自身特色与优势挖掘不足，在旅游产品设计与开发方面存在着盲目崇外、简单模仿、重复建设、粗制滥造等问题，本土意识不强，能够满足旅游者多样化、个性化旅游需求的特色旅游吸引物少之又少，尤其是"夜间经济"发展较为缓慢。

（二）旅游住宿

随着互联网、大数据及共享经济的到来，旅游住宿交易大规模由线下迁移到线上平台。通过网络检索发现，"携程旅行网"是国内领先的在线旅行服务公司，目前占据国内在线旅游 50% 以上市场份额。选取 2019 年 8 月携程旅行网中的酒店住宿统计数据作为样本数据进行分析，见表 9-2。

由表 9-2 可知，金普新区的旅游住宿条件最为优越，无论是高星级酒店还是经济型酒店乃至民宿，其数量都在 4 家全域旅游示范区创建单位中遥遥领先。在其余 3 家创建单位中，瓦房店市的旅游住宿条件略好，而旅顺口区和庄河市目前均无五星级酒店，在一定程度上影响了高消费层次旅游者的入住。

表 9-2　大连全域旅游示范区创建单位星级酒店统计

创建单位	五星级	四星级	三星级	二星级及以下	民宿数量
瓦房店市	1	5	11	121	141
庄河市	0	0	6	143	140
金普新区	4	23	19	679	3468
旅顺口区	0	2	4	162	289

通过比较分析发现，旅顺口区目前暂无五星级酒店，只有 2 家四星级酒店，能提供的住宿产品大多处于中低端消费水平，民宿数量还有很大的上升空间。

（三）旅游餐饮

"美团网"是目前国内最大的生活服务类电子商务公司，对 2019 年 8 月美团网中的用户评价信息进行抓取，选取顾客评分达到满分（5 分）的餐饮店作为"优质餐饮店"，统计该类餐饮店数量作为样本数据进行分析，见图 9-2。

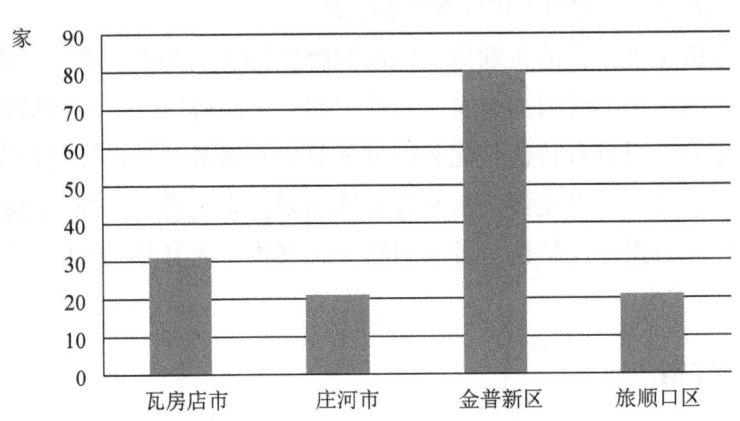

图 9-2　大连全域旅游示范区创建单位优质餐饮店统计

由图 9-2 可知，与旅游住宿条件情况类似，金普新区的旅游餐饮条件在 4 家全域旅游示范区创建单位中优势明显，瓦房店市次之，相比之下旅顺口区和庄河市的旅游餐饮条件有待提升。

通过比较分析发现，现阶段旅顺口区能够提供让消费者满意的餐饮场所数量较少，缺乏品牌突出的地方餐饮产品，特别是尚未形成知名特色餐饮街区。

（四）旅游娱乐

对 2019 年 8 月美团网中的用户评价信息进行抓取，选取顾客评分达到 4 分以上的娱乐场所作为"优质休闲娱乐场所"，统计该类休闲娱乐场所的数量作为样本数据进行分析,见图9-3。

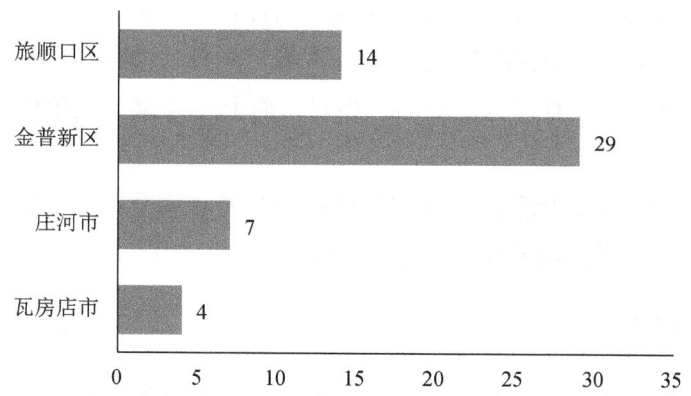

图9-3 大连全域旅游示范区创建单位优质休闲娱乐场所统计(家)

由图9-3可知,与旅游住宿及餐饮条件情况一致,金普新区的旅游娱乐条件在4家全域旅游示范区创建单位中同样名列榜首,而旅顺口区的旅游娱乐条件略优于瓦房店市与庄河市。

通过比较分析发现,现阶段旅顺口区能够获得消费者认可的优质休闲娱乐场所数量不多,部分创建单位尚无法提供地方特色的旅游演艺产品,已有的休闲娱乐和节事节庆活动影响力不大。

(五)旅游购物

对2019年8月携程旅行网中的用户评价信息进行抓取,选取"目的地攻略"板块中"购物"项目顾客评分在4分以上的购物店作为"优质购物店",统计该类购物店数量作为样本数据进行分析,见图9-4。

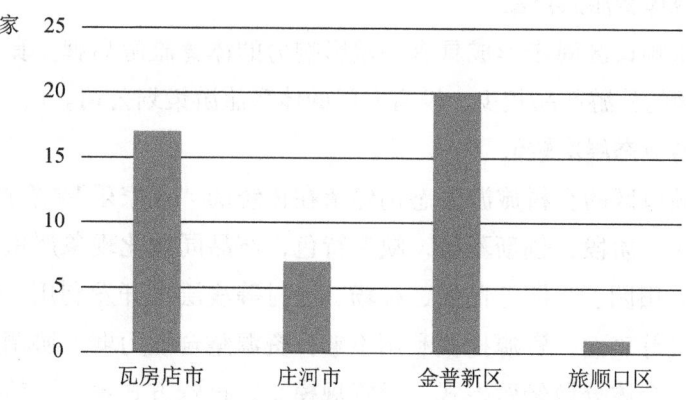

图9-4 大连全域旅游示范区创建单位优质购物店统计

由图9-4发现，与旅游住宿、旅游餐饮和旅游娱乐条件情况类似，金普新区的旅游购物条件在4家全域旅游示范区创建单位中同样优势明显，瓦房店市次之，而相比之下旅顺口区和庄河市的旅游购物条件尚需提升。此外，值得注意的是，携程旅行网"目的地攻略"板块中设有"特色商品"项目，而上述4家创建单位中均无特色商品记录。

通过比较分析发现，现阶段旅顺口区能提供让游客满意的购物场所数量较少，尤其是严重缺乏特色鲜明、知名度高的地方文创产品。

（六）融合产业

通过比较分析发现，目前旅顺口区旅游产业的整体融合度还处于中低度融合阶段，旅游产业尚未发挥其与农业、工业、文化、体育等产业融合发展的优势。在新业态方面，尽管已产生了一系列新兴业态，如：现代海上旅游项目、特色小镇、乡村旅游、主题民宿、科普旅游等，但这些旅游新业态在数量或质量方面都难以满足旅游者日益增长的旅游需求。主要表现在以下几个方面：

1. 文化旅游资源挖掘不足

目前，旅顺口区本土特色民俗文化挖掘不足，体现不充分，展示手段和途径匮乏。文化元素没有进行系统梳理提炼，地域文化定位不够明确统一，文化特色和品牌价值未能较好凸显。文旅融合度不高，在文化的融入和彰显上做得不够，景区多为自然生态型、历史教育型。民俗体验型旅游项目少，特色文化鲜明的旅游纪念品开发不足。非遗传统技艺传承后继乏人。例如，位于水师营街道的国家3A级景区旅顺口闯关东影视基地虽然设置了当地风俗展示等项目，但仅停留于一般的观光层面，缺乏游客亲身体验与互动，难以满足旅游者的深度体验需求。

2. 尚未形成体育旅游产品

现阶段，旅顺口区尚未形成具有一定影响力的体育旅游品牌。真正以参与或观赏体育活动为主题的旅游产品较少，没有专门的体育旅游策划公司。

3. 乡村旅游业态层次较低

目前，旅顺口区的乡村旅游业态仍停留在传统的"农家乐""农产品采摘""洗海澡"或"泡温泉"阶段，创新不足，缺乏特色，产品同质化现象严重。休闲农业开发仅局限于对现有田园、果园、民居、林场、渔村等浅层次开发利用，停留在观光、采摘、品尝农家宴等表面，资源挖掘利用不够，资源整合能力弱，协调发展力度低，多为小、弱、散的个体分散经营模式，投资规模小，投资方式单一，精品项目少，未形成良好的品牌效应。同时，布局简单雷同，从业人员素质不高。现有的乡村旅游产品游客参与度低，无法让参与者深刻体验当地农（渔）业生产和产品加工过程。

第三节　旅顺口全域旅游示范区供给体系建设路径研究

在关于旅顺口区全域旅游示范区供给体系建设现状与问题研究的基础上，根据区域实际情况，从生产要素配置、空间结构优化以及产业链条延伸等方面进行系统研究，对照评定标准，补齐短板，探索旅顺口区全域旅游示范区供给体系建设的实施路径，具体包括以下几个方面。

一、构建全域旅游产品体系

现阶段旅顺口区的旅游吸引物主要为观光类，档次不高，吸引力欠缺。因此，应着力引进大型企业集团，高起点规划、高质量建设、高品质运营一系列大型休闲度假旅游综合体，创建一系列品牌突出、主题鲜明、具有轰动效应的旅游吸引物。大力提升现有旅游吸引物的品质，突出区域特色，加快旅游吸引物提档升级。

旅顺口区应积极创建国家5A级旅游景区和国家级生态旅游示范区，仔细研究当前旅游者多样化、个性化的旅游需求，针对市场动态需求，结合本地优势，设计开发特色旅游吸引物，合理构筑旅顺口区全域旅游吸引物体系（图9-5）。积极培育夜间旅游产品，重点推进二〇三景区"夜赏樱花"等项目建设。

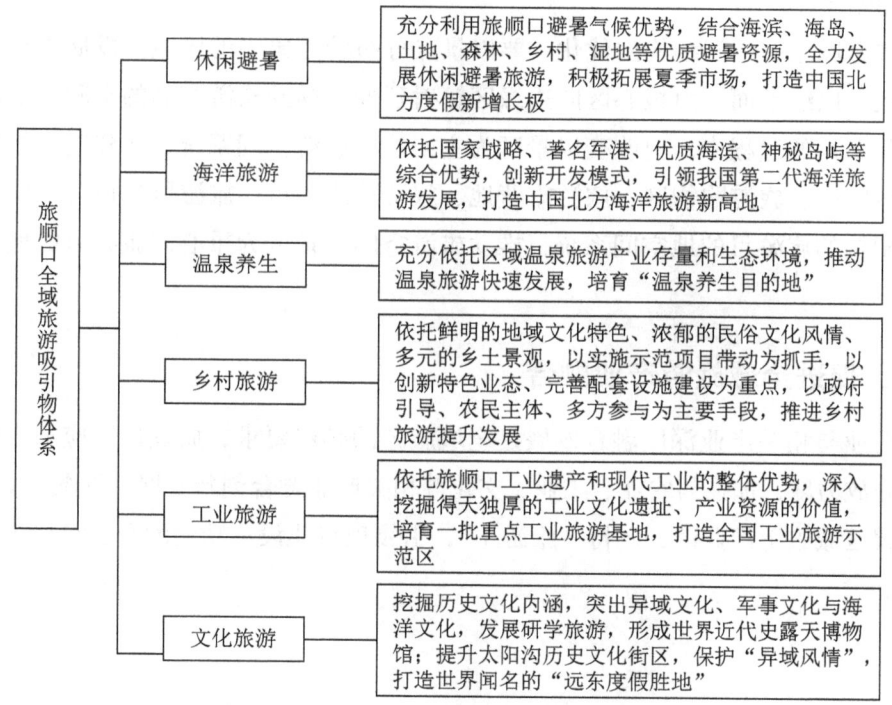

图 9-5　旅顺口区全域旅游吸引物体系

旅游住宿方面，旅顺口区要进一步发展高星级酒店，大力发展特色旅游民宿和文化主题旅游饭店，规范管理，打造特色品牌。旅游餐饮方面，实现餐饮服务便捷多样，建设4~5个特色餐饮街区，丰富快餐和特色小吃等业态，地方餐饮（店）品牌突出，管理规范。在传统"海八珍"的基础上，大力融合当地海鲜美食与风味小吃，突出本土餐饮品牌，不断完善服务质量。旅游娱乐方面，要精心研发能够充分体现本土文化特色的旅游演艺产品，重点发展游艇海钓、登山徒步、温泉滑雪等休闲娱乐项目，开展丰富多彩的节庆旅游活动。举办历史文化展和特色演艺活动，依托军港文化和爱国主义教育基地资源，打造具有旅顺特色的全国知名研学旅游基地。旅游购物方面，建设2~3个旅游购物场所，积极引进免税店、名品折扣店，大力开发地方特色鲜明、知名度高的文创产品，提升购物在旅游收入中的比重，旅游购物场所经营规范。

二、优化全域旅游功能布局

在"全域旅游"的发展理念下，重新梳理区域旅游资源，重新认识和利用海洋、港口、自然风光、历史文化等优势，将旅顺口区旅游功能布局划分为"一核、一带、四区、六岛"的空间布局（详见第四章）。在全域旅游功能布局过程中，要实现旅游产品、业态类型的多样性与丰富度，提升旅游产品的空间覆盖度与组合度，突出不同空间区域的差异性。

实现全域旅游空间结构的优化，要以景点分布较为集中的区域为发展重点，通过以点串线，以线带面，由核心区向边缘区辐射延伸，提升旅游产品的空间覆盖度。在优化空间布局的过程中，要改变以景区为主架构的旅游空间系统，构建起以景区、度假区、休闲区、旅游购物区、旅游露营地、旅游功能小镇、旅游风景道等不同旅游功能区为架构的旅游目的地空间系统，推动旅游空间从景区为重心向旅游目的地为核心转型。

三、促进全域旅游产业融合

旅游业与相关产业深度融合发展是全域旅游的必然要求，旅顺口区应加大旅游产业融合开放力度，加强与农业、工业、文化等相关产业融合创新发展，见图9-6。不断延伸完善区域旅游产业链，坚持"旅游+"，引领项目建设、功能配套、结构优化与产业升级。

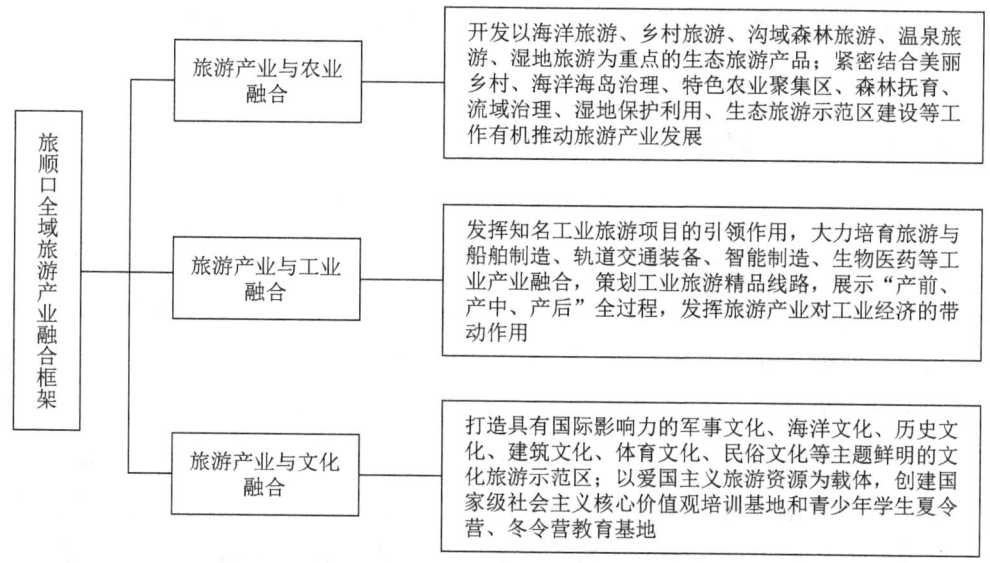

图 9-6 旅顺口区全域旅游产业融合框架

（一）旅游＋农业现代化

将旅顺口区旅游产业与农业现代化结合起来，引导农业投资和产业结构向旅游业融合，通过"接二连三"实现产品增值、农民增收。大力发展休闲观光农业，因地制宜建设海洋公园、湿地公园、森林公园、花卉公园等。进一步提升农（渔）家乐、休闲农庄、精品采摘园、生态观光园等传统乡村旅游产品质量，向优质化、内涵化、创新性、体验性转变，避免产品同质化。

推动传统农（渔）家乐提升服务标准，向民宿经济转型升级。进一步开发特色民宿旅游，推动特色精品民宿建设，引导民宿标准化、个性化、特色化发展。支持农特产品向文创产品转化，例如：旅顺口的大樱桃、草莓以及裙带菜、海参等特色海鲜，把更多的地方特色农产品研发成文创产品。创新筹办樱花节、大樱桃节、草莓节、渔人节、农民丰收节、海鲜美食节等节庆活动，打造具有旅顺区域特色的乡村旅游休闲品牌。

（二）旅游＋新型工业化

将旅顺口区旅游产业与新型工业化结合起来，利用旅顺经济技术开发区、长城工业园区等因地制宜开展工业旅游，鼓励发展旅游休闲用品及旅游装备制造业。充分发挥知名工业旅游项目的引领作用，大力培育旅游与船舶制造、轨道交通装备、智能制造、生物医药等工业产业融合，策划工业旅游精品线路，展示"产前、产中、产后"

全过程，发挥旅游产业对工业经济的带动作用。积极建设房车营地，选育精品示范项目。

（三）旅游+文化创意

将旅顺口区旅游产业与文化创意结合起来，发挥区域独具魅力的海洋文化、历史文化、建筑文化、广场文化、服饰文化、足球文化等文化优势，推动旅游产业与文化融合，提升旅游产品文化含量，讲好旅顺口故事。以弘扬社会主义核心价值观为主线，充分利用日俄监狱旧址博物馆、潜艇博物馆、大连苏军烈士陵园等资源发展红色旅游，开发爱国主义与革命传统教育、国情教育、夏（冬）令营等研学旅游产品。

做好历史建筑保护维修，逐步恢复历史风貌，大力发展文博展览、影视拍摄制作、文化产品交易、休闲旅游等业态，打造大连历史文化名城核心街区。保护好城市的历史文脉，激活太阳沟等区域的老建筑、战争遗迹、民俗物产等资源，推进"文化+旅游""文化+创意"，建设文化艺术产品交易中心，让旅顺成为人们记忆中的历史书卷、城市画廊、休闲首选，重拾"不到旅顺枉来大连"的历史荣耀。

依托历史文化街区、传统村落、文物遗迹以及博物馆、艺术馆等场所，传承本土非物质文化遗产，推进演艺、游乐、动漫等产业与旅游产业融合，充分利用科技工程、科普场馆、科研设施等发展科技旅游。丰富展示手段与途径，增加游客亲身体验与互动，发展文化体验旅游。把当地的历史文化、民间传说、民俗风情研发成旅游者喜闻乐见的演艺项目，促进演艺市场与旅游景区互动。以旅顺渔人节为代表，发展民俗旅游。创作编排出具有浓郁地方风情的特色民间大戏，建设文化创意产业园基地，培育非遗传承人，推动文化与旅游深度融合。积极筹办国际樱花节、国际大樱桃节等活动，增进参与性，提升吸引力。同时，大力支持文创企业与旅游企业合作，研发具有本土文化特色的文创产品。

四、小结

根据实地调研、文献研究、网络评价分析发现，现阶段旅顺口区旅游吸引物主要为观光类，档次不高，吸引力欠缺。旅游住宿产品多为中低端消费水平；让游客满意的餐饮场所较少，缺乏品牌突出的地方餐饮；能获得消费者认可的休闲娱乐场所不多，尚无法提供具有地方特色的旅游演艺产品；能让游客满意的购物场所较少，缺乏知名度高的地方文创产品。旅顺口区旅游产业整体融合度尚处中低度融合阶段，旅游产业与农业、工业、文化、体育、生态、教育等产业的融合度有待提升，旅游新业态在数量或质量上都难以满足旅游者需求。

应从生产要素配置、空间结构优化及产业链条延伸等方面建设旅顺口区全域旅游供给体系。积极创建国家 5A 级旅游景区和国家级生态旅游示范区，结合本地优势开发品牌突出的旅游吸引物；进一步发展高星级饭店、旅游民宿和文化主题旅游饭店；突出本土餐饮品牌，积极建设特色餐饮街区；研发富有地方特色的旅游演艺产品，发展游艇海钓、登山徒步、温泉滑雪等休闲娱乐项目；积极开发地方特色鲜明、知名度高的文创产品。

合理优化旅顺口区全域旅游功能布局；实现旅游产品、业态类型的多样性与丰富度，提升旅游产品的空间覆盖度与组合度，突出不同区域的差异性。加大区域旅游产业融合力度，加强与农业、工业、文化、体育、生态、教育等产业融合创新发展，不断延伸完善旅游产业链。

第十章

旅顺口全域旅游发展案例研究

第一节 太阳沟历史文化街区全域旅游发展研究

一、研究背景及意义

(一) 研究背景

伴随着经济的飞速发展和城市化进程的不断深入,我国城市的格局和肌理受到了前所未有的冲击,许多具有重要历史记忆和文化意义的历史风貌建筑在城市更新和开发的过程中消失。随着社会的进步、价值观的回归,一系列法律规范对历史文化街区的保护与利用提出了严格的要求。

《国家全域旅游示范区验收标准(试行)》中明确要求:"国家全域旅游示范区整体风貌具有鲜明的地方特色,城乡建设保护措施完善。"《中华人民共和国文物保护法》中明确指出:"保存文物特别丰富并且具有重大历史价值或者革命纪念意义的城镇、街道、村庄,由省、自治区、直辖市人民政府核定公布为历史文化街区。历史文化街区所在地的县级以上地方人民政府应当组织编制专门的历史文化街区保护规划,并纳入城市总体规划。"大连市在新一轮的城市总体规划修编中明确划定了中山广场、胜利桥北、南山、黑石礁、旅顺太阳沟5个历史文化街区,并在规划中明确提出保护与更新措施。2020年2月7日,辽宁省人民政府正式批复中山广场、东关街、旅顺太阳沟为省级历史文化街区。

旅顺口曾是中国近代史上的政治、经济重镇及军事要地,也曾是近代中国乃至世界重大事件的发生地,区域保留了一大批保存完好且具有西洋风格、充满异国情调的建筑。这些不同时期风格迥异的罗马式、哥特式、文艺复兴式建筑是全人类共有的珍贵历史文化遗产。这些"洋建筑"真实地记载了区域历史变化、演变的轨迹,具有重大的历史、文化和艺术价值。许多优秀建筑（包括单体和以整个街区的形式出现）不仅在建筑外形上独具特色，而且还与在此发生的一系列重大历史事件及著名历史人物相关联，是近代重大历史事件的见证地。

然而，由于对历史文化街区价值认识的不足，加之年久失修，更致命的是商业利益的驱动，导致在快速发展的城市化中，旅顺口的城市特色正在迅速消失。因此，对旅顺历史文化街区进行全面分析，科学评价其多维价值，合理制定保护及利用措施迫在眉睫。

（二）研究意义

目前，学术界对旅顺历史文化街区的研究主要侧重于建筑学、景观学、城市规划学、历史学、人类学、艺术学等几个方面，而对历史文化街区综合价值量化评价模式系统的研究尚不多见，且已有的研究仅限于对历史文化街区价值的定性描述与说明。定性描述评价简单明了，突出主要特征，易为人们接受，但常存在着一定的文学夸张和片面性，在科学上难免欠精确，难以对不同区域、不同类型的历史文化街区进行精确的评价与对比。缺乏严谨科学的评估体系和定量分析方法，缺乏理论基础的研究，不利于历史文化街区的可持续发展，对街区内珍贵的历史文化遗产保护也构成巨大威胁。然而，历史文化街区综合价值评估是一个多目标、多层次的复杂问题，评价涉及内容较多，评判指标受参与者知识水平、认知能力及个人偏好的影响，难以完全排除主观因素带来的偏差，不利于历史文化街区的综合评估，难以对街区内的历史文化资源进行合理保护及利用。

根据历史文化街区价值评估涉及面广、层次较多且内容复杂的特性，本节基于模糊综合评判法和层次分析法构筑历史文化街区综合评估模型，并以太阳沟为例进行实证研究，综合评价其多维价值，进而科学划分出不同等级，并合理制定出相应的保护及利用措施。本节将太阳沟历史文化街区作为一个整体进行系统研究，通过此项研究，使人们认识到历史文化街区巨大的、多方面的价值，通过探究历史文化街区的形成演化机理，构建评价指标体系，系统地研究太阳沟历史文化街区的保护及利用问题，设计出文化内涵丰富的旅游产品，促进地方经济繁荣发展，为旅顺口区创建"国家全域旅游示范区"提供参考与借鉴，既具有较大的科学理论意义，又具有较高的实践应用价值。

二、区域发展现状及问题

（一）研究区域

19世纪末至20世纪上半叶，旅顺口屡遭帝国主义列强的践踏和蹂躏，沙皇俄国曾统治旅顺口 7 年余,日俄战争结束后,旅顺口又被日本殖民统治长达 40 年之久。在反侵略、反压迫、反殖民统治的斗争中,留下了大量的历史遗迹和历史建筑。区内目前尚存俄式建筑 267 栋,占地面积约 219 704 平方米;日式建筑 268 栋,建筑面积约 51 228 平方米。

太阳沟历史文化街区(图 10-1)位于龙河西侧的光荣街道,面积为 124.75 公顷。区域北靠青山,南临海滨,地势北高南低;东西以河流与城区相隔。太阳沟历史文化街区是大连市目前面积最大、保存最为完整的历史街区,是俄、日殖民时期历史旧址分布最为集中的地区之一,近代历史建筑遗存丰富,建筑及其环境也基本保存完好。其空间格局设计充分体现了 19 世纪末古典形式主义构图特征,采用轴线交叉,放射的主题。同时结合殖民特色的方格网布局手法,规划布局体现出东西方不同的人文精神在城市设计思想层面的交融,阐述了人与自然和谐共生规划理想。街区现状空间基本保持历史格局,有较完整的街区形态。

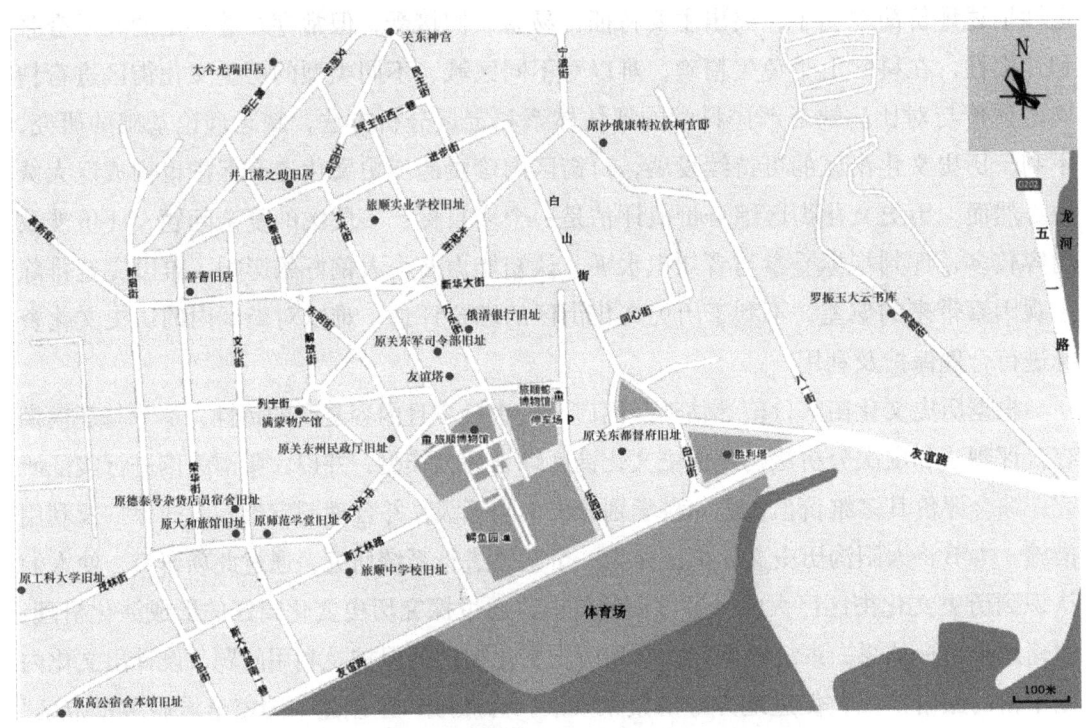

图 10-1 太阳沟历史文化街区重点历史建筑分布图

太阳沟历史文化街区内现存全国重点文物保护单位 4 处,省级文物保护单位 13 处,未定级登记不可移动文物 13 处,历史建筑 8 处。本节选取区域重点历史建筑 19 处作为具体研究对象,见表 10-1。

表 10-1 太阳沟历史文化街区重点历史建筑名录

序号	建筑名称	建设时间	地址	建筑风格	建筑面积（m²）
1	原关东都督府旧址	1900	友谊路 59 号	近代俄罗斯建筑风格	6057
2	旅顺博物馆	1905	列宁街 42 号	罗马复兴风格与新古典和式风格相结合的折中主义建筑	7710
3	原关东军司令部旧址	1900	万乐街 10 号	近代俄罗斯建筑风格	2602
4	罗振玉大云书库	1931	洞庭街 1 巷 3 号	中西合璧式民居	300
5	原师范学堂旧址	1901	列宁街 24 号	俄罗斯古典建筑风格	4259
6	原大和旅馆旧址	1903	文化街 30 号	文艺复兴式建筑风格	4300
7	善耆旧居	1903	新华大街 9 号	近代俄罗斯建筑风格	1038
8	原工科大学旧址	1904	茂林街 89 号	俄罗斯古典建筑风格	11 680
9	俄清银行旧址	1902	万乐街 33 号	近代俄罗斯建筑风格	1564
10	旅顺中学校旧址	1900	斯大林路 58 号	近代俄罗斯建筑风格	5082
11	旅顺实业学校旧址	1900	新华大街 25 号	俄罗斯古典建筑风格	1641
12	井上禧之助旧居	1900	五四街 11 号	近代俄罗斯建筑风格	621
13	原德泰号杂货店员宿舍旧址	1901	文化街 28 号	近代俄罗斯建筑风格	517
14	关东神宫旧址	1938	五四街 43 号	日式神社风格	900
15	原高公宿舍本馆旧址	1903	斯大林路 2 号	近代俄罗斯建筑风格	3488
16	原沙俄康特拉钦柯官邸	1903	宁波街 47 号	近代俄罗斯建筑风格	600
17	原关东州民政厅旧址	1900	东明街 36 号	近代俄罗斯建筑风格	2386
18	原满蒙物产馆旧址	1915	列宁街 22 号	近代俄罗斯建筑风格	1987
19	大谷光瑞旧居	1915	靠山街 87 号	近代俄罗斯建筑风格	450

（二）现存问题

目前，太阳沟历史文化街区保护及利用中存在的问题主要体现在"认识误区"与"现实困境"两个方面：

1. 认识误区

（1）城市改造忽略文化传承

随着城市居民生活水平的逐渐提高，居民对基础设施改善和良好生活环境的诉求也进一步提升，太阳沟历史文化街区正在经历着城市更新与旧城改造的高潮。很多人认为历史文化街区与文化遗迹等形象破旧，没有价值；也有人认为它们是落后的标志，已经过时，不能满足当前人们生活生产需要。正如阮仪三所说，"作为一种重要的资源，城市历史文化遗产没有在城市经济发展中发挥重要作用，而被当作发展的障碍物一除为快。"

（2）过度追求获取经济利益

太阳沟历史文化街区占据着旅顺口区的中心位置，区位优势明显，地产开发潜在的经济价值巨大。因此，很多人觊觎本街区，而且认为历史文化街区和文化遗产等不合今用，它们的存在是浪费用地。也有人认为它们阻碍发展，碍手碍脚，不利于成片整区开发。

（3）对历史遗迹认识较片面

太阳沟历史文化街区的众多遗迹均为殖民统治者所留下，很多人认为不宜作为遗迹、遗产加以保护，更不能对其进行宣传，理应清除殖民地色彩，拆毁古建筑。其实，这些主张是不负责任的，更是不可取的。保留战争遗迹、殖民遗产，可以见证旅顺口曾经历经的沧桑，也可以教育后人，促进世界和平。

总而言之，太阳沟历史文化街区不仅具有潜在的经济价值，还具有历史文化科考价值，承载着城市的发展历史，表征着她曾经的身世，是文化的积淀。同时，太阳沟历史文化街区也是彰显旅顺口城市自身特色的一张名片。

2. 现实困境

（1）产权问题尚未解决

新中国成立以来，旅顺口作为我国主要的军事基地之一，既拥有重要的军事设施，同时也是边防军队驻地。区域内的很多历史文化街区、遗址古迹均为军队所有，包括太阳沟历史文化街区。此外，还因为历史遗留等原因，很多近代战争遗址及遗迹的归属问题、管理问题没有明确的、统一的责任主体。

尽管以太阳沟历史文化街区内很多近代遗迹因为在军队管辖范围内而没有被破坏，然而，由于街区、建筑所属关系多元、房屋产权关系复杂，有的产权关系甚至缺失，导致很多街道与房屋年久失修，其他利益主体因为街区和遗址古迹的产权不明，以及其多头管理等因素，不愿意参与历史文化街区的保护与开发等工作。进而，导致保护与开发的资金来源渠道少，保护资金严重匮乏，街区内众多珍贵遗产得不到修缮保护，历史建筑陈旧，安全隐患严重；传统风貌和非物质文化正在消失；其价值也得不到充分利用。因此，明确责任主体，明晰产权关系，制定太阳沟历史文化街区的保护与开发规划，吸引保护与开发资金，这对于保护与利用历史文化街区的意义非凡。

（2）保护力度严重不足

太阳沟历史文化街区在城市建设过程中虽然已经具备了一定的保护意识，但在具体的操作过程中，缺乏超前的和系统的保护措施及保护方案，以至于"建设性破坏"的事件频频发生。

一些部门和个人为了追求经济效益最大化，不合理地要求"就地平衡"，盲目拆旧迎新，造成太阳沟历史文化街区的格局被严重破坏，珍贵遗产被野蛮拆迁，使得街区内的珍贵遗产及其环境遭到毁坏。因此，制订太阳沟历史文化街区保护规划，并加快落实，保护历史文化街区和珍贵遗产迫在眉睫。

据实地调研发现，太阳沟历史文化街区的近代建筑有的还在为今天所用，有的则已空置。在建筑质量方面，大多数建筑主体结构还保存完好，但一些建筑附件如屋面墙面、门窗、木构架已破损，墙面也因长年的风吹雨打而破旧脱落，有的木楼板也因潮湿和虫蛀而腐蚀，缺乏必要的维护和管理，这些建筑已不能满足今天人们生活的需要了。

一些单位和个人为了改善居住条件，已开始将太阳沟历史文化街区内地一些近代建筑改造或拆除重建。房地产开发商的开发拆迁也已经进入其中，而政府部门又缺少必要的资金来维护、整修和开发，如何保护、如何利用、如何应对目前种种问题都已摆在面前。

（3）原有格局遭到破坏

历史文化是城市发展之"源"，城市化是发展之"流"。城市应当"源远流长"，才是健康的持续发展之道。然而，伴随着城市化进程的迅速推进，城市文化危机比以往更加严重。主要表现在：新城建设中，城市盲目追求变大、变新、变洋，追求大体量的建筑物、大规模的建筑群。在城市中，每一栋建筑都追求形式上的独特和怪异，却很少考虑它与城市环境的文化关系。

太阳沟历史文化街区具有良好的宜居环境，在日占领时期就曾作为居住地，随着大连市全域城市化发展的脚步向旅顺口区迈进，太阳沟正面临着被无序的房地产开发侵入的危险。据实地调研发现，目前在太阳沟南部沿海及东部沿河地带已有了房地产建设行为。同时，位于太阳沟北部关东神宫西侧的原历史建筑已被拆除，被用以建设高层楼房，而这些建设行为大多形成了封闭的高档居住区，阻挡了山体的公共属性，并有越建越高的趋势。

在旧城改造中，太阳沟历史文化街区的个别地段采取大拆大建的开发方式，致使历史街道面貌发生根本性变化，传统民居被无情拆迁，代之而来的是千篇一律的现代建筑。由于忽视对珍贵遗产、历史文化街区的保护，造成城市文化空间的破坏、历史文脉的割裂、社区邻里的解体，导致历史地段的民族传统、地方特色的逐渐失落，最终导致城市记忆的消失。

(4) 基础设施亟待改善

太阳沟历史文化街区要成为旅顺口区创建国家历史文化名城的核心区，必须改善目前的基础设施，包括：交通、供水、排水、电力、通信、燃气、供热等各个方面，并且要求与整个历史文化街区的建筑风格相匹配。

然而，目前很多方面尚不尽如人意。太阳沟历史文化街区基础设施建设过程中，为了满足高速、快捷的城市交通需要，投入大量资金拆房修路，采取拓宽传统街道，在街区建设穿城式交通干道和立体交叉道路系统，使"曲径变通途"，改变了历史文化街区的空间形态及街巷肌理，导致传统道路格局的破坏。

笔者在2009年对太阳沟历史文化街区实地调研时，还可以见到原有风格的石砌人行步道。而在2011年时再次调研时发现原有行步道已被拆除殆尽，换成了统一的粉红色方砖步道，与旅顺其他地区乃至大连市内的步道风格无异，失去了历史文化街区原有的特色和历史底蕴。

综上所述，太阳沟历史文化街区应尽快形成科学规划，研究保护与利用对策，制定相关法规，挖掘历史文化街区的历史文化价值、社会价值、经济价值、环境价值，变包袱为动力，使这一地区焕发生机与活力，为旅顺口区的全域旅游发展服务，为提升整个旅顺口区城市的文化品位服务。

三、研究方法及过程

(一) 评价体系构建

目前，历史文化街区的评价在我国仍然基本沿用文物单位评定的传统方法，由文物专家凭经验进行判断。《中华人民共和国文物保护法》中明确指出应以建筑的历史、艺术、科学等三个方面的因素来评判其价值的高低。然而，目前的现实情况是侧重对建筑的历史价值进行评价，而对其环境价值、使用价值等其他方面则考虑较少，甚至是不予考虑。这就难以反映历史文化街区本身的使用功能及其与城市、其他街区间的相互关系。

因此，科学系统地构建历史文化街区的评价体系具有十分重要的意义。本部分将历史文化街区的综合价值作为评判的问题分析域，从建筑的艺术、历史、科学、景观、布局、适用、基础等多个方面对历史建筑综合价值的影响因子进行分析，从而得到衡量综合价值的影响因子，见表10-2。

表 10-2　历史建筑综合评价指标体系

综合评价层	项目评价层	因子评价层	释义
资源价值	艺术价值	建筑风格	知名度、类型的唯一性与特殊性
		建筑结构	罕见型或孤例型，或是特殊材料、特殊结构方式
		设计水平	建筑布局、构图、工艺和细部特色
		设施规模	建筑组群的规模及完整程度
		装修特色	装饰装修、施工工艺
	历史价值	建造年代	建筑主体修建及街区形成的年代
		相关人物	是否与历史上的著名人物、社团、社会机构相关
		相关事件	是否与历史上的著名事件关联
		历史背景	是否代表当时的文化、社会、政治、军事、科学、经济、工业发展的阶段性成果
	科学价值	科普教育	是否代表各种建筑特征，并服务于科普和大众文化教育
		科学考察	是否代表各种建筑特征，并服务于研究和科学方法展示
环境价值	景观价值	连续性	是否体现了当地建筑的连续性或建筑个性
		认同性	是否与当地地方特色、民族特色、职能特色相一致
		景观作用	是否影响景观效果
	布局价值	规划布局	在规划布局中起到的作用
		地域标志	是否是一个特别重要的视觉标志
使用价值	适用价值	相容性	原有功能是否能够适应当前的用途
		适应性	适当的再开发利用而不会损害原有的建筑意义
	基础价值	基础设施	有足够的基础设施为当前使用功能服务
		目前状况	当前结构工作状态是否良好
		造价	保护、修复、维修、改造所需费用

（二）评价模型构建

参照层次分析评价常用模型，借鉴相关研究成果，根据太阳沟历史文化街区的现实状况，运用 AHP 法，构建历史建筑保护及利用的综合价值评估层次模型，见图 10-2。

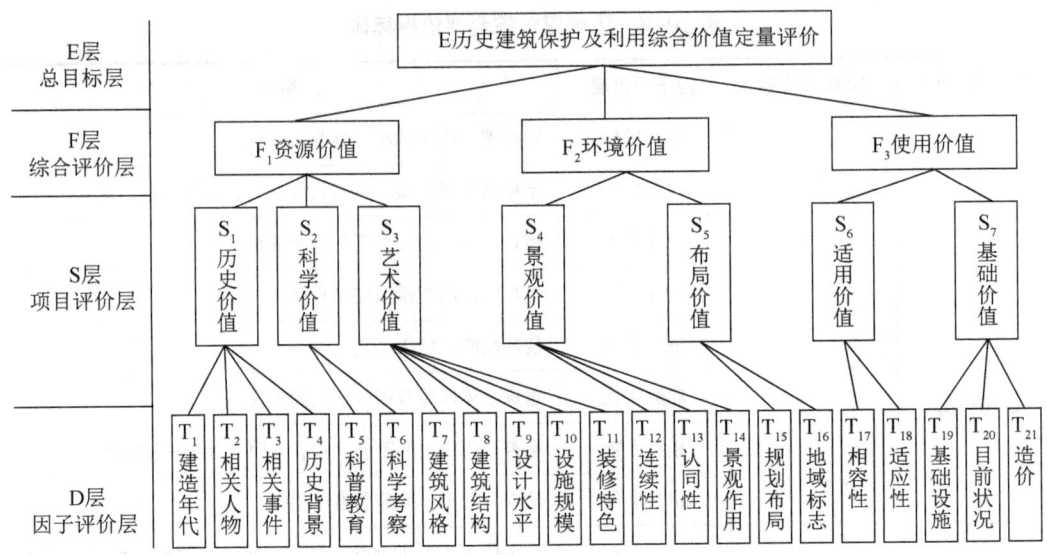

图10-2 历史建筑保护及利用综合价值评估层次模型

(三) 评价权重计算

采用德尔菲法,发放评分表30份,邀请业内相关专家学者进行量化打分,综合专家学者们的评价分值,构建判断矩阵,通过计算机软件进行数据的整理及一致性检验,从而得到各因子的权重分配(表10-3)。

表10-3 历史建筑保护及利用综合价值评价权重表

综合评价层	权重	评价项目层	权重	因子评价层	权重
资源价值	0.5396	艺术价值	0.1138	建筑风格	0.0473
				建筑结构	0.0182
				设计水平	0.0120
				设施规模	0.0299
				装修特色	0.0064
		历史价值	0.3803	建造年代	0.0357
				相关人物	0.1751
				相关事件	0.1152
				历史背景	0.0543
		科学价值	0.0455	科普教育	0.0341
				科学考察	0.0114

续表

综合评价层	权重	评价项目层	权重	因子评价层	权重
环境价值	0.1633	景观价值	0.1225	连续性	0.0364
				认同性	0.0200
				景观作用	0.0661
		布局价值	0.0408	规划布局	0.0136
				地域标志	0.0272
使用价值	0.2969	适用价值	0.0594	相容性	0.0198
				适应性	0.0396
		基础价值	0.2375	基础设施	0.0388
				目前状况	0.0705
				造价	0.1282
合计	1		1		1

由分析可见，历史建筑自身价值（F_1）分值最高，达0.5396，说明历史建筑的自身条件有着举足轻重的地位。此外，使用价值（F_3）权重为0.2969，它对历史建筑的保护及利用影响较为明显，建筑本身的条件虽好但缺乏使用价值也难以利用，而良好的基础条件可使历史建筑具备更大的利用潜力。环境因素（F_2）权重为0.1633，它对历史建筑的保护及利用同样不容忽视，景观作用不明显、规划布局不合理，即便建筑本身资质较高，状况良好，也不能达到优先利用的要求。因此，综合评价历史建筑保护及利用的价值，除了要考虑一般的资源条件和环境条件之外，其实用价值和基础价值也具有举足轻重的作用。

（四）量化评价排名

通过AHP法实现定性与定量相结合，建立历史建筑保护及利用综合价值评估模型：

$$V = \sum_{i=1}^{n} W_i F_i \quad ①$$

其中，F_i为第i个评估因子的得分，W_i为第i个评估因子的权重，V为历史建筑保护及利用综合评估得分，n为评估因子的数量。

依据上述因子的权重值，采用模糊计分的方法（表10-4），邀请30位专家对太阳沟历史文化街区中的19个主要历史建筑进行各自评分，继而代入公式①中计算，最终得到各个历史建筑的得分及次序（表10-5）。

表 10-4 历史建筑保护及利用综合价值量化评判标准

第一层 评价项目	第二层 评价因子	第三层 评价指标	量化评判标准			
			10~9（优）	8~7（良）	6~5（中）	4~0（差）
资源价值	艺术价值	建筑风格	具有极高知名度与特殊性	具有很高知名度与特殊性	具有一般知名度与特殊性	不具有知名度与特殊性
		建筑结构	在其他地区罕见	在其他地区很少见	在其他地区少见	在其他地区较多见
		设计水平	很高	比较高	一般	不高
		设施规模	很完整	比较完整	一般	不完整
		装修特色	很明显	比较明显	一般	不明显
	历史价值	建造年代	很久	比较久	一般	不久
		相关人物	与历史上的著名人物、社团极为相关	与历史上的著名人物、社团较为相关	与历史上的著名人物、社团一般相关	与历史上的著名人物、社团不相关
		相关事件	与历史著名事件极为相关	与历史著名事件较为相关	与历史著名事件一般相关	与历史著名事件不相关
		历史背景	代表当时世界范围内的阶段性成果	代表当时全国范围内的阶段性成果	代表当时本省范围内的阶段性成果	代表当时本地区范围内的阶段性成果
	科学价值	科普教育	很适合	比较适合	一般	不适合
		科学考察	很适合	比较适合	一般	不适合
环境价值	景观价值	连续性	很高	比较高	一般	不高
		认同性	很高	比较高	一般	不高
		景观作用	作用很明显	作用比较明显	作用一般	作用不明显
	布局价值	规划布局	作用很明显	作用比较明显	作用一般	作用不明显
		地域标志	特别重要	比较重要	一般	不重要
使用价值	适用价值	相容性	很好	比较好	一般	不好
		适应性	很好	比较好	一般	不好
	基础价值	基础设施	很好	比较好	一般	不好
		目前状况	很好	比较好	一般	不好
		造价	很低	比较低	一般	不低

表 10-5 太阳沟历史文化街区重点历史建筑保护及利用综合价值量化得分

序号	1	2	3	4	5	6	7	8	9	10
总分	7.7523	8.3883	8.471	6.3319	6.7198	7.2792	6.8535	7.6138	7.2793	6.1524
位次	3	2	1	13	12	8	11	4	7	16
序号	11	12	13	14	15	16	17	18	19	—
总分	7.3211	6.0777	6.3313	7.4658	6.1498	7.0455	7.0939	6.0057	6.3094	—
位次	6	18	14	5	17	10	9	19	15	—

四、小结

本部分在传统的历史文化街区综合价值评价的基础之上，结合环境价值、使用价值等因素，基于模糊综合评判法和层次分析法构筑历史文化街区综合评价模型，并以太阳沟历史文化街区为例进行实证研究，综合评价其多维价值，既可定性分析，又可得定量数据，为历史文化街区综合评价提供了一条新的途径，进而对历史建筑科学划分不同等级，并合理制定出相应保护及利用措施。

通过对太阳沟历史文化街区的实证分析发现，在历史文化街区综合价值评价中，其使用价值占有较大评价权重。原关东军司令部旧址、旅顺博物馆、原关东都督府旧址、原工科大学旧址的评分值较高，关东神宫旧址、旅顺实业学校旧址、俄清银行旧址、原大和旅馆旧址等建筑排名也较为靠前。建筑保护与整治应根据各单体建筑的不同状况动态推进，应采取"全景式"复归策略，强化历史文化街区内的人文地理标识。

五、对策及建议

（一）积极探索解决历史建筑产权问题

太阳沟历史文化街区要以全域旅游发展为指导思想，借鉴福州、扬州等地的历史文化街区改造经验，遵循规划，有序开发，运用军民融合政策探索解决老建筑产权问题，推动太阳沟历史建筑产权置换移交等军民融合项目。

太阳沟文化产业园区要主动对接规划编制和军产移交，重视做好历史建筑的保护维修，逐步恢复历史风貌，大力发展文博展览、影视拍摄制作、文化产品交易、休闲旅游等业态，打造大连历史文化名城核心街区。

同时，不断完善基础设施建设，大力实施太阳河综合改造等项目，提升本区环境质量。积极引进战略投资方，开发大型文化旅游演艺等项目留住游客。培育多种所有制、多种业态的市场主体，切实把太阳沟历史文化街区的资源优势转化为产业优势，积极发展全域旅游。

（二）科学编制历史文化街区发展规划

做好太阳沟历史文化街区规划编制前期的现状调查工作。组织成立城市历史文化资源普查工作组，对太阳沟历史文化街区的历史沿革与现状资源进行多层次地毯式的翔实调查，包括房屋的建筑形式、使用性质、建筑年代、配套设施以及业主的改造意愿等，并进行分类、登记，再根据评价结果确定保护建设紫线，从而提出规划建议。

做好太阳沟历史文化街区调研资料归档建库。将现状调查收集到的大量资料按区域环境、建筑构件、窗及窗拱、阳台、立面花饰、柱式、店面铭牌、斗拱、门及入口和屋脊形式等部分编制完成《太阳沟历史建筑——图库索引》，详细记录建筑的门牌号、立面照片、朝向、风貌、质量、年代、层数、使用性质、建设情况及周边环境等，为保护修缮街区历史建筑提供强有力的数据支持，也为旅顺老城等其他历史文化街区改造提供参考，为政府创建操作性强的管理平台。

以全域旅游发展为指导思想，做好太阳沟历史文化街区总体规划和控制性详细规划。实行分阶段、由整体到局部、由概念规划到详细规划直至修建设计的循序渐进方法，编制《太阳沟历史文化街区保护控制规划》，向社会公示，并广泛征求意见，同时邀请全国历史文化名城保护专家委员会资深专家进行指导，报大连市人民政府批准。

制定太阳沟历史文化街区整体保护建设和修复细则。在完整保存历史文化街区整体空间格局的基础上，保护现存街巷、广场的空间尺度，建筑界面空间的基本特色，对破坏的部分根据整体风貌协调原则尽可能地给予修复。强调空间景观的熟知性营建，编制地方构造标准图，组建历史建筑修复专业技术队伍，制定规范建筑市场的标准。引入"有能力的社会人士"共建历史文化街区，构建一个有利于保护建设和引进的机制。

（三）对建筑物进行分级、保护及利用

1. 建筑物的分级

建筑物的分级是历史文化街区保护与再开发的前提。可以根据历史文化街区的综合价值，进行建筑物的评定，一般可以分成3~5级。根据上文中太阳沟历史文化街区重点历史建筑保护及利用综合价值量化的得分排名，将历史建筑划分为5个级别，见表10-6。

表10-6 太阳沟历史文化街区重点历史建筑物分级

级别	历史建筑			
五级建筑物	关东军司令部旧址	旅顺博物馆	原关东都督府旧址	原工科大学旧址
四级建筑物	关东神宫旧址	旅顺实业学校旧址	俄清银行旧址	原大和旅馆旧址
三级建筑物	原关东州民政厅旧址	原沙俄康特拉钦柯官邸	善耆旧居	原师范学堂旧址
二级建筑物	罗振玉大云书库	原德泰号杂货店员宿舍旧址	大谷光瑞旧居	旅顺中学校旧址
一级建筑物	原高公宿舍本馆旧址	井上禧之助旧居	原满蒙物产馆旧址	—

由结果可见，由于资源、环境以及使用价值等方面的优势，原关东军司令部旧址、旅顺博物馆、原关东都督府旧址、原工科大学旧址的评分值明显高于其他建筑。产生这种评价结果的主要原因是由各历史建筑的资源禀赋差异所致。而关东神宫旧址、旅

顺实业学校旧址、俄清银行旧址、原大和旅馆旧址等建筑则由于其在建筑风格、设计水平、相关人物、相关事件等方面的不同优势也获得了较高的排名。

2. 建筑物的保护

建筑物的等级是保护与再开发计划实施的依据。根据太阳沟历史文化街区重点历史建筑物分级情况制定相应的建筑物保护利用策略，见表10-7。

表10-7 历史建筑物分级保护策略

级别	建筑物保护利用策略
一级建筑物	根据街区总体规划的要求修复、改造，但改造后的外部形态必须与历史文化街区的整体风貌相协调
二级建筑物	应尽可能注意外部形态的修复，保持历史文化街区的整体风貌；还可依据相应功能实施局部调整，但须严格控制建筑物的高度与体量
三级建筑物	注重建筑物的外部复建或修复，特殊情况下可实施局部调整，以完善街区的整体形象；内部空间可依据调整后的功能要求作出相应的改变
四级建筑物	应在严格修复与保存外部设计样式、一定范围的周围环境的条件下，内部空间可依据总体功能调整的要求作出适宜的局部改扩建。须尽可能地保护全部历史元素；改建与维护需进行严密的审批程序
五级建筑物	可以迁移为文化性或休闲性功能，但不得改变建筑物原有的内外部设计风格与所用建筑材料；完整修复保存内部结构、平面秩序、外部样式及其一定范围的周围环境

建筑保护与整治不是一次性规划行为、一次性修复及更新行为所能完成的，应健全管理机制，在应对各个单体建筑不同状况的复杂过程中动态推进。因此，需要建立跟踪历史建筑状况动态的技术档案，政府应主导对历史建筑的测绘，将每一幢建筑的技术资料记录归档；同时建立全域历史建筑的全面、动态资料数据库，使每一幢历史建筑都能在动态监护、动态维护过程中延年益寿。档案内容包括：建筑建筑结构、立面构图、分解构件（屋面、檐口、门窗、柱式、阳台、外墙等）、装饰细部、建筑工艺（砌筑工艺、装饰工艺）、建筑材料等；此外，还应包括动态跟踪的历史人文信息。同时，还应建立督查委员会制度，对类别归属和技术方案进行评议、决策，对建筑保护过程予以监督。

3. 建筑物的利用

基于对太阳沟历史文化街区整体价值的认知，应以全域旅游发展为指导思想，采取"全景式"复归策略，对历史实物遗存确保其终止自然流失的趋势，安全完整地传承下去。通过整治、更新原物保护历史建筑，完整保护街区肌理，梳理轮廓，全面复归历史文化街区固有的尺度、格调、风貌等。对建筑高度、形式等予以控制，建筑高度控制在4层以下，檐口高度不超过15米。对不和谐元素予以摒除，保持视觉画面连贯，全景复归历史场景情境，积极发展全域旅游。

同时，还应强化街区内的历史人文典故地理标识，拓展出室内外结合的系列纪念景园，每个建筑均可供游人追思过往，从而形成整个街区饱满的历史张力和丰富的历史情节。例如，原关东都督府旧址可作为整个街区的中心礼仪接待会所、核心文化论坛，提供高端会议、会所设施及富有艺术气质的社交空间；罗振玉大云书库可建立展览馆，陈列原有的碑碣墓志、金石拓本、法帖、书画等文物；原师范学堂旧址可恢复建设时尚购物中心；原大和旅馆旧址可恢复住宿、接待功能，并设立展示厅；善耆旧居可建立展览馆，展示相关史实及善耆、溥仪、婉容、川岛芳子等人物史略；旅顺实业学校旧址可恢复为旅顺军事博物馆；关东神宫旧址可建为禅修主题文化会所；原高公宿舍本馆旧址可建设为艺术馆，引入私人工作室和艺术画廊等。

第二节　张家村全域旅游发展案例分析

一、旅游业发展背景与现状分析

（一）张家村旅游业发展背景

1. 区位分析

张家村位于旅顺口区西北部，是旅顺口区双岛湾街道辖区内中心行政村，双岛湾街道政治、经济、文化和贸易中心，见图10-3。全村占地面积9000余亩，总人口2338人。地处东经121°10'，北纬38°53'。距旅顺主城区中心14公里，距旅顺口区人民政府8公里，距大连市中心59公里，距土羊高速公路旅顺站口2公里，距烟大铁路轮渡港口7公里。

2. 交通分析

张家村地处双岛湾街道的中心地带，与双岛湾街道工业规划区相连，距海1公里。交通便利，大盐线、滨海路、疏港路交会于此，路网四通八达。

3. 自然环境

张家村平均海拔15米，冬无严寒，夏无酷暑，四季分明，年平均气温10.3℃，年平均降水量580毫米，年无霜期186天。属丘陵地区，三面环山，一面望海，有着宜居的气候环境。水资源丰富，辖区内大小河道9条，平塘13座，平塘河套等水面面积150余亩。境内的非金属矿产资源丰富，全村有11座山头，每座山上都蕴藏硅石矿，硅石矿储量丰富，纯度含硅量高达99.7%以上。由于张家村优美的环境，良好的生态，宜人的气候等条件，国家一级保护鸟类东方白鹳每年都会来此驻足越冬，为张家村增添了一道亮丽的风景线。

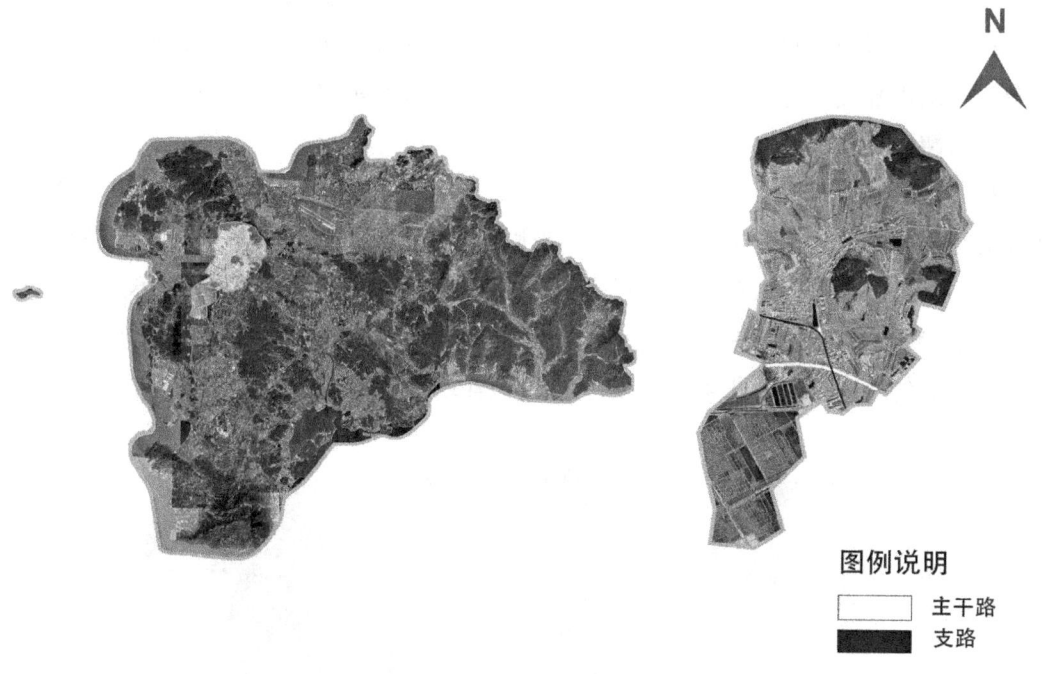

图 10-3 张家村区位分析图

4. 历史文化

张家村历史文化悠久，区域曾发现古代墓群，面积约 40 000 平方米，出土了大量汉砖及泥罐，依据采集的布纹灰砖标本，可认定为一处汉代墓群。该墓群的发现对于进一步研究大连汉代墓群的分布和汉代文化具有一定的参考价值。

5. 社会经济

张家村以农业为主，工业、服务业为辅。该村成立合作社，鼓励村民发展绿色农业，注册水果品牌，让品牌成为张家村农业发展的助推器。辖区内现共有个体工商户以上企业 147 家，其中工业 46 家，建筑业 7 家，交通运输业 28 家，批发零售业 19 家，住宿餐饮业 13 家，其他服务业 34 家。独特的地理环境生长出多品种高品质的水果，现在已形成四大系列产业品种，主要包括：红富士苹果，年产量 500 余吨；巴梨，年产量 300 余吨；玫瑰香葡萄，年产量 100 余吨；大樱桃，年产量 200 余吨。

（二）张家村旅游业发展现状

张家村地处辽东半岛南部，四季分明，雨量充沛，气候宜人，有着宜居的气候环境。绿水青山有了，白鹳还带来了"金山银山"。由于优美的环境，良好的生态，宜人的气候等条件，同时该村还兴修水利，注重生态保护，每年都有大批的国家一级保护鸟类东方白鹳来此驻足越冬。作为世界濒危的国家一级保护鸟类，东方白鹳目前仅存约3000只，目前每个冬季会有超过100只的东方白鹳来此过冬。除了爱鸟、护鸟人士，每年还会吸引来自全国各地的6000余摄影爱好者前来观鸟、拍鸟，形成了"观鸟旅游"的新型旅游业态。张家村已经被确定为观鸟大赛的观测点之一，也成了远近闻名的"白鹳村"。

东方白鹳让这个位于旅顺口双岛湾的小村庄有了名气。张家村看到机会，第一时间注册了"美鹳"品牌，村里出产的大樱桃、苹果、梨、葡萄、草莓等农产品都有了"靠山"。目前，村里1000多亩果园地，平均每亩收入可达到15 000元，设有12个草莓大棚采摘园，每年都有来自大连、沈阳的游客前来采摘赏玩。"美鹳牌"苹果成为全国一村一品的优质产品，张家村还被评为"全国文明村"和"中国最美乡村"。

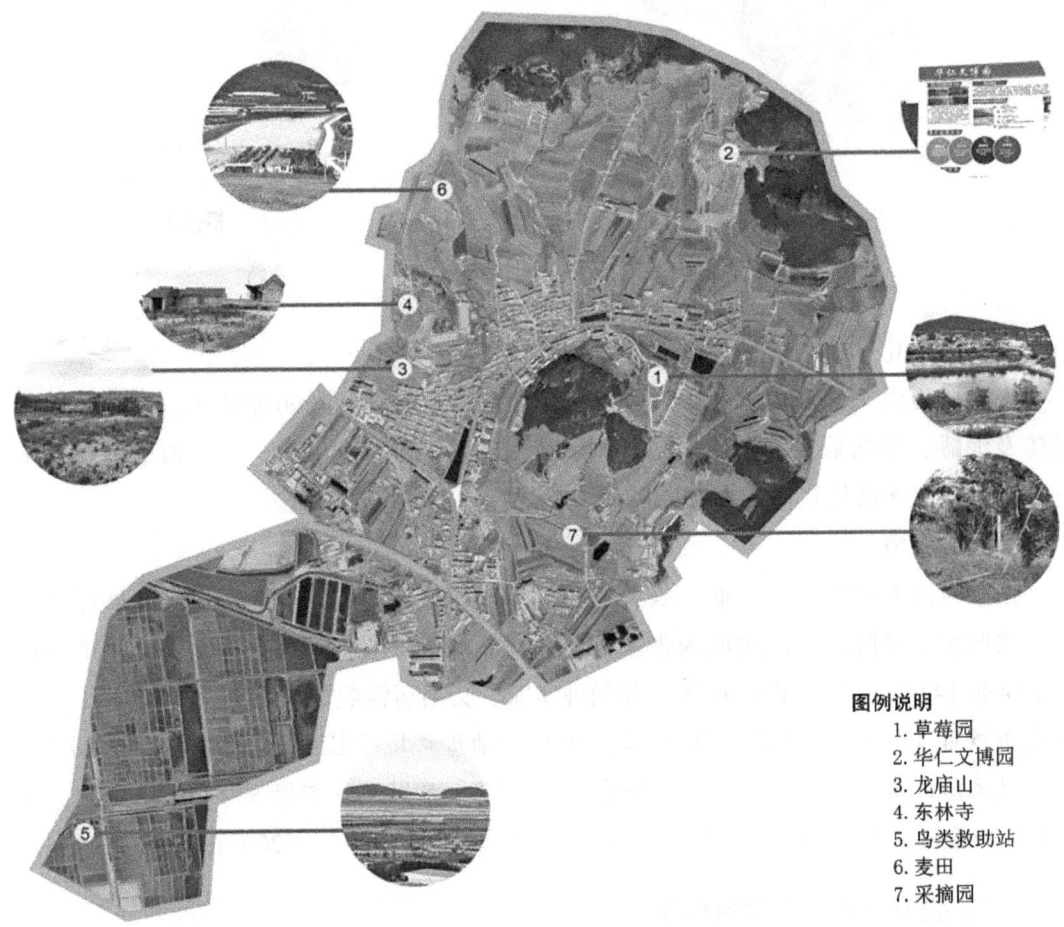

图10-4 张家村旅游资源分布图

近年来，张家村坚持绿色发展理念，以生态为本，以文化为魂，大力发展以集体经济为主的美丽乡村建设，从而构成了具有独特文化内涵的多元化旅游业态。目前全村拥有住宿餐饮业13家，其他服务业34家。2017年，张家村荣获"全国文明村镇"光荣称号；2018年，荣获"中国最美村镇生态宜居奖"。

二、客源市场分析与定位

（一）张家村旅游市场现状

1. 市场发展现状

现阶段，张家村的旅游发展主要以观鸟旅游的新型旅游业态吸引游客，除了爱鸟、护鸟人士，还有大量摄影爱好者及专业摄影师前来参观拍摄，每年会吸引来自全国各地的6000余摄影爱好者前来观鸟、拍鸟。

2. 市场竞争分析

根据旅游地理学理论，可将张家村的竞争区划分成近距离同质竞争区和远距离机会竞争区。

（1）近距离同质竞争区

①小南村

旅顺口区水师营街道小南村辖区面积6.79平方公里。近年来，该村坚持绿色发展理念，以生态为本、以文化为魂、以集体资本运作经营为纽带，大力发展村集体经济，探索"农业＋文化＋旅游"三产融合发展新路径，实现了经济发展、环境改善、百姓增收，民富村美产业兴。小南村先后荣获全国休闲农业与乡村旅游示范村、全国农业科普示范基地、中国最美乡村文明风尚村镇、中国美丽乡村百佳范例、中国最美村镇50强、国家AAAA级旅游景区等多项殊荣。2019年，小南村荣获大连市唯一中国乡村旅游重点村，上榜中国美丽休闲乡村和千村万寨展新颜展示活动村。

小南村在发展乡村旅游经济过程中，多方筹措资金注册成立了大连南山骏景旅游公司、南山农业综合开发有限公司等多家集体企业，深挖自然与人文资源，重点打造"七彩南山"主题景区，先后开发出红色历史文化旅游产品、高科技农业科普旅游产品、青少年研学旅行产品、闯关东影视文化旅游产品、最美乡情民宿旅游产品五大核心特色旅游产品，努力打造辽宁省乡村旅游第一村的乡村振兴品牌。2018年，小南村接待国内外游客90万人次，旅游收入近亿元，实现社会总收入20亿元，人均收入3.3万元。

②岔鞍村

位于大连市甘井子区红旗街道，大连西郊国家森林公园核心区内，全村面积28.5平方公里，森林覆盖率达85%以上，被誉为"天然氧吧"。岔鞍村共有常住居民4460人，拥有农家乐、高尔夫球场、垂钓园、采摘园、乌托邦、公园等多品种、多业态的乡村旅游经营项目。近年来，该村按照"统一规划、统一安排、统一指挥"的工作思想，紧扣"乡土风情、山村风格、生态风貌"这一主题，大力推进美丽乡村建设，村容村貌焕然一新。建成面积达 20 余万平方米的 3 个集中居住小区，500 余户居民住上整洁一新的楼房。发展精品果园 300 余亩，引进各类新品种水果 8 种，包括大樱桃、桃子、李子、草莓等。建成温室大棚 27 座，面积达 50 余亩，为发展休闲观光农业打下基础，全村建成棠梨湖公园、大巴山公园和红旗谷、西郊乡村体育俱乐部两大高尔夫球场，新修公路 5.6 公里，修建停车位 360 余个，发展农家乐 25 户，全村游客接待能力大幅提高，年接待游客达 30 余万人，旅游业综合收入达 6000 余万元。

（2）远距离机会竞争区

①马道口村

位于大连庄河市仙人洞镇北部，是一个基础设施完善、历史底蕴深厚、物产富足、旅游资源丰富的秀美乡村。因唐朝大将薛仁贵征东路过此地而得名。该村民风淳朴，翠绿的群山包围着整片村庄，鸡犬相闻，薄雾袅袅。国家 AAAA 级景区冰峪沟的北门设在马道口村境内；著名的辽南第二高峰、海拔 1029 米的老黑山，马道口村拥有三分之一的面积；濒临灭绝的侏罗纪植物、珍贵的天女木兰花，辽南雪莲、野山参等名贵植物在老黑山上随处可见。2017 年，马道口入选了"2017 中国美丽休闲乡村推介名单"。

②前进村

位于大连瓦房店市谢屯镇东北部，村域面积 29 平方公里，耕地面积 9500 亩，常住人口 2780 人，流动人口 10 000 余人，村集体年收入 1500 万元，人均可支配收入 31 000 元。村庄环境宜人，景色优美，森林覆盖率达到 50% 以上。该村怀抱着占地面积 300 万平方米的国家 4A 级景区大连香洲田园城，拥有以欢乐水王国为代表的九大主题板块 30 多个旅游、度假、休闲、娱乐项目的室内超大型旅游综合体，夏可玩雪滑冰，冬可戏水赏景，能让游客于一天时间内体验到四季风光。其体量之大，项目之多，景色之特在全国尚不多见。

（二）目标客源市场细分

1. 按地域划分

（1）省内旅游市场

大连市内部区域旅游市场：七区（中山区、西岗区、沙河口区、甘井子区、旅顺口区、金普新区、普兰店区）、两市（瓦房店市、庄河市）、一县（长海县）。

省内其他城市旅游市场：丹东、营口、盘锦、锦州、葫芦岛、沈阳、鞍山、辽阳、本溪、抚顺、铁岭、阜新、朝阳。

（2）国内旅游市场

根据与张家村距离、交通便利程度等条件分析，可分为周边近距离市场（吉林省、黑龙江省、内蒙古自治区、河北省、山东省、北京市、天津市）、远距离市场（其他省、直辖市、自治区）；根据各省、自治区、直辖市经济发展水平，可分为长三角地区、珠三角地区以及其他地区。

（3）海外旅游市场

主要包括：我国港澳台地区、日本、韩国、俄罗斯、菲律宾、新加坡、泰国、美国、加拿大、英国、法国、德国、澳大利亚等国家及地区。

2. 按职业划分

主要包括：

- 国家机关单位旅游市场：收入高，公务出差机会较多；
- 科研人员旅游市场：收入高，一般由工作性质决定；
- 企事业单位管理人员旅游市场：消费高，更注重于品质的享受；
- 工薪上班族旅游市场：人数多，出游时间与学生相仿，消费能力略高但不强，以市区、家庭出游为主；
- 个体经营者旅游市场：闲暇时间比较自由，追求时尚、个性的旅游方式；
- 学生旅游市场：出游欲望强烈，集中在周末、法定节假日、寒暑假，但期望消费水平低；
- 退休人员旅游市场：闲暇时间多，经济收入是决定其外出旅游的重要因素。

（三）目标市场的选择与定位

张家村的旅游资源数量、质量等级以及与市区的距离决定其市郊休闲度假地的性质，主要还是吸引近距离游客利用周末、节假日时间到此休闲，进行消除疲劳、放松身心等休闲旅游活动。休闲度假旅游者一般不愿意在路途中花费过多的时间和精力，因此300公里半径范围内、车程4小时以内，构成了张家村的主要客源市场空间。

通过对各细分市场吸引力的衡量，确定不同层次的目标市场。综合考虑区域总人口数量、城镇人口比例、消费水平、与张家村距离等指标定位目标客源市场。

1. 省内目标客源市场定位

（1）按地域划分

通过分析主要影响客源的因素（地区人口数量、人均消费水平以及与张家村的距离等）并建立引力模型，确定省内的目标客源市场：

一级目标市场：大连、营口、丹东、盘锦、锦州、葫芦岛；
二级目标市场：沈阳、鞍山、辽阳、本溪、抚顺；

三级目标市场：阜新、铁岭、朝阳。

（2）按职业划分

通过对《中国旅游抽样调查资料》的深入分析，以及定性经验分析，确定目标市场：

一级目标市场：国家公务员、企事业单位管理人员；

二级目标市场：科教人员、个体经营者、退休人员；

三级目标市场：工薪上班族、学生、自由职业者。

（3）专项旅游市场

艺术专项市场：凭借东方白鹳的知名度，吸引大批摄影爱好者；在不同季节举办书画展、楹联展、摄影展等，吸引文人墨客前来吟诗作对，增加旅游文化内涵，提高旅游品位；大力宣传张家村，吸引影视剧组前来取景拍摄，提高知名度。

宗教旅游市场：围绕特殊节日，在本村辖区内的东林寺举办宗教活动，通过有效策划进一步扩大规模，吸引更多虔诚朝拜者。

研学旅游市场：利用丰富的农业资源，吸引大量中小学生前来学习考察。

2. 国内目标客源市场定位

一级目标市场：吉林、黑龙江、内蒙古；

二级目标市场：北京、天津、河北、山东；

三级目标市场：长三角、珠三角以及其他地区。

3. 国际目标客源市场定位

一级目标市场：日本、韩国、中国台湾地区；

二级目标市场：中国港澳地区、俄罗斯；

三级目标市场：欧美经济发达国家和地区。

三、发展目标与任务

（一）发展目标

1. 远景发展目标

按照全域旅游发展理念，以乡村振兴发展为目标，以农业合作经营为发展方向，整合有效资源，发展特色旅游，建设美丽乡村，做大做强村级实体经济，努力提高村民收入水平，不断增强村民的获得感、幸福感。

（1）人居目标

体现民俗文化特点，具有现代乡村功能、天人合一的生态型居住区；居民生活幸福指数提高，率先过上现代乡村生活。

（2）环境目标

地方居民依恋、外来游客向往的环境友好型的新农村。

（3）经济目标

形成具有核心竞争力和品牌化产品的旅游产业集群；形成特色鲜明、服务完备的旅游休闲产业以及产业链完整的高效农业。到2030年，国民生产总值及财政收入大幅度上升，居民人均收入超出大连市整体平均水平。

2. 旅游发展目标

张家村的旅游发展应借助资源差异性，发挥各类资源优势，吸引游客，共享客源，形成区域联动发展态势，开展研学旅游、乡村旅游、生态旅游、体育旅游、文化旅游之间的合作，助力旅顺口区创建国家全域旅游示范区。

（1）近期目标

2022年，成为旅顺口区双岛湾街道旅游的核心区，提出"张家村模式"，建设社会主义新农村。积极建设旅游地基础设施和旅游服务设施，使旅游地的可达性和可进入性得到明显改善，张家村旅游知名度显著提升。政府主导，规划先行，促进旅游经济又好又快发展，成为旅顺口区双岛湾街道旅游的核心区。

（2）中期目标

2025年，成为旅顺口区的后花园，"张家村模式"逐步完善。乡村旅游目的地建设初具规模，旅游地基础设施、旅游服务设施进一步完善，以研学旅游、乡村旅游、生态旅游、康养旅游四大旅游功能为核心的旅游空间格局基本形成。逐步成长为旅顺口区旅游发展的重要支点，"张家村模式"逐步完善，吸引大量省内外游客。

（3）远期目标

2030年，成为以旅游为主导的社会主义新农村，"张家村模式"成为东北地区具有影响力的区域发展模式。旅游地知名度显著提升，旅游经济联动扩散效应突出，旅游业成为地方战略性的支柱产业，旅游发展成为大连市经济增长亮点。建设成为以旅游为主导的社会主义新农村，"张家村模式"成为东北地区具有影响力的区域发展模式。

（二）主要任务

张家村的发展，与单一的旅游地开发不同，其本质是一个成建制的行政村经济转型；是以旅游经济为引擎，致力于开放服务型经济转型；是以增进民生福祉为动力，致力于推动公共服务均等化；是以优化生态环境为目标，致力于推动绿色家园建设。历经10年，将张家村建成服务经济发达、人文荟萃、居民幸福、环境优美的社会主义新农村。

因此，在发展建设上就不单是推动旅游业发展的项目建设，而是以社会主义新农

村建设为契机与动力,以旅游经济、生态农业为主导的兼顾多种产业和多方利益的综合经济发展建设。主要任务包括:

1. 由成建制的行政村向特殊经济功能村转型,逐步实现跨越发展

采取灵活、高效的管理体制,根据法律授权实现村内机构一体化、管理一元化、服务一条龙;简化行政审批手续、提高办事效率、促进市场开放自由竞争。赋予发展经济的充分自由权,包括商品流通自由、资本投资自由、资金流动自由、经营活动自由、市场交易自由、人员进出自由,使得人员、资本、产品、经营方式与管理体制都是自由的,以期不断增强该村的吸引力,逐步实现资源要素逆向流动,由大连等中心城市集聚到向该村扩散、渗透和辐射发展的转变,推动区域跨越发展。

2. 由粗放利用型经济向生态节约型经济转变,逐步实现绿色发展

以农产品种植为主的农业,生产技术水平不高,靠天吃饭的现象没有根本改变;农产品深加工业发展不快,产品附加值较低;发展新兴工业较为缓慢;以传统的农家乐和简单的农产品采摘为主的乡村旅游业,层次不高,且无序竞争及扩张,导致效益递减。

迫切需要改变当前这种粗放利用资源型经济的局面,突破发展瓶颈,充分发挥区位优势,向生态集约型经济转变,发展绿色经济,即将环境资源作为社会经济发展的内在要素,把经济活动过程和结果的"绿色化""生态化"作为绿色发展的主要内容和途径,实现经济可持续发展。

通过体制创新和规划建设,要完成两项具体任务:①利用市场优势,发展高效生态农业,使该村成为旅顺口区重要的生态发展示范区;②利用临港区位优势,发展能耗低、技术含量高、附加值高的新兴产业,使该村成为旅顺口区新技术产品生产集聚区。

3. 向开放服务经济转型,由自我服务型转为面向临港的现代化服务体系,逐步实现产业升级转型

加快经济转型,实现由资源型农业生产加工升级为以旅游服务业为主的开放经济,形成面向临港的现代化服务业体系。建设多层次、多样化的服务设施,组建一流的管理及服务团队,满足游客的商务活动、旅游休闲活动需求。

在用地管制及服务设施建设方面,予以政策倾斜;在项目选择方面,予以一定的灵活机动性。重点完成三项具体任务:①实现乡村旅游转型发展,使该村成为辽宁旅游转型发展的示范区;②大力开展正式的竞技体育、非正式的民间体育活动,使该村成为辽宁地方体育产业发展示范区;③利用地方特色文化优势,使该村成为辽宁地方特色文化产业发展示范区。

4. 以服务经济、保障民生为导向，向统一户籍管理制度转变，建设和谐新农村

通过经济转型、管理体制调整，加快推进全村形成以旅游服务经济为特色的新农村，经济结构转型带动居民职业变化，逐步实现村内2000多农民向兼职农民或从事服务业的居民转型，真正做到农民转居民，享受与居民平等的社会保障和养老保险。完善居民相应医疗、就业、养老和教育等服务保障体系，逐步实现老有所养、幼有所教、病有所医。着力解决好失地农民就业和生活保障，以及农民子女教育、就业等问题。此外，为满足新农村建设要求，以及旅顺口区经济格局宏观调整等要求，为承担旅顺口区的部分功能及承接相关产业活动，大量引进人才，吸引高素质劳动力，满足产业岗位需求提供支撑。同时，在医疗、养老、教育等领域给予外来人口与居民同等的待遇，逐步实行统一的户籍人口管理制度，努力做好服务经济的后勤保障工作。

5. 由乡村聚落景观向体育休闲旅游景观转型，建设花园新农村

经济形态与产业结构转型，要与景观转型相结合，通过以旅游特色为主体的设施建设和生态建设，改变目前单一的农业生产与加工为主的景观，形成现代化与原生态融为一体的独具特色的生态休闲旅游景观。使该村景观逐步演化为现代时尚与田园美景相融合的现代版世外桃源。着力解决好设施建设与自然景观保护的矛盾问题，应节约用地、科学规划、科学分区。

四、发展战略与模式

（一）发展战略

以全域旅游发展为指导思想，以低碳为准则，以经济转型和结构调整为主线，以建设社会主义新农村为契机，以发展旅游经济为主导，通过体制创新和资源整合，全面建设成为旅顺口区双岛湾街道旅游核心区。

充分利用张家村的地方特色、自然禀赋及优越区位，强化自然生态与保护功能，发展研学旅游、乡村旅游、生态旅游、康养旅游等系列旅游产品，形成旅游支柱产业；通过重点项目带动机制、资源使用创新机制、投融资改革机制等，建设张家村旅游综合区。

在特色上要突出"临港休闲"和"乡野度假"的比较优势，主打"休闲康体"，重视"生态保护"。近期重点发展生态旅游与研学旅游，形成生态旅游系列产品、研学旅游系列产品，成为双岛湾街道的明珠，旅顺口区旅游发展的重要支点；中远期要形成乡村旅游系列产品、康养旅游系列产品，最终构建生态环境友好、产业结构高端、旅游经济发达的临港型乡村旅游目的地。

(二) 发展模式

我国区域经济社会发展过程中出现过几种典型的发展模式，现总结如下：

"苏南模式"，通常是指江苏省苏州、无锡和常州（有时也包括南京和镇江）等地区通过发展乡镇企业实现非农化发展的方式。由费孝通在20世纪80年代初率先提出。其主要特征是：农民依靠自己的力量发展乡镇企业；乡镇企业的所有制结构以集体经济为主；乡镇政府主导乡镇企业的发展。"苏南模式"是"地方政府公司主义模式""能人经济模式"和"政绩经济模式"，本质上是"政府超强干预模式"。"苏南模式"发生的基础是农村土地集体所有制、富足的乡村经济和勤劳进取的人文传统；发展的动力是集体资金的积累和地方政府强有力地介入，早期的"苏南模式"乡村工业化动力机制是"自内""自下"的。农村剩余劳动力转化是"苏南模式"农村城市化的重要动力。在苏南地区，主要表现为本地农民的就近转化，初期，他们成为白天进镇务工、晚上返村居住的通勤人口，呈现出"离土不离乡"的特征；到了后期，通勤人口逐步在小城镇定居，表现为"离土又离乡"的特征。

"栾川模式"是河南省国家级贫困县——栾川县21世纪初大力发展旅游而探索出的经验总结，是贫困地区发展旅游的宝贵经验财富。它是在科学发展观的指导下，开拓进取，不断创造和探索出的一个快速发展旅游的工作经验。"栾川模式"最早在2004年《中国旅游报》发表的《栾川模式考》中提出，当时总结为"党政主导、部门联动、市场化运作、产业化发展"，2005年被作为县域旅游发展的样板和典范正式向全国推广。栾川县以科学发展观为指导，不断丰富和提升"栾川模式"内涵，紧紧围绕建设全国首个国家山地旅游度假试验区目标，努力打造全景栾川的发展脉络获得了专家学者的一致认可。"栾川模式"新内涵被总结为："旅游引领、融合发展、产业集聚、全景栾川"。栾川模式和宁波经验、焦作现象并称中国发展旅游的"三大模式"。

借鉴国内区域经济社会发展的成功经验，基于张家村处于城乡统筹、社会主义新农村建设、以旅游为主导的第三产业发展、经济富裕的大背景和位于旅顺口区双岛湾街道旅游核心区的地理区位等实际情况，提出可归纳总结为十六个字的"张家村模式"，即"政府主导，全域旅游，市场运作，共利多赢"的发展模式，促使当地居民生活富裕、社会经济均衡、协调和可持续发展。

1. 政府主导

第一，地方政府应积极响应社会主义新农村建设，为本村实现经济社会全面转型做好中长期规划，并做好规划的落实工作。

第二，充分考虑旅游产业作为消费型产业在旅顺口区中的重要位置及其重要意义，政府要从重视旅游项目开发转到重视旅游产业的培育，以及要协调好旅游产业内部结构关系。

第三，提高全村旅游意识，以农业及地方服务业为基础，引导相关产业向旅游产业集聚和融合，打造完善的旅游产业链和多产业交融的综合性旅游产业体系，利用规模效应和范围经济，提升区域产业综合效益。

第四，转变政府行政职能及执政重点，政府要从主导旅游招商引资转到主导社会环境和公共设施、基础设施的旅游化改造；政府要从村民手中强征土地转到引导村民自愿适度集中土地搞开发建设。

第五，在政府的主导下，实现"四集中"，即：产业向旅游业融合集中、土地向适度规模经营集中、经济活动向开发区域集中、村民向新型社区集中。

2. 全域旅游

第一，生产领域的不同部门发展旅游业，即农业、工业及服务业积极开展旅游活动。以三次产业为基础，扩展其旅游服务功能，产品生产制造过程由过去的后台走向前台，使其具有表演的性质，即在生产成品过程中，让游客参观，并了解生产知识及体验生产乐趣。发展经验可借鉴波尔多的葡萄产业、普罗旺斯的花卉产业等。

第二，在全域范围内不同空间地域发展旅游业，即利用山地、丘陵、平地等地形、地貌特征，因地制宜开展相应旅游活动，比如在丘陵地带开展山地自行车、滑草旅游等项目。

第三，政府引导，营造全村自上而下重视发展旅游业的氛围，支持企业积极参与旅游开发，鼓励个人积极参与旅游服务，走以旅游为主导的社会主义新农村发展道路。

第四，全村发展旅游业，应遵循市场经济规律，按规律发展，政府、企业及个人不可急于求成，用人为方式强加干预。

3. 市场运作

旅游效益依赖游客花费，旅游发展依赖市场规模与质量。通过支持发展本地企业和引入国内外知名企业等手段，培育市场主体——旅游企业。由企业根据国内外旅游动态开发多样化、多层次的旅游产品吸引游客，做大旅游市场规模。针对投资规模较大的项目，应先进行市场论证，论证可行后，采用民办"官"助的方式，遵循产权清晰，"建""管"分离，企业运营的原则，让项目借助市场机制自我发展、自我壮大。

4. 共利多赢

通过大力发展服务型经济，建立健全利益合理分配机制，让游客满意，让居民增收，让企业盈利能力增强，企业做大，让地方生态改善，地方环境更美好，最终实现相关利益主体获利、多方共赢的目的。具体实施路径包括：服务临港，给旅客带来新体验，给游客带来新的旅游感受；延伸旅游产业链，将带来丰厚的旅游效益，增加相关企业盈利能力；将旅游收益与民共享，让地方居民在开放型服务业中获得工资收入和股份收入；发展旅游业，促进地方产业结构升级，实现地方经济环境科学友好发展。

五、总体定位与形象策划

（一）总体定位

以全域旅游发展为指导思想，以市场为导向，以资源为依托，以生态旅游、乡村旅游、研学旅游以及康养旅游为发展方向，做强以旅游产业为龙头的、人民满意的现代服务业；建成融生态观光、农业体验、研学旅游、亲子农业、科普教育、健康养老、体育健身、休闲度假、民俗体验、婚庆度假等多功能于一体的旅顺口区旅游发展重要节点、大连市乡村旅游示范区、辽宁省乡村旅游明星村。

（二）功能定位

充分利用张家村区域内的农业生产过程、农民生活和农村生态，形成以研学旅游、亲子农业、生态农业观光、深度农业体验、拓展训练等为主要功能的研学旅游区。

充分利用张家村区域内良好的生态环境及优美的自然景观，形成设施完善、功能完备的康养旅游区，为老年市场提供保健医疗、度假养生、休闲娱乐等一系列服务。

充分利用张家村区域内国家一级保护动物东方白鹳的市场吸引力，形成以生态观光、科普教育、休闲度假、亲子旅游、婚庆度假等为主要功能的生态旅游区。

充分利用张家村区域内现有的民居及特色民风民俗，形成以民俗体验、民风展示、文化娱乐、餐饮、住宿、购物等为主要功能的乡村文化旅游区。

（三）形象定位

1. 旅游主题形象

（1）总体形象

白鹳栖息地，秀美张家村

（2）构成要素

①东方白鹳

以体态优美、动作优雅、步履轻盈的东方白鹳作为张家村全域旅游发展的主要形象构成要素，体现本区良好的自然生态环境。

②研学基地

以生态农业亲子乐园、华仁文博园、野营基地、农耕体验园等为依托，体现本区丰富的研学旅游资源。

③康养家园

以良好的生态环境及优美的自然景观，体现本区优越的康养旅游资源。

④乡野田园

以农业基地为依托，体现花香果丰、民富农强的新农村风貌。

⑤度假胜地

以自然生态环境为依托，体现活力四射、无尽快乐的运动休闲地特色，以及怡然自得、娴静舒适的休闲度假地特色。

2. 旅游宣传口号

"秀美张家村欢迎您"

"东方白鹳之家——张家村欢迎您"

"研学亲子首选——张家村欢迎您"

"健康养老乐园——张家村欢迎您"

"乡野芬芳地，美丽张家村"

3. 旅游形象标识（见图10-5）

图10-5 张家村旅游形象标识

（1）设计元素

东方白鹳、群山绿地、天空大海。

（2）整体寓意

相见恨晚的神奇之村。

（3）设计说明

①正在降落的东方白鹳

代表张家村"东方白鹳"栖息地的自然优势和吸引力，寓意着张家村独一无二的自然生态环境。

②群山绿地

代表张家村"三面环山"的地形地貌及观光农业、生态农业、绿色农产品的地域经济和旅游文化竞争力。

③天空大海

代表张家村"面向大海"的旅游观光优势和自然清新、醇正甘甜的空气，寓意着这里有宜居的气候环境。

六、功能分区与项目策划

（一）规划范围

张家村位于旅顺口区西北部，是旅顺口区双岛湾街道辖区内中心行政村，双岛湾街道政治、经济、文化和贸易中心。全村占地面积9000余亩，总人口2338人。地处东经121°10'，北纬38°53'。距旅顺主城区中心14公里，距旅顺口区人民政府8公里，距大连市中心59公里，距土羊高速公路旅顺站口2公里，距烟大铁路轮渡港口7公里。

对其进行空间布局规划，旨在按旅游资源的分布区域和特色差异划分成不同的功能区，从而可以深层次挖掘资源内涵，有针对性地提出合理的开发方案；可以将不同项目布置在相应的空间范围内，使区域中各部分既有联系，又有差异，形成完整的空间结构体系和合理的旅游网络，发挥全域旅游的整体效应。

（二）功能分区方案

功能分区是根据规划区的资源禀赋、土地利用、项目策划等状况而对区域内空间进行系统划分，以确定次一级旅游区域的名称、发展主题、形象定位、旅游功能和突破方向的过程。

1. 功能分区原则

（1）主导因素原则

在某一旅游区内，往往其中的一种或两种旅游资源发挥着主导作用，使得区域旅游资源层次分明、主题突出，有强烈的独特性并制约着旅游区的属性特征、功能差异和开发利用方式等。因此，在进行空间布局构建时，应充分考虑起主导作用的旅游资源。

（2）地域的连续性原则

在进行空间布局时应充分考虑旅游区内部在自然地域上的连续性。自然地域上互相连续的地区，其自然风貌、历史文化和社会特征等往往具有一致性，这样才能把握旅游资源空间分布的集聚效应，才能准确地将类型相近、发展方向一致的旅游资源划归在同一旅游区内。

（3）区际互补性原则

各旅游区旅游资源的地域组合能形成一个较为完整的体系，具有明确的发展方向。而旅游区之间的资源条件与旅游方向应尽可能互补，以突出整体特色及各功能区旅游的多元化，有利于发挥全域旅游的整体效应。

（4）旅游线路组织原则

景区（点）的组合构成旅游区，而旅游景区（点）的产品往往缺乏多样性，只有通过线路组织才能把各旅游区联结起来，丰富其旅游内容，成为推销旅游产品的主要方式。线路的组合要考虑旅游景观内容的丰富和品位高低，同时也要考虑交通可达性因素。因此，旅游空间布局的构建需要达成交通联系和景区（点）的最佳组合。

（5）规划层次性原则

在旅游区划分之后，还要依据旅游资源的差异性进行次一级旅游区的划分，形成层次分明、功能差异、特色明显的旅游区划等级体系。

（6）旅游形象定位原则

在进行空间布局时应充分考虑其主打形象，形象定位即特色定位，而特色是进行旅游区划或分区的基本指标。

（7）适当考虑行政界线

各旅游区是一个有机整体，但在具体划分旅游区时也应考虑与行政界线的统一。这样才便于进行统一管理与开发，否则可能会出现无序竞争、盲目开发的现象，不利于旅游资源的保护以及服务体系的配套建设。

2. 功能分区具体方案

在总体空间布局的基础上，依照功能分区的各项原则，对张家村各旅游功能区进行进一步细分，其功能分区方案如下。

（1）入口引导区

入口引导区主要包括旅游区入口附近地段，其主要功能是作为旅游区的引景空间，同时为旅游者进行心理铺垫。此区是进入旅游地的序曲，也是游客的第一印象区，因此，入口引导区的环境整治和景观小品的设置需表现细致。

张家村入口引导区可设置于双岛湾路进入张家村的东、西两处入口处，作为张家村的主入口。在张家村入口处修建景区大门，大门由两只东方白鹳造型构成主框架，分别立于路两侧，设置张家村旅游区徽标于中央。标徽下方的木质标牌，上书"张家村欢迎您"六个大字。大门外形要求彰显张家村生态旅游特色。

（2）综合服务区

为发挥集聚效应，减小对环境的负面影响，应将各类服务设施进行集中设置，建设综合服务区。张家村综合服务区规划设置于双岛湾综合文化站周边区域，为游客提供问询、代办、寄存、导游、停车场、旅游购物、餐饮、住宿及其他相关服务。

在综合服务区内规划建设游客服务中心，为四层建筑，负责整个张家村旅游区的旅游组织接待、信息咨询、寄存、导游、住宿、餐饮等工作。其中，一楼为服务大厅，二至四楼为住宿区。由于张家村的特色是强调人与自然的和谐共生，充分享受人与自然的亲密接触，周围是青山绿水和田野，因此游客服务中心的建筑一定不能过高过大、过于突出，应与周围环境相协调。

（3）旅游功能区

通过对张家村现有旅游资源的分布，自然条件、资源特色、开发现状的实地调研与分析，结合当地的地形特征，将张家村旅游区的具体功能分区方案设计为"东南西北，四大分区"，即：东部研学旅游区，南部康养旅游区，西部生态旅游区，北部乡村旅游区，见图10-6。

图10-6　张家村功能分区图

按照张家村由北部山地至中部耕地再到南部盐田逐渐过渡的独特地貌格局，随着环境背景变化而产生的景观差异及内部赋存的主要资源类型，分为四大旅游功能区，主要包括以下几个部分。

①东部研学旅游区

位于张家村东部,主要包括:生态农业亲子乐园、华仁文博园、野营基地、农耕体验园等项目。

②南部康养旅游区

位于张家村南部,主要包括:游客服务中心、观光采摘园、养生慢城、乡村大舞台、美食一条街等项目。

③西部生态旅游区

位于张家村西部,主要包括:东方白鹳博物馆、东方白鹳观光园、田园婚庆基地等项目。

④北部乡村旅游区

位于张家村北部,主要包括:龙庙山观景台、东林寺、麦田创意体验园、张家村民宿、艺术家园、果蔬租赁农场等项目。

(三)功能分区说明

1. 东部研学旅游区

(1)规划思路

利用张家村区域内的农业生产、乡村生态环境、动物植物、乡村民俗文化、乡村地方特色等资源设计体验活动,建设东部研学旅游区。以休闲的形式和轻松心态将学生们所学的知识和沿途的所见、所闻、所听、所感相联系,理论与实践的相结合,来完成农业科学技术和知识的研究学习。

东部研学旅游区设置的旅游项目拟在身体素质培养、道德素质培养、爱国主义教育、技能培养等方面对青少年进行综合培训。同时,辅助以各种娱乐设施增加培训过程的趣味性。可弥补家庭和学校教育的不足,通过青少年亲手种植农作物和身临其境的体验,培养和完善青少年的能力素质。

充分利用张家村本地的农业生产场地,打造为农耕体验园,通过开展一系列的与"农"有关的体验活动,让游客充分体验休闲农业的独有乐趣,满足都市人急于回归自然田园生活、体验农家劳作、亲手采摘蔬果的心愿,让旅游者既可"观(农业观赏)""尝(品尝农产品)""娱(农业娱乐)",又能"劳(劳作体验)""育(农业教育)""购(购买农副产品)",一举数得。

(2)功能定位

研学旅游、亲子农业、生态农业观光、深度农业体验、拓展训练等。

(3)主要项目

生态农业亲子乐园、华仁文博园、野营基地、农耕体验园等。

（4）景观特色

绿色农田、果园风光、水域景观、山林景观等。

（5）规划建议

①在本区各处山地上修建人行步道，配备运动休闲设施，设置观景亭，满足游客登高观景的需求。

②整治水塘及周边环境，种植适合水边生长的植物，保持河道的通透性，增加美感和韵律感，使游客不易产生视觉疲劳。

③要求种植不同种类植被，打造"彩色张家村"。通过不同的区域的划分，栽植各种不同种类的观赏树木，极具美感、视觉冲击力及浪漫气息。

④选择适合本村生长环境的果蔬品种，合理布局，做到地块划分既整齐又不失活泼自由；完善管理体制，科学管理片区。

⑤完善片区交通体系，增设田间小路，使游客在每一处都能方便进入，处处体现本村全域旅游规划的合理性和宜人性。

⑥根据所处地形，针对不同的灾害种类制定不同的安全防护预案，做到"以防为主"，尽量杜绝发生各类疫情及安全事故。

2. 南部康养旅游区

（1）规划思路

南部康养旅游区旨在整合专业医院、医疗器械、生态餐厅和其他机构，为老年市场提供保健医疗、度假养生、休闲娱乐等一系列服务。本区规划建设养生慢城，内设中医理疗中心、健康管理中心、老年养生度假公寓等养生设施，配备生态养生度假木屋。

同时，民俗文化是旅游地发展的基础，离开当地的民风民俗，旅游发展就缺少了灵魂。可依托双岛湾综合文化站，构建乡村大舞台，作为展示当地民俗体验、民风展示为一体的特色文化区，传播本土民俗文化，成为张家村民俗文化的展示窗口，亦可成为大型节庆及文艺表演等活动场所。

于双岛湾综合文化站周边区域规划建设游客服务中心，负责整个张家村旅游区的旅游组织接待、信息咨询、寄存、导游、住宿、餐饮、购物等工作。

（2）功能定位

具有游客集散、康体养生、休闲度假、民俗体验、餐饮、住宿、购物等功能。

（3）主要项目

游客服务中心、观光采摘园、养生慢城、乡村大舞台、美食一条街等。

（4）景观特色

田园风光、民居建筑、开敞空间、繁华街景等。

（5）规划建议

①生态养老度假木屋的设计主要以养老休闲度假为主题服务内容，建筑材料以竹木结构为主，建筑格局讲求与旅游地环境相协调，体现"天人合一"的传统文化理念；建筑风格清新自然，采用新一代木结构建造木屋，建造速度快，工时短，恒温能力强，隔音效果好，而且木结构建筑有益健康，长期居住有延年益寿的功效；内部除设置必要的生活设施外，不人为另设其他休闲娱乐项目设施。

②设置中心广场，满足游客集散功能，使进入该片区的游客在此休憩、观赏，以便更好地进入其他片区游览，设置与当地文化符号相关的景观柱、景墙、地雕等小品。

③沿旅游区主干路设置休息座椅、果皮箱等环卫设施，设置照明设施，用不同的路灯、地灯、射灯、地台灯来亮化片区，达到方便游客、美化环境的目的。

④在东山上修建游步道和景观亭，游客可在此登高望远，并可开展摄影、健康登山游等活动。

⑤村民公共设施也可对旅游者开放，经营管理者应充分平衡游客与村民的关系。

3. 西部生态旅游区

（1）规划思路

东方白鹳是张家村旅游形象的标志，也是本村开展全域旅游的最大"卖点"。应构思充分利用西部盐田的开阔地势，规划建设以东方白鹳为主题的生态旅游体验区。对现有盐田和自然肌理进行梳理，重点对局部的不协调景观进行整治和处理。以盐田背景为依托，以震撼人心的东方白鹳为市场引爆点，通过自然博物馆、鸟类救助站、景观绿化工程、休闲走廊等项目的设置，将该区打造成为环境优美、交通方便的旅游功能区。

同时，依托张家村优越的自然环境资源，以浪漫的生态景观等为背景，建设田园婚庆基地，取代以往中式传统或西式教堂等婚礼形式，构建婚庆度假项目，增加浪漫气息。

（2）功能定位

生态观光、科普教育、休闲度假、亲子旅游、婚庆度假等。

（3）主要项目

东方白鹳博物馆、东方白鹳观光园、田园婚庆基地等。

（4）景观特色

白色盐田、水域景观、生物景观、田园风光等。

（5）规划建议

①以"东方白鹳"为主题的项目应充分考虑现状和市场需求，项目设置需多加创新，应适合各年龄层和各消费阶层的游客，盐田形式多样，周边环境整洁优美，将经济利益和环境效益完美结合。

②在本区空间宽敞之处修建游客集散小广场，设置景观小品和休息设施，缓解游

客游览的疲劳。

③设置游步道、观景平台、小雕塑等,打造成为旅游地的品牌,成为其他片区的对景和补充。

④利用东方白鹳、花卉、山水等元素营造旅游景观,强化分区引导功能。

4. 北部乡村旅游区

(1) 规划思路

本片区以"果、蔬、粮"为主题,打造三个不同的农业景观。"果"是指以辽南水果为主题,设置水果采摘项目,引导游客动手采摘;"蔬"是指以蔬菜种植、大棚采摘、温室休闲为主要内容的旅游项目;"粮"是指保留小麦、玉米等农作物,村民照常耕作,游客可以观看也可参与,春播时动手播种,收获季节亲自劳作,品尝劳动的乐趣。设置麦田创意体验园、果蔬租赁农场等。

将现有民居根据现状进行分类,有针对性地进行改造,建设张家村特色民宿,做到干净整洁、设施完善,建筑风格统一,造型美观,经济实用;铺设入户路面,增加房屋绿化面积,完善基础设施,增加照明设施,做到白天夜晚景色各不相同。

设置艺术家园,集休闲与民间表演于一体,通过不同形式的非物质文化形式与景观小品展示辽南民俗。设置小型作坊,让游客参与其中。设置雕塑小游园,将辽南民风、节庆通过雕塑展现,同时又是旅游地的小公园。在元宝山与龙庙山设置景观林地,让游客感受视觉亮点。

(2) 功能定位

民俗体验、民风展示、文化娱乐、餐饮、住宿、购物等。

(3) 主要项目

龙庙山观景台、东林寺、麦田创意体验园、张家村民宿、艺术家园、果蔬租赁农场等。

(4) 景观特色

麦田景观、民俗特色民居、山林景观、景观小品、民风民俗景观等。

(5) 规划建议

①对片区的建筑进行详细分析,针对不同的建筑进行不同的改造或改建,从当地实际情况出发,规划经济实用、科学合理、美观大方的农民新居,形成高低错落的布局形式,使之成为辽南的新农村示范点;建筑设置应因地制宜,在不同的地形上设置不同的建筑,避免单一、单调,立面彩绘结合当地民风民俗,装饰物应以本土饰物为主,可以适当加入外部文化元素。

②按照片区的不同主题对建筑立面及内部装饰进行整治,完善服务设施;对建筑立面的处理可通过彩绘形式表现辽南民风民俗,引入当地传统文化元素,内景设置可

以通过墙面彩绘、石桌椅、磨盘、碾槽等民间饰物来充分展现辽南民俗文化,让游客乐在其中,流连忘返。

③选择具备开展农家乐条件的住宅进行规划,对其房屋改造,建成庭院农家乐示范点,带动其他村民自觉主动地进行房屋改造,促进旅游地积极发展,不同的主题农家乐种植不同的植物,按照不同景观主题设置相应的景观小品,各类景观小品需精致小巧,尺度宜人,造型美观。

④完善交通系统,拓宽现有道路,增强片区交通的便捷性与可达性;完善基础设施,如水、电、路、灯,做到合理规划,满足住户日常需要和接待需求。

⑤景观林带设置为彩色,用不同色彩的植物搭配种植。

⑥文化最好的表现方式就是体验,设置各类手工作坊,让游客在参与中体验,在体验中学习,更深入地了解辽南文化。

(四)重点项目策划

在功能分区的基础上,开展张家村全域旅游发展的重点项目策划,具体项目分布见图10-7。

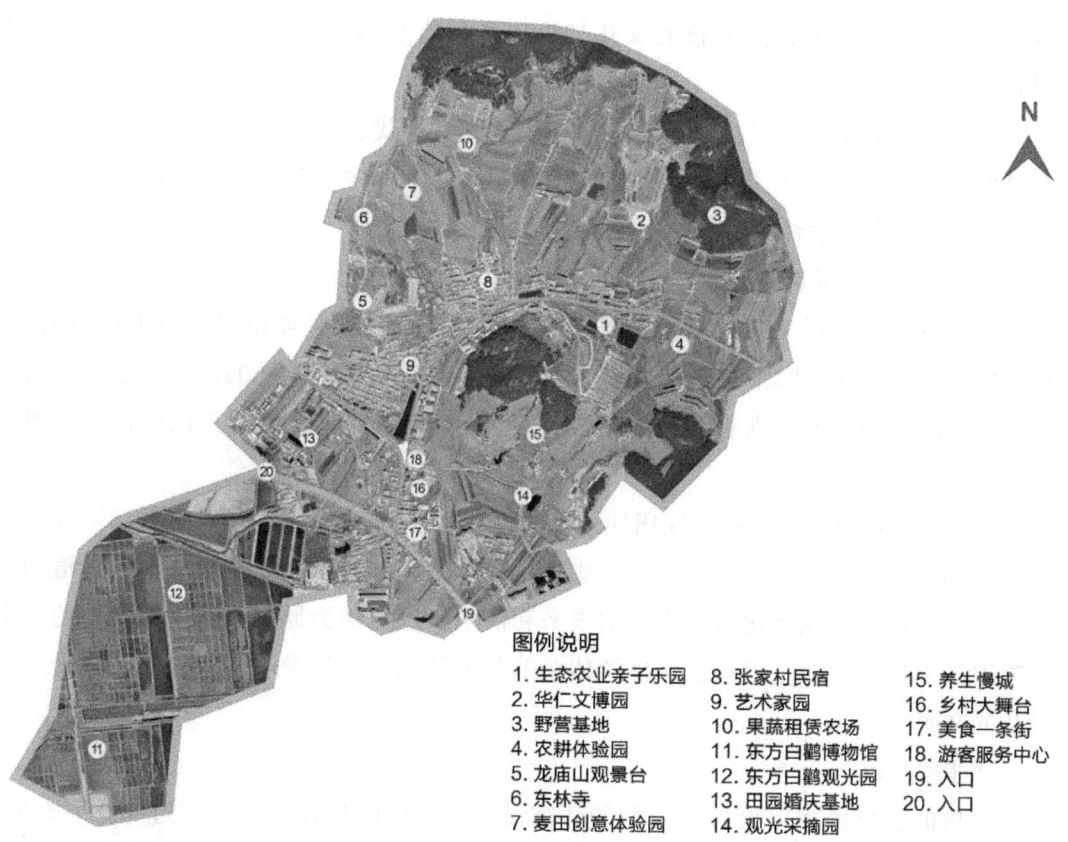

图例说明
1. 生态农业亲子乐园　8. 张家村民宿　　15. 养生慢城
2. 华仁文博园　　　　9. 艺术家园　　　16. 乡村大舞台
3. 野营基地　　　　10. 果蔬租赁农场　17. 美食一条街
4. 农耕体验园　　　11. 东方白鹳博物馆　18. 游客服务中心
5. 龙庙山观景台　　12. 东方白鹳观光园　19. 入口
6. 东林寺　　　　　13. 田园婚庆基地　　20. 入口
7. 麦田创意体验园　14. 观光采摘园

图 10-7 张家村重点项目分布图

1. 北部乡村旅游区

（1）区域范围

主要规划内容包括：龙庙山观景台、东林寺、麦田创意体验园、张家村民宿、艺术家园、果蔬租赁农场等。

（2）项目策划

①龙庙山观景台

整个观景台规划由"前台后阁"组成，各有分工，以人行天桥贯通。"前台"由一个主平台和两个辅助平台组成，并装有轮廓灯，水银灯；"后阁"具有观景、摄影、休闲娱乐等功能。规划安装观光电梯和疏散楼梯，既方便游客观赏美景，又解决了交通安全问题；设置强力低空彩色射灯及配套灯饰工程，让观景台光芒四射，犹如水晶宫般美丽。郊野休闲区设有观景亭、长廊和健身区，适合老、中、青年及儿童娱乐健身，拓展观景休闲功能。

②东林寺

将东林寺打造成佛学文化旅游胜地，建设佛教文化景观集聚的大观园，展示佛教各宗派的历史渊源，发掘佛教及相关文化的旅游细分市场及文创产品，成立佛学院，传达健康、科学、通俗式的佛教文化知识以及具有学历认证资格的专业佛学文化知识等。

以东林寺为基础，以禅文化为核心，以国际、现代、人心、自然等为特色，打造心灵保养的禅修胜地和清心居所。主要面向中高收入的中老年群体、企业高管、文化素养较高的专家及学者等市场客群。

③麦田创意体验园

麦田风光、麦田文化，是张家村的一大特色，也是很多城市居民的理想与向往。很多城市居民在休闲时节都想抛开城市间的烦恼，离开钢筋水泥的困惑，远离柏油马路，闻一闻乡间扑鼻的麦香，望一眼滚滚麦浪，闭上眼睛感受大自然的韵律，是何等的惬意。

张家村可通过策划选拔"麦田仙子""麦田形象代言人"以及"名誉村长"等旅游文化活动吸引公众关注。通过亲近农耕项目，让游客体验从田间到餐桌，从种植到制作，从传统食品到现代化食品生产的艰辛和快乐。以麦秸为原料创作丰富多彩的艺术形象遍布麦田，开发青麦品尝、种植体验等各类活动，让旅游者亲近自然，享受农耕文化的文明。

④张家村民宿

本村的乡村民宿可设置为小型的住宿设施，单幢的独体建筑不超过800平方米，高度不超过4层，充分考虑科学合理的经营和安全问题。民宿场景可设置为：农家院内，墙上檐下挂着玉米和红辣椒；屋内床上蓝印花床单，淳朴清新，蕴含浓浓的田园气息。不同于只接地气不贴时代的农家乐，也不同于标准化服务的星级酒店，本村的民宿要求普遍规模小、干净清新、布置别致。

虽然处在农村地区，但内部设计应充满现代气息，配套设施俱全，而窗外则是久违的透明蓝天和清新空气。本村的民宿不同于旅馆或农家乐，主人应像朋友一样热情接待游客，大家可一起下地干活、上树摘果、聊天做饭。旅游者在这里放下手机，关了电脑，亲手采摘，亲手劳作，体验美丽乡村的慢生活。

⑤艺术家园

利用村内现存古民居，搜集整理当地民俗，整修古民居，开辟乡村文化体验场所——艺术家园。成立管理委员会，摸底农户出租意愿，召开艺术家和村民代表座谈会，制定准入条件，登记意向入驻的艺术家，落实房源和艺术家资源，明确艺术家园的目标、定位、思路、措施。同时，开展村庄环境整治和绿化提升工作，改善村庄面貌。

为提升艺术家园的知名度，促进文化创意产业发展，管理委员会应联合入驻艺术家、策展人等，举办"张家村文化创意展"等系列文化活动。在保持农村原生态、原风貌的基础上，积极筹划"张家村艺术节"等系列节庆活动，包括艺术摄影展、室内设计展、画展等，还可举办"最美张家村摄影大赛"、文艺沙龙等，将张家村打造成为极具特色的文化艺术创意村，成为大连市的文化新地标。

⑥果蔬租赁农场

a. 半托管自种会员

◆农场提供：

菜地（标准单位，可选多块，也可按照平方米灵活增加搭配）；应季种植所需的多种苗和种子；所需所有农具；井水灌溉，现场种植技术指导；有机肥、牛粪、麻渣、豆饼另收费，也可以自备。

◆游客需要做：

每一到两周不定期来农场劳动，管理自己的菜园，按照农场耕作种植要求维护菜地；预先支付年租金。

◆游客的回报：

菜地上产出的全部蔬菜产品；带家人孩子到农场享受农耕乐趣，体验田园生活；免费参加农场组织的各种活动；以会员价格购买农场的水果，农产品等。

b. 全托管会员

◆农场提供：

菜地（标准单位，可选多块，也可按照平米灵活增加搭配）；应季种植所需的苗和种子；有机肥料；井水灌溉及农具；现场种植技术指导；浇水、施肥、除草、间苗、整枝、搭架、除虫等菜园管理任务。

◆游客需要做：

定期到农场播种、栽种，种下游客需要的蔬菜；定期到农场收获菜地上的蔬菜；不定期参与菜地管理，承担部分劳动；遵守农场蔬菜种植及相关管理规定；预先支付年租金。

◆游客的回报：

菜地上产出的全部蔬菜产品；带家人到农场享受农耕乐趣，体验田园生活；参加农场组织的各种免费活动；以会员价格采摘农场水果、其他蔬菜、农产品等。

c. 采摘会员

◆农场提供：

成熟季节的新鲜蔬菜水果；农场的休闲设施和其他配套设施等。

◆游客需要做：

蔬菜成熟季节来农场亲手采摘游客需要的蔬菜；预先支付年费用。

◆游客的回报：

农场公共采摘区菜地上的新鲜蔬菜水果；带家人朋友到农场享受农耕体验的乐趣；参加农场组织的各种免费活动；以会员价格采摘农场水果、其他蔬菜、农产品。

d. 果树租赁农场会员（农场花园菜园房屋小院出租）

◆农场提供：

两居房、花园小院、厨房、卫生间、太阳能洗浴（全天热水）、供暖、井水、农具、有线、宽带等。

◆游客需要做：

房屋小院使用金，花园设计与管理，田园劳动。

◆游客的回报：

全年农场度假休闲、长期居住，果园休闲喝茶、露营、烧烤、野炊、篝火、烟花、垂钓、有机田园生活，农场所有公共设置免费使用，有机田园餐厅等。农场有机水果、蔬菜、农产品等享受会员价格，免费参加亲子自然教育等所有农场组织的活动。

e. 家庭健康私家菜园会员

◆农场提供：

菜园；帮游客种植管理，围栏搭建，种植所需多种苗和种子；所需所有农具；井水灌溉，现场种植技术指导；有机肥、牛粪、麻渣、豆饼等有机肥料，农资等。

◆游客需要做：

根据喜好设计菜园和选择蔬菜花草品种，不定期参与菜地管理，承担部分劳动；

预先支付年租金。

◆游客的回报：

菜地上产出的全部蔬菜产品（如不足500斤蔬菜，农场补充）；带家人孩子到农场享受农耕乐趣，体验田园生活；全程托管，蔬菜配送到家，赠送采摘农场有机水果蔬菜。免费参加农场组织的各种活动；以会员价格购买农场的水果、农产品等。

f. 果树认养（私家果园）会员

◆提供：

农场果园果树品种，杏、樱桃、桃、梨、苹果、葡萄等；井水灌溉，现场种植技术指导；有机肥、牛粪、麻渣、豆饼等有机肥料，农资等。

◆游客需要做：

定期到农场管理果树，浇水、施肥。预先支付年租金。

◆游客的回报：

果树上产出的全部水果；带家人孩子到农场、果园享受农耕乐趣，体验田园生活；赠送农场有机水果蔬菜；免费参加农场组织的各种活动；以会员价格购买农场的水果、农产品等。

2. 东部研学旅游区

（1）区域范围

包括：生态农业亲子乐园、华仁文博园、野营基地、农耕体验园等。

（2）项目策划

①华仁文博园

在不破坏任何农业用地的前提下，整合当地现有砖窑旧址、生态植被、历史遗迹、民俗文化等，顺应时代发展，集农业研学、科普研学、校本研学、近郊乡村游、康养、休闲文娱、新农村文化体验等项目于一体，打造一个新农村综合生态文旅项目。

以保护生态环境为前提，以原有砖窑为基础，以周边农村集群为载体，以窑文化、汉唐文化、民俗文化及国学为灵魂，通过保留当地原有地质生态特征以及民俗文化为描摹故事，以农耕文化丰润故事，以历史文化刻画故事；通过民俗体验追忆过去的故事，通过农耕体验续写今天的故事，通过生态度假引领未来的故事。让每个到文博园的游客找回心中的往事，让每个来张家村的游客了解旅顺口的故事。

②野营基地

利于本村自然山地及开敞区域种植绿草花卉，搭建帐篷，设置鲜花露营地，实现人与自然的完美结合，让游客置身于一个天然生成的极佳野营基地。岩石、鲜花、森林、草坪等，浑然天成为一体，精妙绝伦。同时，配备乡村风格的长椅、凉亭等休闲设施，设置木质书箱若干，让路过的游客有一个驻足的地方。

③农耕体验园

规划建设以农耕文化体验为主题,并融科普性、趣味性、参与性和农产品研学、生产为一体的农耕体验园。通过创意创新把简单的农业生产设计成互动性、参与性极强的农业体验项目,赋予农业产品及活动更多的功能和文化内涵,让广大市民及游客在体验中亲近自然、乐享农耕,从而唤醒农业新的生命活力。让青少年可以定期在此体验农耕文化,既让他们深刻体会"锄禾日当午,汗滴禾下土"的含义,又领略"谁知盘中餐、粒粒皆辛苦"的真谛,并传承"认识粮食、珍惜粮食"的传统美德,可充分锻炼青少年的体质和意志。

定期举办农事农活表演赛活动,让每一位游客参与农耕、感受农趣。同时,也将农事活动与农耕文化相结合,在传承农耕文明的同时,通过原乡、原俗的农耕体验,充分展现农业生产劳动的热烈场面,吸引更多旅游者参与体验,感受农业发展成果。

④生态农业亲子乐园

规划建设生态农业亲子乐园,主打DIY体验游、教育科普游、动感创意休闲以及学生夏令营等项目,具体内容如下:

a. DIY体验游

父母和孩子共同参与各项产品的手工制作,培养儿童的动手能力和创造力,体会制作过程的乐趣。除了常规的手工制作体验活动之外,结合当地民俗特色,开展传统手工艺品制作教程。同时,游客可以在DIY商品交易市场通过"以物换物"的方式获得独特的购物体验,营造旅游者之间自由沟通的交流空间,打造园区特色购物体验场所。

b. 教育科普游

游客亲自参与植物的栽培、种植和采摘,近距离观察各类动物的饲养和驯化技术,通过实践学习到课堂外的知识。开设室外讲堂,鼓励孩子与讲解人员互动,讲授基本的野外生存知识,增加对大自然的兴趣。提供农场动物园中的"宠物收养"服务,让游客通过亲自饲养加深对动物的了解,培养孩子的爱心。

c. 动感创意休闲

从儿童的视角出发,关注孩子们的奇思妙想,用"孩子自己的作品"装饰整个动感创意休闲园,打造以"孩子手中的画"为背景的景观园艺,以孩子的手工作品为原型设置艺术雕塑,塑造儿童专属创意空间,进而培养孩子的想象力和创造力。

d. 学生夏令营

打造中小学生生物课及生态教育培训的第二课堂和实地体验基地,积极与教育部门联合组织各种形式的夏令营、冬令营,策划具有影响力的少年儿童活动。

3. 南部康养旅游区

（1）区域范围

主要规划内容包括：观光采摘园、养生慢城、乡村大舞台、美食一条街等。

（2）项目策划

①观光采摘园

利用张家村现在已形成的四大系列水果种植产业品种，主要包括：红富士苹果、巴梨、玫瑰香葡萄、大樱桃等，规划建设大规模观光采摘园。力争季季有果，月月有花，一年四季都可以花果飘香，保证果园产量平稳，获得产量最大化。

积极利用观光采摘园开展鲜果采摘体验项目。聘请专人教授游客选择好品种及培育技巧，让游客在采摘以外还可进行赏花、赏景、体验农事等乐趣，提高重游率，发挥观光采摘园最大的经济效益、生态效益和社会效益。

可以与张家村民宿或者其他配套休闲设施相结合，建设配套蓄水池、科普知识展板、游客步道等，打造休闲一体式的观光农业。在采摘旅游旺季期间，可以举办一系列知识竞赛、闯关大赛等活动，不仅提高观光采摘园的知名度，还可以让游客参与其中，感受观光采摘园带来的乐趣和快乐。此外，还可以把采摘剩余的果实进行深加工，让游客购买本地水果加工而成的果汁、果干、巧克力等深加工产品，延长产业链。

②养生慢城

"慢城"一词的概念源于20世纪末期。1999年，意大利的4个小城的市长联合发布了《慢城运动宪章》，提出建立一种"放慢生活节奏"的城市形态，积极倡导"反污染、反噪声，支持都市绿化，支持绿色能源，支持传统手工方法作业，没有快餐区和大型超市"。其后，慢城所倡导的理念越来越深入人心。2010年，南京市高淳区桠溪镇成为我国第一座"慢城"。

在建设慢城过程中，既融入慢城理念，又弘扬中国优秀传统文化，赋予慢城建设独特的人文内涵与文化魅力，置身其中使人深刻地感受到一种怀旧、从容、养生、休闲的"慢节奏"生活。慢城文化已经成为一种全新意义上的发展理念，其核心内涵是，保持地方文化和地方精神、保持地方原生态和地方生活特色，保持地方民族风情和地方独有的幸福体系，最终为了创造一个更适合人类居住的、可持续发展的生活空间。

本区域可整合旅顺口区的专业医院、医疗器械、生态餐厅以及其他机构，为老年市场提供保健医疗、度假养生、休闲娱乐等一系列服务。规划建设养生慢城，内设中医理疗中心、健康管理中心、老年养生度假公寓等养生设施，配备生态养生度假木屋等。按照《慢城运动宪章》、"慢城特殊要求"等系列标准和准则，倡导"慢生活"理念，推行"1+3"的建设模式（"1"是做好一个高起点、大手笔、系统化的规划，"3"是做好交通、周边环境和招商引资三件实事），充分利用好现有的农业产业条件，围绕蔬菜、花卉、水果等产业，注入农业观光、乡村旅游、科普文化、农事体验、休闲养生等慢生活元素，加强交通网络、建筑风貌、公共服务、旅游设施等基础建设。

③乡村大舞台

为加强公共文化服务体系建设，规划建设乡村大舞台，并组建50余人的文化志愿服务队伍，帮助当地村民成立合唱团、秧歌队、舞蹈队、腰鼓队等文体组织，进行自编自演文艺节目，丰富村民与游客的文化生活，成为本村文化娱乐的最佳去处。融入青山绿水，传承民俗文化，凸显产业特色，用乡村文化振兴积极推进美丽张家村的建设。

④美食一条街

以本村及旅顺口区的特色农家饭及新鲜海产品为基础，突出传统与现代的结合，规划建设特色美食小吃街，例如：张家村特产、煎饼摊、豆腐坊、饺子店、海鲜馆等。效仿陕西袁家村发展模式，每种小吃只能有一家售卖，各家比赛赢得卖某小吃的资格，保证顾客吃到的产品呈现了最高水准，又避免了同类产品恶性竞争；小吃街每日流水统一收集管理，确保了财务透明；食品原料由村委会统一采购，让食品质量和安全得到保障，同时带动了周边生产原料的村庄与厂家；入驻商户利润的20%归袁家村村民所有，实现村民与入驻商户利益共享，形成友好的创业环境；采用由基本股、交叉股和调节股3部分构成的股权结构，在利益分配上调节了贫富和收入带来的差距，避免两极分化。

4. 西部生态旅游区

（1）区域范围

主要规划内容包括：东方白鹳博物馆、东方白鹳观光园、田园婚庆基地等。

（2）项目策划

①东方白鹳博物馆

东方白鹳是大型涉禽，国家一级保护动物，世界自然保护联盟（IUCN）红色名录保护级别EN有灭绝危机的物种，作为世界濒危的国家一级保护鸟类，东方白鹳目前仅存约3000只。对于自然生态而言，鸟是至关重要的存在，它们春来秋往，沿着气候飞翔、穿越沧海，而张家村为鸟类迁徙提供了一个重要的栖息地。本村拥有优美的环境，良好的生态，宜人的气候等条件，同时还兴修水利，注重生态保护，每年都有大批的国家一级保护鸟类东方白鹳来此驻足越冬。

积极利用张家村的特色生态资源，规划建设东方白鹳博物馆。博物馆内分为四大展厅，即共生厅、共鸣厅、共赏厅、共享厅等。通过LED屏幕、灯光沙盘、壁画、图片、文字以及标本展览的方式，让旅游者充分领略东方白鹳的独特魅力。博物馆可以通过展示标本，向游客科普一系列鸟类保护的专业知识，让游客知晓鸟类在这个世界上的重要性等。

②东方白鹳观光园

东方白鹳是国家一级保护动物，数量稀少。每年9月末至10月初开始离开繁殖地黑龙江省，成群分批往南迁徙，沿途会选择适当地点停歇。张家村就是它们经常歇脚的地方，在这里补饲休整一段时间。补饲是指东方白鹳在迁徙途中食物不够，需要人为给予能量补充。为了更好地照顾它们，张家村组成了专职护鸟队，在其驻足越冬期间，不仅要每天观察、记录以及及时救护，还要每日喂养，目前每个冬季会有超过100只东方白鹳来此此驻足停歇，大约要在张家村停留4个月左右。

规划建设东方白鹳观光园，为游客提供空间近距离赏、喂养白鹳，并积极创办张家村东方白鹳摄影大赛，吸引爱鸟、护鸟人士，摄影爱好者，专业摄影师以及广大生态、研学旅游爱好者。

③田园婚庆基地

规划建设田园婚庆基地，可举办浪漫田园婚礼及特色婚纱摄影等。充分利用当地金秋收割的麦场、森林、山地、盐田等，让婚礼变得既有个性又具有艺术感。设置休息区，使用草垛堆砌的桌椅板凳，加上田园风的织品，凸显浪漫气氛。安置指示牌，插放在草垛上为宾客指路。提供签到区，设置草垛景观装饰，配备乡村风格的布艺，摆上鲜花，增添清新气息。设置留影区，婚礼摄影的背景可用草垛堆砌成阶梯形，也可以是任意形状。通道区，采集当地花卉装饰在通道两侧。迎宾席位，可将草垛代替传统的椅子，可排成各种各样的造型。用餐区，桌椅也可以直接用草垛来装饰。甜品台，位于婚礼场地周边，可使用草垛和木板搭建成简易装饰台，摆上令人喜爱的小饰品，充满自然野趣。

七、旅游市场营销规划

（一）营销理念

1. 低碳营销理念

张家村的旅游开发应顺应可持续发展理念与绿色消费潮流，进行低碳开发与营销，从保护生态环境和充分利用自然、人文资源的角度出发，力求满足消费者崇尚自然、心灵回归、享受旖旎自然风光和原生态文化的绿色需求。

2. 创意营销理念

从某种程度上讲，创意已经成为旅游营销最关键的内核。张家村应在纷繁变幻的旅游信息大潮中，借助新颖独特的创意来塑造符号价值、吸引游客的眼球。可通过新颖的促销理念和手法，使旅游产品焕发出生命活力，起到点石成金、事半功倍的效果。

3. 情感营销理念

现阶段，人类社会已进入情感经济时代，情感营销已在创造财富、创造品牌、创造梦想，情感营销已成为业界制胜的法宝。情感营销即把旅游者个人情感差异和需求作为营销战略的核心，通过心灵的沟通和情感的交流，赢得旅游者的依赖和偏爱，进而扩大市场份额，取得竞争优势。张家村的旅游营销要"以人为本，情景交融"。

4. 整合营销理念

区域营销是将地区视为一个市场导向的企业，将地区的未来发展远景作为一个吸引人的产品，通过强化地方经济基础以及更加高效地满足和吸引既有的和潜在的目标市场，主动营销地区特色。张家村要认清自身旅游发展的特色，积极融入旅顺口区创建全域旅游示范区的一体化营销体系中，与周边的乡村相互完善、相互补充、联合竞争、客源共轭、共同发展，形成区域对外宣传的合力。

5. 注意力营销理念

注意力经济是指最大限度吸引消费者的注意力，通过培养潜在的消费群体，以期获得最大未来利益的经济模式。旅游经济是典型的符号经济、特色经济、注意力经济，张家村在信息社会中、互联网时代下，应该积极捕捉旅游者的注意，并变注意力为吸引力、选择力、购买力。

（二）营销目标和策略

1. 营销目标

◇营造新型乡村、景区和社区多元驱动的休闲旅游品牌；
◇不断提升张家村的知名度和美誉度；
◇增强游客对张家村旅游品牌的忠诚度，提高重游率；
◇巩固和拓展国内外目标客源市场；
◇促进旅游消费和旅游综合收益的增长。

2. 营销策略

营销策略是在相当长的时期内对旅游地市场营销发展的总体设想与规划，是对未来发展方向的总体把握。营销策略一旦确定后，一般保持稳定，以不变应万变。

（1）低碳营销策略

区域旅游开发在注重经济效益的同时，还必须承担一定的社会责任，追求经济效益与文化效益、生态效益、社会效益的统一，尤其要保证旅游区生态效益的增值。否则，旅游地就会被消费者抛弃，不为社会所认可。因此，张家村所有营销活动必须以社区利益为重，兼顾消费者、地方居民的长期福祉，以绿色市场营销理念为核心，形成可持续发展营销、生态营销与文化营销理念，主导张家村的营销方向。

（2）绿色形象营销策略

塑造与张家村相符合的区域旅游形象。旅游形象设计应同时从理念识别系统（MIS）、视觉识别系统（VIS）和行为识别系统（BIS）三方面下手，在设计中处处体现"绿色"意识，提高旅游产品的知名度。

（3）差异化营销策略

如果产品具有消费者重视的某些独特优点，是业界竞争品牌所没有的，那便可以增加营销绩效。张家村的营销定位，应以生态回归旅游为基础，发展乡村民俗旅游、休闲减压旅游，创造独特的旅游产品、实惠的价格、差异的营销渠道、独特的品牌营销，才能吸引旅游者前往，才能立足于东北乃至东北亚地区。

（4）全球化营销策略，实施双枝营销

全球化的过程以及科学技术的发展，使得旅游地可以通过低成本的方式进入到世界竞争舞台上。目前全球网络平台的实现，使得市场更趋一体化。因此，旅游地的市场营销活动不得不面向世界市场，进行全球化营销。与此同时，各地方市场又有其特殊性，尤其是各地方市场的文化特色各不相同，这就要求旅游地在进行全球营销时必须注意市场的适应性，使旅游地的文化与客源市场的文化相融合，使产品在客源市场中实现经济效益与文化效益的统一。全球化与本地营销是旅游地并行不悖的原则，旅游地通过全球化营销迎接全球市场，获取更大生存空间，通过本地营销做好每个区域市场的文章，亦即实行双枝营销。

（三）营销方案具体设计

1. 营销步骤

张家村旅游营销活动可分为四个步骤：第一，目标市场认知阶段。通过广告、公关、网络、节会等方式进行促销。第二，品牌形象树立与维护阶段。通过控制渠道中间商的品质和数量，旅游服务质量管理，客户管理与维护等方式，树立旅游品牌的核心内涵，培育张家村旅游产品的美誉度，维护张家村旅游产品忠诚度。第三，扩大销售规模阶段。采取多种渠道营销策略和促销策略，开展跨区域旅游合作，大力拓展海外与区域外市场，将张家村旅游品牌做成行业精品。第四，建议与辽宁省营销宣传推广方案对接，纳入本省旅游营销推广的体系，争取上级资金支持。具体内容包括以下几个方面：

（1）目标市场认知阶段

该阶段的营销目的是引起游客对张家村旅游的认知与兴趣。可在精英杂志、旅游杂志、汽车杂志、航空杂志上进行专题宣传，印制精品旅游宣传册，在高星级酒店、机场等高档消费场所免费赠阅。邀请主流旅游媒体拍摄影视宣传资料，撰写旅游游记文章，通过电视、网络、广播等进行宣传。可在大连周水子机场进出交通线路两侧、大型购物中心停车场等游客会集地区进行户外平面广告宣传。还应与知名旅游企业合作，通过举办文化交流活动、旅游邀请活动、车友聚会活动、名人商演活动等提升张家村旅游的影响力，聚集人气使旅游者认识体验张家村的旅游产品，并形成良好认知，通过游客口碑宣传进一步扩大市场规模。

（2）品牌形象树立与维护阶段

积极启用信息化平台，广泛采纳游客提出的意见与建议。加大投资力度、管理人力资源，完善旅游项目的基础设施、旅游设施，提高旅游服务水平。加强客户管理、电话销售及会员服务等，维护客户忠诚度。理性选择旅游中间商，淘汰信用度不高、服务水平较差的旅游代理商，控制各地区渠道销售环节，在每个地区选择一家规模较大、具有专业旅游销售服务水平的销售代理商，最终树立张家村的旅游品牌形象。

（3）扩大销售规模阶段

张家村旅游品牌形象树立后，应通过开展跨区域旅游交流合作，加强张家村与双岛湾街道、旅顺口区、大连各区市县、丹东、营口、盘锦、锦州、葫芦岛等地旅游资源的整合营销，加强区域旅游产品的综合竞争力。加大旅游推介与政府公关，积极参与国际旅游会议，举办大型摄影、旅游、康体、文化等节庆及赛事活动等，进一步扩大旅游市场影响力。通过价格优惠、优先购买、时权购买、会员机制等吸引更多的游客，将区域旅游市场从东北地区扩大到全国，积极开拓海外市场。在扩大旅游销售规模的同时，加强旅游环境容量和游客的旅游心理容量的控制。

2. 时序营销方案

营销方案是随市场需求发展变化的，旅游地本身的供给能力也在不断提升。由于不同时期对市场开拓与维护的侧重点不同，不同目标市场的营销方案也有所不同，因此根据规划时序深入分析近期（2019—2022）、中远期（2023—2030）对省内旅游市场的营销方案进行设计。

（1）近期（2019—2022）营销战略

①2019：规划及主体工程建设期——政府主导

2019年，《张家村旅游发展总体规划》编制完成，进入旅游项目主体工程建设期，主要包括：交通、供水、供电、通信等基础设施的建设。此时的营销目标是将规划蓝图"通知"给潜在的消费者，即广泛地为公众所知晓，扩大旅游地的知名度。

将规划分区建设图制作成大型宣传图片，放置在本市居民常去的休闲地，如：星海广场、星海公园、老虎滩、金石滩等，以及人口密集地，如：周水子机场、大连北站、大连站、西安路、青泥洼桥等商业圈。

可考虑先将旅游地的入口引导区及综合服务区（游客服务中心）建好，在此位置设立临时的"规划建设指挥部",并制作未来旅游地的全景沙盘,用以直观立体展示。同时,做好"投资分析图""经济收益分析"等,以吸引潜在的民营私企投资者。

② 2020:运营与建设同步——政府主导,企业参与

旅游项目的建设是持续动态的过程,旅游地正式营运后,仍会有新的项目陆续建成,新的产品创新开发。由于基础设施、旅游娱乐设施等主体项目基本建设完成,因此本阶段可以正式接待游客,更会吸引企业、私人投资者的眼球,引导其对旅游地及其项目的逐步介入,旅游地步入良性发展阶段。

本阶段的营销目标是"做大声势,让潜在顾客好奇、感兴趣"。一是积极融资:寻找对休闲旅游感兴趣的企业家、对旅游行业未来前景看好的企业家投资。二是专题新闻报道:开工奠基仪式、工地形象广告、对企业投资方的人物专访。三是专题报刊宣传:设计3~4期关于张家村的过去、现在、远景的介绍,有选择性地发放到各大企事业单位。

③ 2021—2022:营运期——政府出面、企业出资

本阶段的营销主要是在政府的统一协调指挥下,由各投资主体出资开展。发展初期的宣传最为重要也最为关键,要开展全方位的、铺天盖地的营销宣传。此时的营销目标是增强旅游地的吸引力、辐射力,提高知名度与美誉度,使张家村深入人心,促使游客的认知有效地转化为旅游行为。以一级目标市场的开发为主,二级目标市场为辅。具体包括以下几种营销策略:

产品策略:主要以体验观光游、休闲度假游、保健养生游、民俗风情游、艺术写生游、科普体验游、信仰祈福游等为主的体验、休闲度假绿色旅游产品吸引游客;也可在不同季节适当组合各旅游产品,例如,在春季、秋季等的特殊节日中可策划民俗节庆活动、花海之旅等。

价格策略:由于本阶段主要目标客源市场是本区域范围内的休闲度假游客,因此价格要适中,制定工薪阶层都能够消费得起的价格,既可以招徕消费者又能够吸引回头客,提高重游率。

针对不同客源市场可推出优惠政策:a.老年人市场。喜静、考虑安全因素决定其出游时间多在平时,可推出"银发年卡""70岁以上老人免门票""持有老年证半价"等优惠活动,既获得了经济收益(陪同老年人出游的家人的花销),又赢得了社会效益。b.学生旅游市场。学生集体的出游时间相对比较集中,春游、秋游、寒暑假,针对性强,可在全年的固定时间段内由旅游地管理小组派专门的营销人员开展促销。c.针对重游率高的单位或个人可采取"年卡制"。d.季节折扣。淡旺季不同价格,淡季时可以制定出低于旺季时的价格,以刺激旅游者的消费欲望。

促销策略:a.人员推销。派出专门的营销队伍对一级客源市场中的一级目标市场

直接促销。b. 电话促销。对主要目标客源市场的企业单位、事业单位、政府机构定期进行电话宣传推广。c. 广告宣传促销。杂志、广播、电视、报纸等四类媒体广告并用，以及网络广告、户外广告、电子广告、手机短信广告等，除了丰富图片、文字信息等静态的介绍资料，还可加入动态景点介绍短片，使宣传更为生动形象、栩栩如生，以此增加游客的出游欲望。d. 公共关系促销。由政府组织开展一系列绿化工程等公益活动、进行一系列当地新人新事的报道以及运用名人效应（祖籍是辽宁，或与辽宁有关联的社会各界名人），从而提高旅游地的社会知名度。e. 节庆促销。举办旅游与文化、民俗、宗教相结合的节庆活动。

渠道策略：对游客来讲，销售渠道就是购买途径。a. 直接销售渠道：游客与销售点（旅游区）的直接购买行为，包括传统的销售点直接购买门票、电话预订、网络预订等。近期以直接购买为主，开通电话预订系统。b. 旅行社的间接销售渠道：由旅行社进行线路的推广，使之成为火热线路，初期可选择全国百强旅行社进行推广。c. 不定期增设销售点，派出宣传促销团队前往目标客源地，一方面进行宣传促销，从事经常性的公共宣传活动；另一方面接受产品的预订购票。d. 与辽宁省内旅游相关企业共同建立销售网络，使游客在省内可以方便购买到欲前往旅游地的门票，预订到酒店、餐厅的服务。e. 增加销售旅游产品的机构类型。如保险公司、律师事务所、出版社、报社等人际关系网络比较庞大的机构也可以参与旅游相关产品的销售，保证产品的可达性，让游客在任何时间、任何地点都有机会购买到旅游产品。

（2）中远期（2023—2030）成熟营运＋持续开发期

①成熟营运期

旅游地项目建设的不断完善，产品进入成熟化阶段，游客达到一定数量，旅游地步入正常运行轨道。此时的营销目标是扩大目标市场，即巩固一级目标市场，重点开拓二级目标市场，发展三级目标市场。具体包括以下策略：

产品策略：变原始的农家乐为多元休闲产业共同发展的休闲乡村，变季节性的旅游观光为四季皆宜的体验休闲旅游产品。

价格策略：门票价格不变，在提高各项旅游项目的整体档次与接待水准的情况下，增加游客的消费水平。

促销策略：巩固促销一级旅游市场，保证持续的旅游热潮；重点开拓二级旅游市场，其手段同营运初期。

渠道策略：除已有销售渠道外，不断根据成本最小化、效益最大化原则扩充新的渠道。

②持续开发期

旅游地建设完善，并不断充实完善提高内涵，地区品牌形象树立，客源市场数量规模已足够大，应将提高客源市场的质量视为重点。具体包括以下策略：

营销目标：兼顾一、二级目标客源市场，客源市场发展由数量扩张转向质量提升。

产品策略：对于前期已投入使用的旅游产品，更多的关注其软性建设，提升产品的内涵，从而延长游客的停留时间；同时适当增加高档次、高消费的旅游产品，如养生、摄影、自行车、自助游等。

价格策略：通过提高消费价格的手段让市场选择高收入、高消费水平的游客；在游客数量增加趋缓的同时，旅游效益稳步增加。

渠道策略：产品档次提高，消费层次提高，利用前期建立好的销售渠道同时，加强高档次旅游消费者的"口碑"宣传。

3. 空间营销方案

（1）省内旅游市场营销方案

省内以大连为中心，包括丹东、营口、盘锦、锦州、葫芦岛为优先开拓市场；沈阳、鞍山、辽阳、本溪、抚顺为重点发展市场；朝阳、阜新、铁岭为逐渐培育市场。经济学中的"二八定律"同样适用于旅游经济，即对占据目标市场总量20%的客源市场进行重点营销推广，会产生总收益额80%的收益。其中，占客源市场20%的是商务人士、各大企事业单位人员和公务员等，他们收入较高、工作相对稳定，工作地点相对集中，比较容易开展营销活动。现代社会这部分群体的工作压力较大，决定了这部分群体对回归、休闲、减压等生活方式的认同和接受，应围绕此目标市场有针对性地推出相应的休闲、减压、回归、养生等旅游产品。

（2）国内旅游市场营销方案

资源和区位条件决定了张家村旅游市场需依附于大连市国内旅游客源市场，是大连市旅游大市场的有机组成部分。只有大连市客源市场做大，才有可能利用各种营销手段从中分到客源市场；但也要在配合大连市总体营销的同时，积极寻求自身市场发展。

营销目标：近期优先开拓一级目标市场（吉林、黑龙江、内蒙古）；中期重点发展二级目标市场（北京、天津、河北、山东）；远期巩固一级、二级目标市场，有序发展机会市场（长三角、珠三角以及其他地区）。具体包括以下策略：

产品策略：在大连市各县市区积极创建国家全域旅游示范区之际，积极另辟蹊径，提供生态体验、乡村休闲、研学科普等旅游产品，与大连市已有旅游产品形成互补，丰富完善大连市旅游产品体系。

价格策略：与市内著名景点，包括：金石滩、老虎滩、圣亚海洋世界、森林动物园等共同制作门票联票，如"大连旅游一卡通"等，适时借力，扩大销售。

促销策略：将客源分流与线路延长有机结合。

渠道策略：积极利用大连市建立的总营销渠道。

（3）国际旅游市场营销方案

张家村近期应以乡村休闲、体验之旅为主打品牌；随着旅顺口区域交通的全面升级，远期或可开发入境游客的"体验生态张家村"等产品。在开拓入境旅游市场的各种营销手段中，选取费用相对低廉、宣传促销持续时间长的网络营销，设计精美的旅游地宣传网页，以发展张家村全域旅游为理念，吸引潜在旅游者。

（四）营销策略与措施

1. 建立目的地营销系统（DMS）

通过广告、公关、网络、节会建立旅游目的地营销系统（DMS），是应用互联网技术、结合数据库、多媒体、网络营销等技术手段进行旅游目的地宣传促销和旅游服务的综合应用系统。DMS由服务于五类用户的五大系统组成，五类用户分别是：行业主管部门、旅游企业、旅游从业人员、媒体、旅游者。五大系统是：信息发布系统、网络支持系统、服务管理系统、形象演示系统和市场营销系统。

相关营销措施包括：①建好旅游地网站，链接全球和中国各旅游网站，构建网络营销平台，聘请专业管理团队进行经营管理；②建立网络销售系统，配合旅游网站建设，在全球和全国目标市场逐步建立销售网点系统；③强化网络宣传促销，推出令人心动的广告，举办丰富多彩的网络公关活动。

2. 媒体炒作，传播品牌

邀请目标市场的知名媒体，例如辽宁卫视等，做好"眼球营销"，整理媒体联络单，主动向这些媒体提供张家村旅游的最新动态，重视对重大事件活动和旅游新产品的持续宣传和事件营销，通过精心包装，推出超级亮点，形成市场感召力和招商吸引力，吸引受众关注。在品牌指导下，有效引导媒体报道，设立"张家村旅游形象传播奖"，每年对有杰出贡献的媒体进行评奖，奖励媒体机构和个人。具体措施见表10-8。

表10-8 广告媒介渠道表

广告媒介	类别	首选	具体措施
报纸、杂志等刊物	商业类、旅游类、探险类	半岛晨报、大连日报、辽宁日报、中国旅游报、汽车报、记者摇篮等；中国国家地理、探索者等	刊登旅游地广告，在报纸上做插页在旅游旺季发放；媒体采风行动，进行专题报道
电视节目	新闻类、商业类、旅游类、娱乐类	旅游卫视、中央电视台旅游频道、辽宁卫视等电视台	新闻播报、旅游景点专题报道、协助电视台开办有知名度的节目，在电视台直播、转播

续表

广告媒介	类别	首选	具体措施
户外广告	宣传手册、墙体广告、车体广告、灯箱广告、广告牌	周水子机场、火车站、旅游集散中心、各高速路口或城市交通主干线、西安路、青泥洼桥、公交站点等	在机场、火车站、各高速路口或城市交通主干线设置广告牌、墙体广告；在集散中心地发放旅游宣传册
互联网	专业网站、搜索网站、门户网站、旅游网站	东北新闻网、北国网、大连网、新浪、搜狐、网易、TOM等门户网站；天涯、猫扑等BBS；携程、去哪儿、途牛、驴妈妈、马蜂窝等各大旅游网站	门户网站发布新闻，将旅游地的宣传片在网络上发布流传；在非官方的论坛集中舆论宣传
机构或组织	俱乐部、协会、酒店、商场	航空公司会员俱乐部、汽车俱乐部、自驾车俱乐部、驴友俱乐部；大连各五星级酒店等	在俱乐部、酒店、商场等公共场所设置宣传平台，安排人员提供咨询服务或设置自助体验旅游服务设施

3. 节事推动，持续冲击

主推民俗系列节事，巧打样板新农村、自驾车、养老、养生等特色牌，陆续举办面向国际、具有重大国内外影响力的旅游节事，形成持续冲击，使其成为景区宣传的强力引擎和超级平台，见表10-9。此外，还可举办观鸟节、赏花节、美食节、摄影节、书画艺术节等常态性节事活动。

表10-9 重要节事时序表

节事名称	举办时间	活动主题	活动内容	举办方式
张家村旅游文化节	2020年	村里边的风情	山地、水上、野营、自驾车、徒步、自行车等体育运动大赛、乡村美食大赛、旅游项目推介会等	双岛湾街道牵头，张家村承办
旅顺欢乐健康旅游节	2021年	健康生活欢乐旅游	公益惠民、旅游企业优质服务、旅游者文明旅游等大连欢乐健康旅游活动宣传推介	旅顺口区政府牵头，张家村承办
民俗文化研讨会	2022年	创意缔造奇迹，开创新型民俗旅游	民俗文化旅游研讨会、专家报告、民俗体验游赏等	双岛湾街道牵头，张家村承办
2023中国·大连·张家村农旅文化节	2023年	农村大观、和谐城乡	三农发展巅峰论坛、张家村招商引资项目推介会	大连市政府牵头，张家村承办
张家村摄影文化艺术节	2024年起逐年举办，形成连续节庆	精彩无限，镜头聚焦	书画、摄影、文艺作品展等，张家村摄影大赛等	双岛湾街道牵头，张家村承办，联合省内艺术院校和社会艺术家
张家村赏花养生节	2025年	梦幻花海、适宜自然、人文风情	举办张家村赏花会，进行宗教、医药、养生康体研讨会	张家村承办
旅顺口区国际健康饮食节	2026年	绿色有机、生态环保、健康欢乐	举办健康饮食研讨会，进行健康饮食选拔赛	旅顺口区政府牵头，张家村承办

八、规划实施保障

（一）实施战略

1. 实施两大战略

（1）"政府导向型"战略

充分利用大连各县市区创建全域旅游示范区的有利条件，通过开放促进改革，迅速解决旅游产业发展机制方面的问题，全面转变政府工作职能，创新政府服务理念，以"政府导向、行业自律、企业自主"的产业管理模式，构建旅游业可持续发展的长效动力机制。进一步提高政府对旅游业的认识，统一思想，增强发展旅游业的使命感和紧迫感，真正把旅游业作为产业结构调整的重点、经济发展的增长点和国民经济的重要产业来扶植。要制定有利于旅游业发展的政策措施，引导培育，鼓励支持外资和区域外资金投资旅游业，旅游企业应视同一般的工商企业，享受同等政策。旅游区视同经济技术开发区，享受同等优惠政策。逐年增加旅游发展基金，加大对旅游业的投入。

（2）"市场主导型"战略

要充分发挥市场机制作用，用市场化的方式，遵循市场的一般规则，依靠各个市场主体的自主决策、创新和协调，在国家和区域经济社会发展的整体利益、环境承载力和可持续发展理念等条件约束下，推动全村的快速化发展进程。加快培育旅游市场主体，积极引导具有区域竞争力的旅游企业发展，大力扶持中小企业向专业化方向发展，促进市场合理分工，积极引进国内外知名的旅游大公司、大集团、大企业等，通过兴办中外合资旅行社、外商独资旅行社等方式，引进更多外资，逐步建立政府为导向、市场为主导、企业自主经营的符合国际惯例的旅游产业发展模式。

2. 做好三大转型

（1）以"均等服务"为重点，推动居民身份转变

现阶段，区域农业人口比重大，从事第二产业和第三产业的人口比重低。新旅游建设、新商区发展、新农业的发展，必将需要大量人口从第一产业转移到第二、三产业中，从事旅游服务业、从事交通运输服务业、从事商业服务业、从事农产品深加工等工作。为保障居民顺利转型，居民职业转型心理教育、居民职业道德教育和职业技能教育非常必要，这是发展新居民的基础工作。

旅游地建设需要不同技术要求和工种的劳动力资源，为满足需求，提高居民职业技能和职业道德是重要保证，要紧紧围绕本区产业结构战略性调整和旅游产业化经营，优先发展旅游管理与服务教育。统筹推进公共服务设施建设，形成以结构合理、网络健全、惠及本区居民的教育、医疗卫生、文化、体育等组成的全域公共服务设施体系，

让张家村居民享受到与大连城市居民同质化的基本公共服务。

（2）以"产权改革"为突破，推动产业转型

土地是产业发展的基础，土地产权改革势必先行。以"农民自主，还权赋能"为核心，开展农村集体土地和房屋确权工作，落实农民对土地和房屋的财产权；创新耕地保护机制，探索产权流转，促进资源变资本。积极探索农业农村投（融）资体制改革，建立农村多元化投入机制，培育农业农村市场主体。建立市场化的运营模式，进行土地合理有序流转，让土地资源变为土地资本，加快张家村产业转型。

①发展以旅游为导向的精品农业

以现有农业为基础，延长农业生产产业链，通过加强产业的融合发展，使农业生产、农产品加工、休闲观光、旅游度假等高度融合为一体，全面提升旅游体验，增加农业附加值；发展农业与工业融合，促进农产品规模化生产，增加深加工产品的数量、质量和种类；乡村与市区的融合，开发市区需要的农副产品生产，生产适销对路的产品，保证农业收入稳定增长。

②发展与旅游相融合的文化产业

依托地方特色文化，创意发展，创新开拓，利用高技术，发展影视、演艺、传媒和出版等文化产业，弘扬文化传统，增加张家村文化影响力，提升旅游地的知名度。利用本区农村劳动力，发展地方特色手工业，研发文创产品，服务游客，增加旅游收益。

（3）以"统筹谋划"为基础，推动经济转型

产业结构转型也必然导致经济结构的转型。由资源型农业生产加工，升级为以旅游服务业为主的开放型经济。以农业为主的初级产品生产加工转变成以旅游休闲度假为特色、以高端消费为主的服务业。加大旅游投入，着力加快旅游服务设施和基础设施建设，加强旅游与农业的产业融合，延长产业链条，增加产品的高附加值，实现以农业为主导一元产业结构向二元、多元产业共荣的结构升级。

本区应以关联度高、涉及面广、带动力强的现代旅游业为龙头，直接为交通运输、会议会展、宾馆餐饮、商品贸易带来客源市场。进而带动以服务为主的服务业经济的发展，通过个人消费服务（包括旅游、住宿、餐饮、文化娱乐、房地产等），带动基础服务（通信服务和信息服务）和公共服务（包括政府的公共管理服务、公共卫生、医疗以及公益性信息服务等），实现生产和市场服务的全面升级；通过全域旅游发展，实现张家村经济社会的大转型、大跨越。

3. 创新四项大体制

（1）创新管理体制

旅游产业是一个综合性、依托性和关联性极强的产业群，涉及国民经济和行政机构的众多行业和部门。为了充分调动各方面的积极性，避免各自为政、多头领导的弊

端,在分级管理、分散经营的情况下,坚持统一领导是完全必要的。要坚持这一方针,必须建立一个运用法律手段、面向全行业进行宏观管理的机制。基本原则是:①统一性原则。以大旅游、大产业、大市场为基础,改变各自为政的部门分割格局,集中各部门的相关职能,建立统一的旅游管理机构,形成集中式的管理体制,以利于协调各职能部门的关系,减少管理摩擦。②权威性原则。新建立的旅游管理体制应体现旅游管理机构的权威性,其一是要提高旅游管理部门在政府中的地位;其二是要赋予其相应的职权,以利于旅游管理机构实施"旅游兴村"战略,在开发与保护旅游资源、发展旅游经济中真正起到主导作用。③高效性原则。旅游管理机构的设置和旅游管理体制的架构,必须有利于旅游管理机构动作效率的提高,有利于提升旅游管理过程中的管理效果。④实践性原则。旅游管理机构的设置和旅游管理体制的构架,必须符合现实需要和客观实际,必须是因时制宜、因地制宜,具有现实性和可操作性,并且在改革和发展的过程中不断调整和完善。

新体制构想:在新时期、新环境下,突破条条框框,建立健全决策机制,形成居民参与、居民代表大会表决、党员大会审议、党组织领导、专家论证、居委会依法决策的科学民主决策机制。在发展中使农民成为市场主体,平等参与生产要素的自由流动,用市场之手,充分发挥市场配置资源的基础作用,建立归属明晰、权责明确、保护严格、流转顺畅的现代农村产业制度。

(2)创新资源开发体制

旅游资源具有不可再生的特点。为了确保旅游资源的合理开发和永续利用,必须建立新型的旅游资源开发体制,以避免资源开发中的盲目性、随意性、掠夺性,防止旅游资源的流失、浪费和破坏旅游业的可持续发展。

新体制构想:①要对旅游资源进行全面普查,制定总体开发规划和近、中、远期开发计划;②对资源开发实行"统一领导、统一规划",并由实力企业"统一开发、统一管理";③景区(点)对外经营须经旅游行政主管部门审批,授牌、发放经营许可证后方可营业。否则,不得对外招徕客人和经营,也不得列入基建计划。逐步建立起与社会主义市场经济体制相适应、最终与国际规则接轨的旅游行业管理系统、经营系统和现代企业制度框架,有效地增强旅游管理机构能力,强化旅游行业管理职能,建立旅游协调和发展机制,增强旅游活力,促进旅游业发展。

(3)创新融资体制

建设和发展旅游地关键瓶颈之一是资金不足,需通过制度创新和政策优惠吸引投资,创新投融资机制和制度。具体可从以下几个方面着手:

①资源融资

利用本区独特的旅游资源优势和交通区位优势,吸引外来投资者开发旅游资源,或吸引国内旅游投资者。方式可以是以门票收入作为抵押吸引国内金融部门（商业银行、证券保险和基金公司等）合作开发；或以资源参股方式吸引外来的战略投资者，开发康体休闲旅游产品。

②政策融资

利用地方优惠政策，吸引外来战略投资者投资。例如，给予一定时段的财税优惠政策，在一定时限内免征土地使用税、教育附加费、城市建设费等，减轻投资者在项目启动阶段的花费，促成其早受益、快发展的目标。

③企业融资

制定优惠政策，打造合作平台，以现有企业为主体，与其他企业尤其是国有大型企业、跨国企业通过参股等方式，形成战略联盟或合资公司，利用外部资金和先进的管理优势，发展本地企业，壮大企业实力，增强企业竞争力，服务于本区全域旅游发展。

④项目融资

通过政策倾斜赋予重点项目在土地使用、人力资源引进、相关配套设施等方面的优势条件，进而吸引外部战略投资者，提供项目建设资金和先进管理模式，促进重点项目顺利实施，并获得较快发展，进而发挥其集聚效应，带动本区经济又快又好发展。

⑤个人融资

发挥本区"乡贤"资源优势，吸引港澳台同胞、华裔投资者、沿海地区企业家投资，根据引进资金数额、项目重要程度给予个人一定的物质和精神激励，并依据实际情况给予建设项目一定政策倾斜，促进资金来源渠道多元化。

（4）创新监管体制

资金监管：建立健全外来投资者投资准入制度、监管制度，对国内投资者、境外投资者的投资项目实施动态监控，保证使用资金到位，实现资金对口使用，保证项目质量，发挥引资的切实作用。

对旅游开发建设项目实行统一管理，统一调度，统筹安排，体现"集中力量办大事"的原则；涉及旅游方面的所有资金要实行财政专户管理，由旅游地旅游行政主管部门根据规划要求和建设计划，按"轻、重、缓、急"的次序提出使用意见，报分管旅游工作的市领导审批；建立旅游开发项目专家评估机构，协助旅游管理部门对旅游开发项目进行审查、论证和评估，以增强政府对投资调控的科学性。

（二）保障措施

1. 组织管理保障

全域旅游发展，政府主导是关键，但政府必须"去利益集团化"。首先，确认政府自身利益的存在具有历史合法性与正当性，但也要通过法律明确政府利益边界；同时承认其他利益集团的利益，不允许未经协商的剥夺，并要保障其在公共政策制定过程中的参与权利。其次，政府角色要转变，从高高在上可以代表公共利益的、立法执行合一的机构变为单纯的执行机构，而不能随便立法剥夺社会财富。再次，强化对于政府行为的约束和内外监督。最后，积极引入外部竞争。

2. 政策资金保障

全域旅游发展牵涉到众多利益层面的关系，这些关系的确定和协调除了通过市场机制、行政机制和文化机制进行控制外，还要依赖于法律、法规的控制。作为旅游发展的支持系统，旅游法规的运作主要是通过调整旅游法律关系来达到推动旅游事业更快发展的目的。建立、健全旅游业发展的系列规划，使旅游开发的管理进一步科学化。围绕张家村全域旅游发展的需要，在抓好收入征管的前提下，不断加大融资工作力度，积极筹措新农村建设资金。积极争取国家、省、市在建设全域旅游示范区方面出台的相关政策和资金支持，助力张家村全域旅游发展。建立完善财政支持新农村建设的长效机制，加大对新农村基础设施和公共服务设施建设投入。

3. 规章制度保障

为了促进和保障张家村全域旅游发展规范有序、快速发展，应根据国家有关方针政策、法律法规以及省、市、区的相关规范及技术标准，结合本地实际，加快进行有关旅游管理规则的制定及颁布实施。在促进旅游业的开发与发展中，应重视对旅游市场秩序的维护工作，努力为本区旅游业的顺利发展创造良好的环境。具体措施是：①加强旅游法规的普法宣传和教育，尤其应加强对旅游经营者及其从业人员的培训教育，提高其守法经营意识。②由旅游、工商、公安等机关协调组建旅游维权机构，由专门的旅游警察或执法队严格依法行政，严厉打击损害旅游者利益的不法行为及不正当竞争行为，促进旅游市场的公平竞争，维护各方正当权益，保障旅游市场的良性运行和旅游业的健康发展。

4. 人才保障

制定、出台优惠政策，加快引进高中级管理人才和复合型专门人才（硕士及以上），并吸引接收旅游专业优秀本科毕业生；积极推行在职及岗位培训，提高旅游从业人员的整体素质，提高管理服务水平。规划经过5年的时间，要形成高中低各个档次结构合理的旅游人才配备构成。

加大对旅游教育的投入，扶持旅游培训中心建设。完善岗位培训制度建设，在旅游从业人员中全面实施"外语达标""持证上岗"等制度。尤其要加强对导游和外联人员的专业技能和职业道德培训，提高其综合素质和服务水平。

加强与国内旅游院校、旅游学术研究机构的合作，有计划地定向培训各类高级人才；定期邀请国内外知名专家、学者来张家村讲学；每年选派一定数量的管理者到国内外著名学府或旅游科研学术单位进修，建立旅游专业人才市场和信息库，沟通供需渠道，促进旅游人才的专业化管理。

5. 资源环境保障

重点要加强旅游资源和环境保护。旅游资源是旅游业可持续发展的基础，自然生态环境和社会人文环境是旅游业可持续发展的前提，要树立新的旅游发展观，从根本上说，是树立和贯彻旅游业的可持续发展观念和原则，以保护和改善资源与环境为发展旅游业的前提。

旅游业的发展，可能造成一定程度的环境污染，而旅游资源并不是可再生资源，保护好环境就是保持正常的生态平衡，达到良性循环。保护旅游资源不被破坏，使旅游产业具有持久生命力，保护好生物多样性，就是保护我们人类自身及其生存环境。

根据《中华人民共和国森林法》《中华人民共和国环境保护法》等有关规定，旅游地内的一切景物和自然环境必须严格保护，不得破坏和随意改变。旅游开发时必须遵循保护为主、适当合理开发的原则，切实保护好旅游资源。

（1）生态环境保护

①大气环境

调整燃料结构，普及（管道）液化气、民用型煤或清洁能源，实行集中供热，淘汰污染严重的燃煤锅炉和燃煤器具，减少二氧化硫排放量，控制酸雨扩大趋势。加快对汽车尾气的治理，逐步普及使用无铅汽油，推广使用天然气汽车、电气机车、人力或排污率低的车辆，提高汽车尾气的达标率，对旅游地内所有裸露地面，宜种植花草树木，进行全面绿化、美化和香化，做到黄土不露天，减少尘土飞扬。

②水体环境

认真贯彻执行《水污染防治法》《水污染排放许可证暂行办法》等有关水环境保护的法律、法规。完成水环境功能区划和饮用水源保护区划定工作，实施排污许可证申报登记和排污许可证制度，逐步实施排放污染物总量控制。加强废水处理设施的管理，提高其运转率、处理率和达标率，逐步建设污水处理厂。禁止向地下水体排放污染物，加强地下水的保护，划定地下水源保护区。饮用水源水质、水功能区和地表水要求全部达到国家规定标准，饮用水质达标率应大于95%。

a. 河流水体旅游资源保护

严禁河流两岸的工矿企业和居民生活点直接向水中排放污水，污染严重的工矿企业实行"关、停、并、转"，建立污水处理设施，居民生活点和旅游接待设施的废弃物也要进行集中处理。

b. 湖库水体旅游资源的保护

妥善处理好旅游开发、水面养殖与水库水质保护的矛盾，对水库资源的开发、利用，要严格遵守不破坏水质的原则。要特别注意对水库水体富营养化的防治工作，在库区周边地区，积极发展生态农业，如鼓励施用农家肥料，使用无磷洗衣粉，定期对水库进行清淤等。开展水上游乐、体育活动，要防止汽油、垃圾和生活污水污染，对于居民的生活用水蓄水库，原则上不得开发旅游项目。

③噪声环境

在重要景区建立复合型绿化噪声屏障，有效减少噪声污染，创造宁静、温馨的气氛；在旅游地内限制和禁止汽车鸣笛；在可游览的河流、湖泊和水库里，使用低噪声的游览船只；在建成区噪声平均值小于58分贝，交通干道噪音平均值达到62~70分贝，旅游地和旅游交通线上的噪声平均值应低于上述指标。

④废弃物处理

近期要建立污水、垃圾和粪便无害化处理设施。设立足够的符合标准的旅游厕所，厕所的布局及男女厕所内的厕位间比例要合理，厕所均为水冲式或环保型，厕位间普遍设有隔板和门，备有卫生纸，男厕所设小便器，有严格的管理制度，无异味、无秽物。对不具备污水、垃圾和粪便无害化处理设施的旅游景区（点），须将其废弃物送到附近的城镇集中处理。主要旅游交通道路上，建立包括卫生间在内的旅游服务站。旅游交通工具上，配备必要的废弃物收集器具，防止直接向外倾洒。旅游地和居民生活区的垃圾逐步实行分类回收、处理，逐步提高生活垃圾无害化处理率，最低不低于50%。

（2）景观资源保护

景观资源保护包括对自然与人文景观的保护。旅游地内一切景物和自然环境，必须严格保护，不得损毁、破坏或随意改变。旅游地内的各项建设都应与景观协调，在游人集中的游览区内，不得建设大型工程设施，同时要根据景观审美原则，合理改善植物品种结构，使森林景观更加丰富。对景区的重要景物、古树名木，要有计划地进行调查、鉴定，并制定具体保护措施。改善交通、服务设施和游览条件，按照规划确定游览接待容量，有计划地组织游览活动，不得无限制地超量接纳游览者。加强安全管理，保障游览者的安全和景物的完好。

在旅游地内禁止破坏环境的任何开发建设，修建公路、建造房屋等要统一规划、精心设计、科学施工，要与周围环境相协调。在旅游景区和游览道路的景观范围内，严禁毁林垦荒等破坏植被和景观的活动，保持林木风貌的整体性和观赏性。对一些较珍贵或环境容量较小的景区（点），要采取提前预约以及实行二次门票等控制手段。在旅游地的外围，开辟新的旅游线路和项目，对游客进行分流，缓解环境容量压力。

（3）生物资源保护

旅游地内的一切生物资源都是重要的旅游资源。对于生物资源，要坚持保护、培养、合理利用相结合的理念，从而实现生物资源可永续利用的目的。严格执行《中华人民共和国森林法》等相关法规，通过各种形式开展法制宣传，凡在林区内开发的旅游项目，必须编制保护与开发相结合的规划，在区内设置生态环境保护展示室、宣传栏，在导游词中加强生态环境保护的科学内容。

加强对森林资源的科学管理，合理开发、利用森林资源，严格控制计划外采伐，积极营造薪炭林，以解决当地居民用柴问题。加强对森林防火、防病虫害等工作的重视，森林公园内要有专职或兼职消防人员，配备消防器材、设施、如瞭望台、对讲机、灭火器等，对森林病虫害要加强观察、预测，采取适当措施及早控制和消除。

在旅游地开发和接待过程中，要防止对森林资源的破坏，要加强对游客的宣传教育，禁止（或控制）野炊、吸烟，防止采摘花木枝叶。林区内尽量少建或不建永久性的大规模的住宿设施，实行"区内游、区外住""山上游、山下住"，对生态敏感地段的旅游实行"定量、定点、定线、定时"的保护性管理措施。林区内要设陈列展示中心，向游客介绍生态知识、发放宣传品。对古树名木进行分类登记，定期检查，隔离保护，专人监护。

6. 安全保障

在张家村全域旅游发展过程中，可能面临的危机事件包括：①气候异常现象，包括连续性强烈暴雨、大雾天气等，都可能危及旅游者的安全及资源的可持续，自然灾害事件，包括山体滑坡等；②类似新型冠状肺炎、SARS、禽流感这样的公共卫生安全事件也有可能会再度发生；③火灾事件，包括大型集贸市场、购物商场或中心、大型集会场所（如焰火表演）等，应密切关注火灾隐患；④游客迷失问题，随着更多自助旅游者、散客或登山、探险等个性化游客的日益增多，游客在旅行中迷失的可能性会增加，尤其是在山地、林区等道路或地形复杂的地区；⑤游乐设施安全问题，特别是大型游乐设施如蹦极设施等，未来这些设备将更多进入旅游市场，要重视此类设备的安全隐患；⑥交通事故，包括交通营运设备等安全事故。

针对以上各类危机事件，应加强危机的预警机制建设，制定各类危机事件的预案，并进行必要的各类危机处理演习或演练，提高处理这些危机事件的应急能力。同时，一旦危机发生，应立即启动危机预案。在危机过程中，应特别注意游客安全信息的及时、准确掌握，做到实时更新，并与危机事件受害者的家属保持热线联系。加强危机处理过程中的新闻发言人机制，及时公布各种信息和处理方式、对策，确保社会公众及时了解事件的真实情况。

附录 1

国家全域旅游示范区验收、认定和管理实施办法（试行）

2019 年 3 月 1 日，文化和旅游部办公厅印发

第一章 总则

第一条 为深入贯彻党的十九大精神，统筹推进"五位一体"总体布局和协调推进"四个全面"战略布局，牢固树立和贯彻落实新发展理念，认真落实党中央、国务院关于全域旅游的部署安排，不断深化旅游供给侧结构性改革，加快推进旅游业转型升级，大力促进旅游优质发展，切实加强对国家全域旅游示范区（以下简称示范区）工作的管理，依据《国务院办公厅关于促进全域旅游发展的指导意见》（国办发〔2018〕15 号）、《全域旅游示范区创建工作导则》等有关文件要求，制定本办法。

第二条 本办法所指的示范区是指将一定行政区划作为完整旅游目的地，以旅游业为优势产业，统一规划布局，创新体制机制，优化公共服务，推进融合发展，提升服务品质，实施整体营销，具有较强示范作用，发展经验具备复制推广价值，且经文化和旅游部认定的区域。

第三条 示范区聚焦旅游业发展不平衡不充分矛盾，以旅游发展全域化、旅游供给品质化、旅游治理规范化和旅游效益最大化为目标，坚持改革创新，强化统筹推进，突出创建特色，充分发挥旅游关联度高、带动性强的独特优势，不断提高旅游对促进经济社会发展的重要作用。

第四条 示范区验收、认定和管理工作，遵循"注重实效、突出示范，严格标准、统一认定，有进有出、动态管理"的原则，坚持公开、公平、公正，通过竞争性选拔择优认定。

第二章 职责及分工

第五条 文化和旅游部统筹国家全域旅游示范区创建单位（以下简称创建单位）

的验收、审核、认定、复核和监督管理等工作。

第六条 省级文化和旅游行政部门牵头负责本地区县级和地级创建单位的验收和监督管理等工作。

第七条 各级创建单位的人民政府负责组织开展创建、申请验收，及时做好总结、整改等相关工作。

第三章 验收

第八条 文化和旅游部制定《国家全域旅游示范区验收标准（试行）》（以下简称《标准》）。《标准》基本项目总分1000分，创新项目加分200分，共计1200分。通过省级文化和旅游行政部门初审验收的最低得分为1000分。

第九条 文化和旅游部根据各地创建工作开展情况，启动创建单位验收工作。省级文化和旅游行政部门制定本辖区验收实施方案，报文化和旅游部备案后组织开展验收工作。验收以县级创建单位为基本单位。

第十条 县级创建单位开展创建满一年后方可向省级文化和旅游行政部门提出验收申请。地级创建单位，其辖区内70%以上的县级创建单位通过验收后，方可向省级文化和旅游行政部门提出验收申请。省级创建单位，其辖区内70%以上的地级创建单位通过验收后，省级人民政府可以向文化和旅游部提出认定申请。

第十一条 省级文化和旅游行政部门依据《标准》，对县级、地级创建单位组织初审验收，根据得分结果确定申请认定的单位，并形成初审验收报告。

第十二条 验收包括暗访、明查、会议审核三种方式。暗访由验收组自行安排检查行程和路线，重点对创建单位的产业融合、产品体系、公共服务体系、旅游环境等《标准》要求的内容进行检查。明查和会议审核由验收组通过听取汇报、查阅资料、现场观察、提问交谈等方式，重点对创建单位的体制机制、政策措施、旅游规划等《标准》要求的内容进行检查。

第四章 认定

第十三条 示范区认定工作注重中央统筹与地方主导相结合，示范优先与兼顾公平相结合，充分考虑不同地域经济发展水平差异，调动各地开展示范区创建的积极性。

第十四条 省级文化和旅游行政部门负责向文化和旅游部提交县级、地级创建单位的认定申请、初审验收报告、验收打分及检查项目说明材料、创建单位专题汇报文字材料及全域旅游产业运行情况、创建工作视频。

第十五条 文化和旅游部以省级文化和旅游行政部门上报的县级、地级创建单位的初审验收报告等材料为认定参考依据，组织召开专家评审会对照以下8个方面进行会议评审。

1. 体制机制。建立党政统筹、部门联动的全域旅游领导协调机制，旅游综合管理体制改革成效显著，运行有效。旅游治理体系和治理能力现代化水平高，具有良好的旅游业持续健康发展的法制环境。

2. 政策保障。旅游业作为地方经济社会发展战略性支柱产业定位明确，在经济社会发展规划和城乡建设、土地利用、基础设施建设、生态环境保护等相关规划，以及综合性支持政策、重大项目建设等方面得到具体体现并取得实效。

3. 公共服务。旅游公共服务体系健全，厕所、停车场、旅游集散中心、咨询服务中心、智慧旅游平台、安全救援、自驾游、自助游等设施完善，运行有效。

4. 供给体系。旅游供给要素齐全，布局合理，结构良好，假日高峰弹性供给组织调控有效。旅游业带动性强，与文化等相关产业深度融合发展，业态丰富，形成观光、休闲、度假业态协调发展的产业结构，综合效益显著。具有不少于1个国家5A级旅游景区，或国家级旅游度假区，或国家级生态旅游示范区；或具有2个以上国家4A级旅游景区。

5. 秩序与安全。旅游综合监管制度体系完善，市场监管能力强，投诉处理机制健全，建立旅游领域社会信用体系，市场秩序良好，游客满意度高，近三年没有发生重大旅游安全生产责任事故或重大旅游投诉、旅游负面舆情、旅游市场失信等市场秩序问题。

6. 资源与环境。旅游资源环境保护机制完善，实施效果良好，近三年未发生重大生态环境破坏事件。旅游创业就业和旅游扶贫富民取得积极成效。

7. 品牌影响。旅游目的地品牌体系完整，特色鲜明，识别度、知名度高，市场感召力强。

8. 创新示范。大力推进改革创新，积极破除全域旅游发展的瓶颈和障碍，具有解决地方旅游业长期发展问题的突破性、实质性措施，或在全国产生重要影响的发展全域旅游的示范性创新举措。

第十六条 文化和旅游部对通过会议评审的县级、地级创建单位，根据工作需要委托第三方机构进行现场检查，综合会议评审和现场检查结果确定公示名单，进行不少于5个工作日的公示。公示阶段无重大异议或重大投诉的通过公示；若出现重大异议或重大投诉等情况，文化和旅游部调查核实后做出相应处理。

第十七条 文化和旅游部对提出认定申请的省级创建单位组织召开专家评审会，对照体制机制、政策保障、公共服务、供给体系、秩序与安全、资源与环境、品牌影响、创新示范等8个方面进行会议评审。对通过会议评审的省级创建单位进行不少于5个工作日的公示。公示阶段无重大异议或重大投诉的通过公示；若出现重大异议或重大投诉等情况，文化和旅游部调查核实后做出相应处理。

第十八条 对通过公示的创建单位，文化和旅游部认定为"国家全域旅游示范区"。

第十九条 被认定为示范区的单位要按照高质量发展要求，不断深化改革，加快创新驱动，持续推进全域旅游向纵深发展。

第二十条 未通过认定的创建单位要根据文化和旅游部反馈的意见制定整改方案，落实整改措施。

第五章 监督管理

第二十一条 文化和旅游部建立国家全域旅游产业运行监测平台，对示范区和创建单位旅游产业运行情况进行动态监管。示范区和创建单位应按照要求报送本地区旅游接待人次、过夜接待人次、旅游收入、投诉处理等数据，以及重大旅游基础设施、公共服务设施、旅游经营项目等信息。

第二十二条 文化和旅游部建立"有进有出"的管理机制，统筹示范区的复核工作，原则上每3至5年完成对示范区的复核工作。省级文化和旅游行政部门对所辖区内已命名的示范区要进行日常检查，并参与复核工作。

第二十三条 文化和旅游部对于复核不达标或发生重大旅游违法案件、重大旅游安全责任事故、严重损害消费者权益事件、严重破坏生态环境行为和严重负面舆论事件的国家全域旅游示范区，视问题的严重程度，予以警告、严重警告或撤销命名处理。

第六章 附则

第二十四条 本办法由文化和旅游部负责解释。各省、自治区、直辖市，新疆生产建设兵团可参照此办法，制定符合本地实际的全域旅游示范区工作管理相关规定。

第二十五条 本办法自发布之日起施行。

附录 2

国家全域旅游示范区验收标准（试行）

2019 年 3 月 1 日，文化和旅游部办公厅印发

序号	验收指标及分值（总分 1200 分。其中，基本项 1000 分，创新项加分 200 分）	总体要求	评分标准
1	体制机制（90 分）	建立适应全域旅游发展的统筹协调、综合管理、行业自律等体制机制，现代旅游治理能力显著提升。	1. 领导体制：建立全域旅游组织领导机制，把旅游工作纳入政府年度考核指标体系。（20 分）
			2. 协调机制：建立部门联动、共同参与的旅游综合协调机制，形成工作合力。（25 分）
			3. 综合管理机制：建立旅游综合管理机构，健全社会综合治理体系。（20 分）
			4. 统计制度：健全现代旅游统计制度与统计体系，渠道畅通，数据完整，报送及时。（15 分）
			5. 行业自律机制：建立各类旅游行业协会，会员覆盖率高，自律规章制度健全，行业自律效果良好。（10 分）
2	政策保障（140 分）	旅游业在地方经济社会发展战略中具有重要地位，旅游规划与相关规划实现有机衔接，全域旅游发展支持政策配套齐全。	1. 产业定位：旅游业被确立为主导产业，地方党委或政府出台促进全域旅游发展的综合性政策文件和实施方案，相关部门出台专项支持政策文件。（20 分）
			2. 规划编制：由所在地人民政府编制全域旅游规划和相应专项规划，制定工作实施方案等配套文件，建立规划督查、评估机制。（20 分）
			3. 多规融合：旅游规划与相关规划深度融合，国土空间等规划满足旅游发展需求。（20 分）
			4. 财政金融支持政策：设立旅游发展专项资金，统筹各部门资金支持全域旅游发展，出台贷款贴息政策，实施旅游发展奖励补助政策，制定开发性金融融资方案或政策。（30 分）
			5. 土地保障政策：保障旅游发展用地新增建设用地指标，在年度用地计划中优先支持旅游项目用地。有效运用城乡建设用地增减挂钩政策，促进土地要素有序流动和合理配置，构建旅游用地保障新渠道。（30 分）
			6. 人才政策：设立旅游专家智库，建立多层次的人才引进和旅游培训机制，实施旅游人才奖励政策。（20 分）

续表

序号	验收指标及分值（总分1200分。其中，基本项1000分，创新项加分200分）	总体要求	评分标准
3	公共服务（230分）	旅游公共服务体系健全，各类设施运行有效。	1. 外部交通：可进入性强，交通方式快捷多样，外部综合交通网络体系完善。（20分） 2. 公路服务区：功能齐全，规模适中，服务规范，风格协调。（15分） 3. 旅游集散中心：位置合理，规模适中，功能完善，形成多层级旅游集散网络。（20分） 4. 内部交通：内部交通体系健全，各类道路符合相应等级公路标准，城市和乡村旅游交通配套体系完善。（30分） 5. 停车场：与生态环境协调，与游客流量基本平衡，配套设施完善。（15分） 6. 旅游交通服务：城市观光交通、旅游专线公交、旅游客运班车等交通工具形式多样，运力充足，弹性供给能力强。（20分） 7. 旅游标识系统：旅游引导标识等系统完善，设置合理科学，符合相关标准。（25分） 8. 游客服务中心：咨询服务中心和游客服务点设置科学合理，运行有效，服务质量好。（25分） 9. 旅游厕所："厕所革命"覆盖城乡全域，厕所分布合理，管理规范，比例适当，免费开放。（30分） 10. 智慧旅游：智慧旅游设施体系完善、功能齐全、覆盖范围大、服务到位。（30分）
4	供给体系（240分）	旅游供给要素齐全，旅游业态丰富，旅游产品结构合理，旅游功能布局科学。	1. 旅游吸引物：具有品牌突出、数量充足的旅游吸引物。城乡建有功能完善、业态丰富、设施配套的旅游功能区。（50分） 2. 旅游餐饮：餐饮服务便捷多样，有特色餐饮街区、快餐和特色小吃等业态，地方餐饮（店）品牌突出，管理规范。（35分） 3. 旅游住宿：星级饭店、文化主题旅游饭店、民宿等各类住宿设施齐全，管理规范。（35分） 4. 旅游娱乐：举办富有地方文化特色的旅游演艺、休闲娱乐和节事节庆活动。（35分） 5. 旅游购物：地方旅游商品特色鲜明、知名度高，旅游购物场所经营规范。（35分） 6. 融合产业：大力实施"旅游+"战略，实现多业态融合发展。（50分）

续表

序号	验收指标及分值（总分1200分。其中，基本项1000分，创新项加分200分）	总体要求	评分标准
5	秩序与安全（140分）	旅游综合监管体系完善，市场秩序良好，游客满意度高。	1. 服务质量：实施旅游服务质量提升计划，宣传、贯彻和实施各类旅游服务标准。（20分）。
			2. 市场管理：完善旅游市场综合监管机制，整合组建承担旅游行政执法职责的文化市场综合执法队伍，建立旅游领域社会信用体系，制定信用惩戒机制，市场秩序良好。（25分）
			3. 投诉处理：旅游投诉举报渠道健全畅通有效，投诉处理制度健全，处理规范公正，反馈及时有效。（20分）
			4. 文明旅游：定期开展旅游文明宣传和警示教育活动，推行旅游文明公约，树立文明旅游典型，妥善处置、及时上报旅游不文明行为事件。（20分）
			5. 旅游志愿者服务：完善旅游志愿服务体系，设立志愿服务工作站点，开展旅游志愿者公益行动。（15分）
			6. 安全制度：建立旅游安全联合监管机制，制定旅游安全应急预案，定期开展安全演练。（12分）
			7. 风险管控：有各类安全风险提示、安全生产监督管控措施。（18分）
			8. 旅游救援：救援系统运行有效，旅游保险制度健全。（10分）
6	资源与环境（100分）	旅游资源环境保护机制完善，实施效果良好。旅游创业就业和旅游扶贫富民取得一定成效，具有发展旅游的良好社会环境。	1. 资源环境质量：制定自然生态资源、文化资源保护措施和方案。（24分）
			2. 城乡建设水平：整体风貌具有鲜明的地方特色，城乡建设保护措施完善。（16分）
			3. 全域环境整治：旅游区、旅游廊道、旅游村镇周边洁化绿化美化，"三改一整"等工程推进有力，污水和垃圾处理成效显著。（20分）
			4. 社会环境优化：广泛开展全域旅游宣传教育，实施旅游惠民政策，旅游扶贫富民方式多样，主客共享的社会氛围良好。（40分）
7	品牌影响（60分）	实施全域旅游整体营销，品牌体系完整、特色鲜明。	1. 营销保障：设立旅游营销专项资金，制定旅游市场开发奖励办法。（15分）
			2. 品牌战略：实施品牌营销战略，品牌体系完整，形象清晰，知名度和美誉度高。（15分）
			3. 营销机制：建立多主体、多部门参与的宣传营销联动机制，形成全域旅游营销格局。（10分）
			4. 营销方式：采取多种方式开展品牌营销，创新全域旅游营销方式。（10分）
			5. 营销成效：市场规模持续扩大，游客数量稳定增长。（10分）

续表

序号	验收指标及分值（总分1200分。其中，基本项1000分，创新项加分200分）	总体要求	评分标准
8	创新示范（200分）	创新改革力度大，有效解决制约旅游业发展瓶颈，形成较强的示范带动作用。	1. 体制机制创新：具有示范意义的旅游领导机制创新（6分）、协调机制创新（6分）、市场机制创新（6分）、旅游配套机制创新（6分）；旅游综合管理体制改革创新（6分）；旅游治理能力创新（6分）；旅游引领多规融合创新（8分）；规划实施与管理创新（6分）。（小计50分）
			2. 政策措施创新：全域旅游政策举措创新（6分）；财政金融支持政策创新（6分）；旅游投融资举措创新（6分）；旅游土地供给举措创新（6分）；人才政策举措创新（6分）。（小计30分）
			3. 业态融合创新：旅游发展模式创新（10分）；产业融合业态创新（10分）；旅游经营模式创新（10分）。（小计30分）
			4. 公共服务创新：旅游交通建设创新（8分）；旅游交通服务方式创新（8分）；旅游咨询服务创新（8分）；"厕所革命"创新（8分）；环境卫生整治创新（8分）。（小计40分）
			5. 科技与服务创新：智慧服务创新（10分）；非标准化旅游服务创新（10分）。（小计20分）
			6. 环境保护创新：旅游环境保护创新。（8分）
			7. 扶贫富民创新：旅游扶贫富民方式创新（8分）；旅游创业就业方式创新（4分）。（小计12分）
			8. 营销推广创新：营销方式创新。（10分）
9	扣分事项	一票否决项	1. 重大安全事故：近三年发生重大旅游安全生产责任事故的。
			2. 重大市场秩序问题：近三年发生重大旅游投诉、旅游负面舆情、旅游市场失信等市场秩序问题的。
			3. 重大生态环境破坏：近三年发生重大生态环境破坏事件的。
			4. 旅游厕所："厕所革命"不达标。
		主要扣分项	1. 安全生产事故：近三年发生旅游安全生产责任事故，处理不及时，造成不良影响的，扣35分。
			2. 市场秩序问题：近三年发生旅游投诉、旅游负面舆情、旅游市场失信等市场秩序问题，处理不及时，造成不良影响的，扣30分。
			3. 生态环境破坏：近三年发生生态环境破坏事件，处理不及时，造成不良影响的，扣35分。

附录 3

首批国家全域旅游示范区名单

2019 年 9 月 20 日，文化和旅游部公布

北京市
延庆区
怀柔区
平谷区

天津市
蓟州区

河北省
秦皇岛市北戴河区
邯郸市涉县
保定市易县

山西省
临汾市洪洞县
晋城市阳城县
晋中市平遥县

内蒙古自治区
满洲里市

辽宁省
本溪市桓仁满族自治县

吉林省
长白山保护开发区管委会池北区
延边朝鲜族自治州敦化市

黑龙江省
大兴安岭地区漠河市
黑河市五大连池市

上海市
黄浦区
松江区

江苏省
南京市秦淮区
南京市江宁区
徐州市贾汪区

浙江省
湖州市安吉县
衢州市江山市
宁波市宁海县

安徽省
黄山市黟县
六安市霍山县

福建省
福州市永泰县
南平市武夷山市
龙岩市武平县

江西省
吉安市井冈山市

上饶市婺源县
抚州市资溪县

山东省
潍坊市青州市
青岛市崂山区
济宁市曲阜市

河南省
焦作市修武县
信阳市新县
济源市

湖北省
武汉市黄陂区
恩施土家族苗族自治州恩施市
宜昌市夷陵区

湖南省
衡阳市南岳区
湘潭市韶山市
张家界市武陵源区

广东省
广州市番禺区
江门市台山市

广西壮族自治区
桂林市阳朔县
来宾市金秀瑶族自治县

海南省
三亚市吉阳区

保亭黎族苗族自治县

重庆市
巫山县
武隆区

四川省
成都市都江堰市
峨眉山市
广元市青川县

贵州省
贵阳市花溪区
遵义市赤水市
六盘水市盘州市

云南省
保山市腾冲市
昆明市石林彝族自治县

西藏自治区
拉萨市城关区
林芝市鲁朗景区管理委员会

陕西省
西安市临潼区
渭南市华阴市

甘肃省
酒泉市敦煌市

青海省
海北藏族自治州祁连县

宁夏回族自治区
银川市西夏区
中卫市沙坡头区

新疆维吾尔自治区
伊犁哈萨克自治州昭苏县
巴音郭楞蒙古自治州博湖县

新疆生产建设兵团
第十师 185 团

附录 4

旅顺口区重点历史文化遗迹

序号	名称	建设时间（年）	地址	简介	建筑风格
1	旅顺监狱旧址	1902—1907	向阳街139号	原沙俄、日本占领时期旅顺监狱，系当时东北地区最大的监狱。现为旅顺日俄监狱旧址博物馆，是我国目前保存完整、内涵丰富、规模较大、具有国际性特点的遗址类博物馆。	近代俄罗斯建筑风格
2	万忠墓	1896	九三路23号	为纪念1894年中日甲午战争中惨遭日军杀害的近2万名中国同胞而建。	中式建筑风格
3	原关东都督府旧址（关东厅、关东州厅）	1900	友好路59号	俄国统治时期为市营旅馆，日俄战争期间为俄军兵舍。1906年9月1日起至1936年，这里又先后成为关东总督府、关东都督府、关东厅、关东州厅的办公场所。	近代俄罗斯建筑风格
4	旅顺博物馆（旅顺满蒙物产馆）	1905	列宁街42号	日本关东都督府在沙俄未建成的将校俱乐部的基础上建立博物馆，后改为关东厅博物馆。整体为砖石木框架结构，主体两层，局部三层，地下一层。现为旅顺博物馆，现有藏品6万余件，文物资料20余万件，其中国宝级文物218件，被国家文物局评为首批"国家一级博物馆"。	近代折中主义风格
5	旅顺火车站	1900	井岗街8号	沙俄侵占旅顺时期修筑的南满铁路支线的终点站。1903年7月14日，旅顺站投入运营。2014年4月20日，旅顺站正式停运。	俄罗斯古典建筑风格
6	原日本关东法院旧址（旅顺口区人民医院）	1902	黄河路北一巷31号	原为俄军工兵营营部，日占时期为日本关东高等法院，后改为关东公署办公楼，是日本殖民当局在中国设立年代最早、级别最高、时间最长（40年）的司法机构。	文艺复兴建筑风格
7	罗振玉大云书库	1931	洞庭街1巷3号	原名"大云书库"，罗振玉曾任清政府学部二等咨议官，1909年补参事官，正五品，1932年任伪满洲国监察院长。该书库当年曾藏书十余万册。	中西合璧式民居
8	原旅顺船坞旧址	1883	港湾街58号	1890年，船坞建成后，清政府在此成立北洋海军旅顺船坞局，是近代中国最早的大型船舶企业之一，甲午海战中受创的部分清军战舰在此修复。至今仍可维修万吨级轮船。	中国古代建筑风格

— 213 —

续表

序号	名称	建设时间（年）	地址	简介	建筑风格
9	原赤十字医院旧址	1900	黄河路107号	沙俄侵占时期为沙俄赤十字医院，日占时期由日本赤十字社接管使用，1907年改称日本赤十字社关东州病院，1922年改为关东厅旅顺病院，1945年被苏军接管使用，1955年由中国人民解放军接管使用。	近代俄罗斯建筑风格
10	原旅顺师范学堂旧址	1901	列宁街24号	日本侵占时期为旅顺师范学堂，于1932年与旅顺第二中学校合并，组成旅顺高等公学校，设中学部和师范部。学校改称旅顺高等公学校师范部附属公学堂，是当时培养中国小学教员的学校。	近代俄罗斯建筑风格
11	原大和旅馆旧址	1903	文化街30号	日本侵占时期为日本大和旅馆，日军策动"满蒙"独立之处。1927年，日本间谍川岛芳子在此结婚。1931年，清朝末代皇帝溥仪在"九一八"事变后，被日本人扶持，曾在此居留105天，后前往长春当了"满洲国"傀儡皇帝。	近代俄罗斯建筑风格
12	善耆旧居	1903	新华大街9号	原为俄国商人希尤经营的私人旅馆，日本侵占时期为日本关东都督府民政长官官邸，曾居住清朝肃亲王善耆及其家眷。清废帝溥仪与皇后婉蓉曾在此下榻。	近代俄罗斯建筑风格
13	旅顺沙俄陆防副司令官邸建筑	1900	白玉街31号	沙俄侵占时期为沙俄关东军陆防副司令官邸，日占时为历届关东都督、关东厅、关东州厅长官的官邸。1955年为海军旅顺第一招待所，党和国家领导人周恩来、刘少奇、邓小平等曾在此小憩，外国友人胡志明和西哈努克、宾努亲王也曾至此。	近代俄罗斯建筑风格
14	原旅顺工科大学旧址	1900	茂林街89号	原为沙俄海军兵团营房，1909年日本人将其改为旅顺工科学堂，后又升格为旅顺工科大学，是第一批日本官立大学，也是东北地区最早的工程技术类大学。1945年8月至1955年5月，为苏联红军营房。现为中国人民解放军海军406医院。	俄罗斯古典建筑风格
15	原关东军司令部旧址	1900	万乐街10号	1906年为关东都督府陆军部，1919年改为关东军司令部，是日军最高军事指挥机关所在地。1931年日本在此策划了"九一八"事变。	近代俄罗斯建筑风格
16	俄清银行旅顺分行旧址	1902	万乐街33号	沙俄侵占时期为俄清银行旅顺分行，是大连地区最早的金融机构。1915年，日本关东都督府在此设物产陈列所。1929年，改为千岁俱乐部。1945年，为苏军办公室。	近代俄罗斯建筑风格
17	旅顺高公宿舍本馆旧址	1903	斯大林路西段2号	原为旅顺高等公学校宿舍，1945—1955年，苏联39集团军司令部设于此。1954年，赫鲁晓夫曾到此察看。	近代俄罗斯建筑风格

续表

序号	名称	建设时间（年）	地址	简介	建筑风格
18	原沙俄旅顺普希金小学旧址	1898	长江路77号	沙俄占时为普希金小学，为沙俄在关东州创办的第一所初等教育学校，1900年改为旅顺市立普希金学校。1905年为日本旅顺民政署和旅顺警察署。1945年后被苏军接管。1955年后为中国人民解放军海军某部招待所。	俄罗斯古典建筑风格
19	原沙俄康特拉钦柯官邸	1903	宁波街47号	1904年之前为沙俄陆防司令康特拉琴科少将官邸。1931年之前，是历任关东军司令官官邸。1935年，伪满洲国皇帝溥仪曾来此暂住。	近代俄罗斯建筑风格
20	北洋水师海军公所旧址	1890	港湾街45号	原为清北洋水师海军公所，丁汝昌曾居住于此。1903年为沙俄旅顺关东总督府。日本侵占时期先为镇守府和要港部。1945—1954年为苏联海军司令部。	中国古代建筑风格
21	原关东州民政厅旧址	1900	东明街36号	沙俄侵占时期为关东州民政厅，日本侵占时为关东宪兵司令部，也称旅顺宪兵队本部。	近代俄罗斯建筑风格
22	原沙俄太平洋舰队司令官官邸	1898	港湾街北巷31号	沙俄、日本、中国海军司令官住处。刘华清、马忠全等海军首长都在此居住过。	中国古代建筑风格
23	旅顺中学校旧址（德国人商会旧址）	1909	斯大林路58号	兴建时是沙俄统治时期德国人商会会所。1905年，日本商人在此开设西洋食品商店，其后关东都督府中学校迁入该楼，后更名旅顺中学校。1945年，苏军接管时为近卫第19师炮兵团团部。1955年，移交我军，现为驻军部队办公楼。	近代俄罗斯建筑风格
24	旅顺实业学校旧址	1900	新华大街25号	1903年，沙俄在此创办旅顺实业学校。日侵占时期为日本将校集会所。1945年，苏军接管时为苏军战利品陈列馆。1955年，我军接管后，在此建立新中国第一座军事博物馆。周恩来、朱德等党和国家领导人曾到该馆参观。	近代俄罗斯建筑风格

参考文献

[1] 樊文斌，周海波.大连全域旅游规划探讨［C］.江苏省扬州市人民政府，中国城市科学研究会，中国城市规划学会，江苏省住房和城乡建设厅.2011城市发展与规划大会论文集.中国城市科学研究会，2011：447-451.

[2] 厉新建，张凌云，崔莉.全域旅游：建设世界一流旅游目的地的理念创新——以北京为例［J］.人文地理，2013，28（3）：130-134.

[3] 吕俊芳.城乡统筹视阈下中国全域旅游发展范式研究［J］.河南科学，2014，32（1）：139-142.

[4] 马勇，刘军.丝绸之路旅游文化经济带全球发展战略研究［J］.世界地理研究，2014（2）：151-158.

[5] 樊文斌."全域旅游"视角下大连旅游专项规划探析［J］.规划师，2015（2）：107-113.

[6] 穆克瑞，范贤权，王维，等.坚持点线面结合 推进全域景区化——琼海全域旅游建设的经验及做法［J］.今日海南，2016（3）：23-25.

[7] 李晓南.全域旅游视域下的辽宁工业遗产保护与工业旅游开发［J］.中国商论，2016（2）：130-132.

[8] 陈凤君，周毅.全域旅游背景下的乡村旅游发展与对策研究［J］.旅游纵览（下半月），2016（3）：21.

[9] 高洁，周传斌，王如松，等.典型全域旅游城市旅游环境容量测算与承载评价——以延庆县为例［J］.生态经济，2015（7）：101-104，109.

[10] 张辉，岳燕祥.全域旅游的理性思考［J］.旅游学刊，2016，31（9）：15-17.

[11] 杨振之.全域旅游的内涵及其发展阶段［J］.旅游学刊，2016，31（12）：1-3.

[12] 王衍用.全域旅游需要全新思维［J］.旅游学刊，2016，31（12）：9-11.

[13] 何建民.旅游发展的理念与模式研究：兼论全域旅游发展的理念与模式［J］.旅游学刊，2016，31（12）：3-5.

[14] 曾博伟.全域旅游发展观与新时期旅游业发展［J］.旅游学刊，2016，31（12）：13-15.

［15］李志飞．全域旅游时代的变与不变［J］．旅游学刊，2016，31（9）：26-28．

［16］刘家明．创建全域旅游的背景、误区与抓手［J］．旅游学刊，2016，31（12）：7-9．

［17］王恒，王晓宇．全域旅游背景下的旅游资源整合研究——以大连旅顺口区为例［J］．吉林工商学院学报，2017，33（4）：52-57．

［18］李颖．重庆市城口县旅游资源整合中政府支持机制与政策设计研究［D］．重庆：西南大学学位论文，2015：11．

［19］王生卫．跨界区域地质旅游资源整合研究——以大别山为例［D］．北京：中国地质大学学位论文，2009：46．

［20］罗菲．高铁时代背景下桂平旅游资源整合研究［D］．南宁：广西大学学位论文，2016：13．

［21］TD Andersson, D Getz. Tourism as a mixed industry: differences between private, public and not-for-profit festivals［J］. Tourism Management, 2009, 30（6）: 847-856.

［22］A Leask. Progress in visitor attraction research: Towards more effective management［J］. Tourism Management, 2010, 31（2）: 155-166.

［23］赵传松．山东省全域旅游可持续性评估与发展模式研究［D］．济南：山东师范大学博士学位论文，2019：63．

［24］王恒，张冠群．全域旅游背景下的旅游产业链延伸研究——以大连旅顺口区为例［J］．绥化学院学报，2018，38（2）：16-19．

［25］刘贵福．产业链基本理论研究［D］．长春：吉林大学博士学位论文，2006．

［26］赵磊，夏鑫，全华．基于旅游产业链延伸视角的县域旅游地演化研究［J］．经济地理，2011，31（5）：874-880．

［27］吴金明，邵昶．产业链形成机制研究——"4+4+4"模型［J］．中国工业经济，2006（4）：36-43．

［28］金贤锋，董锁成，刘薇，等．产业链延伸与资源性城市演化研究——以安徽省铜陵市为例［J］．经济地理，2010，30（3）：403-408．

［29］巴永青．全域旅游时代东营市工业旅游发展探析［J］．中国石油大学胜利学院学报，2017，31（2）：76-80．

［30］刘楝子．乡村振兴战略的全域旅游：一个分析框架［J］．改革，2017，（12）：80-91．

［31］张红智，王波，韩立民．全域旅游视阈下海洋渔业与滨海旅游业互动发展研究［J］．山东大学学报（哲学社会科学版），2017（4）：135-143．

[32] 侯玉霞,代猛.全域旅游视角下民族地区茶旅产业融合发展研究——以广西龙胜各族自治县为例[J].旅游论坛,2017,10(6):120-128.

[33] 刘庆余,骅宁.全域旅游视野下健康养生旅游发展对策[J].旅游学刊,2016,31(11):4-6.

[34] 王恒,吴锦潇.全域旅游背景下的社区参与模式研究——以大连旅顺口区为例[J].河北科技师范学院学报(哲学社会科学版),2017,16(3):24-28.

[35] 刘轶.旅游业发展中的社区居民参与研究——以西昌市邛海风景区为例[D].成都:四川师范大学学位论文,2008:10.

[36] 宋章海.试论社区参与在区域旅游发展中的问题与对策[J].贵州大学学报(社会科学版),2005,23(1):62-65.

[37] 胥兴安,孙凤芝,王立磊.居民感知公平对社区参与旅游发展的影响研究——基于社区认同的视角[J].中国人口·资源与环境,2015,25(12):113-120.

[38] 孙凤芝,许峰.社区参与旅游发展研究评述与展望[J].中国人口·资源与环境,2013,23(7):142-148.

[39] 王恒,陈姝祎.旅顺口区滨海湿地生态旅游开发研究[J].通化师范学院学报,2016(1):51-54.

[40] 王恒,赵文.旅顺口区近代历史文化旅游资源开发对策研究[J].吉林工商学院学报,2014,30(2):71-74.

[41] 王恒,穆梦玲.旅顺口区旅游客源市场调查与分析[J].大连民族学院学报,2014,16(6):622-651.

[42] 王恒.历史文化街区综合评价及保护利用研究——以旅顺太阳沟为例[J].国土与自然资源研究,2014(2):78-82.

[43] 王恒,李若楠.旅顺国家级经济开发区生态旅游开发研究[J].大连民族学院学报,2015,17(4):340-344.

[44] 尹鹏,李诚固,陈才,等.新型城镇化情境下人口城镇化与基本公共服务关系研究——以吉林省为例[J].经济地理,2015,35(1):61-67.

[45] 王恒.文化景观保护及利用研究——以旅顺口区为例[J].国土与自然资源研究,2015(1):45-48.

[46] 郝连儒,李桂荣等.旅顺爱国主义教育资源利用现状与对策研究[J].辽宁师范大学学报(社会科学版),2011,34(3):70.

[47] 崔广彬,郑岩.大连旅顺口区旅游开发优势与定位研究[J].大连大学学报,2010(3):105.

[48] 王宏均.中国博物馆学基础[M].上海:上海古籍出版社,2001:38.

［49］胡俊．博物馆纵横［M］．北京：中国青年出版社，1989：3．

［50］郑伟民，杨莲梅．基于海西旅游区的福建博物馆旅游产品开发研究［J］．湖南商学院学报，2012，19（4）：69．

［51］陈来生．休闲娱乐功能的强化与博物馆的可持续发展——以苏南地区为例［J］．江南社会学院学报，2003，5（3）：60-62．

［52］朱建纲著．文化产业发展战略研究［M］．长沙：湖南教育出版社，2006：55．

［53］余青，吴必虎．生态博物馆：一种民族文化持续旅游发展模式［J］．人文地理，2001，16（6）：40-43．

［54］刘嘉毅，陈玉萍，陶婷芳．城市旅游演艺产业发展研究——以江苏淮安为例［J］．四川旅游学院学报，2017（5）：52-55．

［55］毕剑．基于空间视角的中国旅游演艺发展研究［M］．北京：中国经济出版社，2017：41-43．

［56］牟海涛．大连旅顺口区文化旅游产业的发展模式［J］．郑州航空工业管理学院学报，2014（1）：53-55．

［57］白雪，王恒．优质旅游背景下的旅游演艺创新发展研究——以大连旅顺口区为例［J］．市场周刊，2019（1）：40-41．

［58］王方雄，王博，杜研，等．基于GIS/RS的旅顺滨海湿地景观格局时空动态变化研究［J］．海洋开发与管理，2014（2）：84-89．

［59］谢彦君．基础旅游学（第三版）［M］．北京：中国旅游出版社，2011：238．

［60］保继刚．旅游地理学［M］．北京：高等教育出版社，2002：143．

［61］刘滨谊．自然原始景观与旅游规划设计：新疆喀纳斯湖［M］．南京：东南大学出版社，2002：66．

［62］于业飞．保护生态环境　关爱神秘的蛇岛老铁山［J］．辽宁经济，2008（8）：55．

［63］宋增文．乡村旅游新业态发展机制研究——以北京市为例［J］．中国农学通报，2013，29（26）：217-220．

［64］曾建明，肖洁．略论我国乡村旅游产品开发的差异化战略——以农家乐为典型业态［J］．改革与战略，2010，26（8）：94-96．

［65］杨海红．苏南乡村旅游业态与发展策略探析［J］．经济研究导刊，2011（11）：91-92．

［66］曹洪珍．大连乡村旅游可持续发展对策研究［J］．牡丹江大学学报，2013，22（8）：106-108．

［67］张建华，陈冬晶．我国农家乐与国外同类型业态的比较［J］．上海农业科技，2013（6）：27-29．

［68］宋增文.北京乡村旅游新业态发展机制［J］.北京农业，2015（7）：9-13.

［69］白凌子，桂琳，王九中，等.门头沟乡村旅游新型业态发展类型研究［J］.科技和产业，2014，14（4）：28-34.

［70］刘传喜，唐代剑.乡村旅游新业态的族裔经济现象及其形成机理——以浙江德清地区为例［J］.经济地理，2015，35（11）：190-197.

［71］刘晴晴.民宿业态发展研究——台湾经验及其借鉴［D］.青岛大学硕士学位论文，2015.

［72］张琳，邱灿华.基于社区参与的乡村旅游业态网络化发展模式研究——以浙江金大田村为例［J］.Agricultural Science & Technology，2016，17（12）：2850-2854.

［73］侯满平.乡村休闲旅游业态类型典型案例解读［J］.新农业，2016（6）：19-21.

［74］卢小丽，成宇行，王立伟.国内外乡村旅游研究热点——近20年文献回顾［J］.资源科学，2014，36（1）：200-205.

［75］王璇璇.乡村旅游新业态"亲子农场"发展研究［J］.合作经济与科技，2016（12）：24-26.

［76］王恒."一带一路"背景下的大连与符拉迪沃斯托克旅游合作研究［J］.资源开发与市场，2016，32（2）：253-256.

［77］范明月.大连市乡村旅游开发研究［D］.辽宁师范大学硕士学位论文，2005：56.

［78］王林华.大连休闲农业与乡村旅游发展浅议［J］.合作经济与科技，2016（5）：30-31.

［79］丁华荣.大连市旅游业发展现状、趋势及对策研究［J］.经济视野，2013（12）：21-23.

［80］王兴山.都市郊区型乡村旅游接待综合体游客满意度研究——以南京前石塘村为例［J］.安徽农业科学，2015，43（26）：178-180.

［81］王恒.供给侧结构性改革背景下大连乡村旅游业态升级研究［J］.江苏农业科学，2017，45（19）：80-85.

［82］陈永胜，陈实.苍山溪水的全域旅游模式［J］.中国西部，2015（18）：38-41.

［83］黄华芝，吴信值.基于全域旅游视角的兴义市乡村旅游发展探讨［J］.兴义民族师范学院学报，2015（3）：27-30.

［84］吴海琴，张川.大都市近郊全域旅游型美丽乡村规划探索——以南京市汤山村为例［J］.小城镇建设，2015（11）：74-79.

［85］王恒，李豫.基于德国经验的旅顺国家级经济开发区工业旅游发展研究，吉林工商学院学报［J］.2015，31（2）：45-48.

［86］陈淑华.东北资源型城市工业旅游的发展——从德国鲁尔区视角分析［J］.学术交流，2010（3）：69-72.

［87］刘会远，李蕾蕾.德国工业旅游面面观（十）——彰显汽车文化的"大众汽车城"［J］.现代城市研究，2004（10）：8-16.

［88］刘会远，李蕾蕾.德国工业旅游面面观（十一）——存储着历史与未来的汉堡水上"仓库街"［J］.现代城市研究，2004（11）：8-15.

［89］刘会远，李蕾蕾.德国工业旅游面面观（三）——Zolleverein（关税同盟）煤矿及鲁尔区煤矸石山的开发利用［J］.现代城市研究，2004（2）：4-8.

［90］王恒.历史文化名城创建的现实困境与对策研究——以旅顺口区为例［J］.国土与自然资源研究，2014（5）：86-88.

［91］王恒，姚丹妮.优质旅游背景下的"夜经济"创新发展研究——以大连旅顺口区为例［J］.鞍山师范学院学报，2018，20（5）：13-18.

［92］王恒，李悦铮.全域城市化背景下的大连市旅游景区空间结构优化研究［C］.中国区域科学协会区域旅游开发专业委员会，湖北省农业厅，湖北省旅游局.第十六届全国区域旅游开发学术研讨会论文集.中国区域科学协会区域旅游开发专业委员会，2012：373-379.

［93］王德刚.优质旅游的根本是内涵式发展［N］.中国旅游报，2018-1-12.

［94］胡抚生.新时代的目的地形象提升要以优质旅游发展为支撑［J］.旅游学刊，2018，33（4）：11-12.

［95］李叙博.城市夜景照明规划设计与城市夜经济研究［J］.建筑工程技术与设计，2017（20）：27.

［96］王金鹤.辽宁夜经济发展现状及潜力研究［J］.辽宁经济，2013（7）：13-16.

［97］张金花，吴敏.城市"夜经济"概述［J］.学理论，2014（30）：95-96.

［98］于洁，胡静，朱磊等.国内全域旅游研究进展与展望［J］.旅游研究，2016，8（6）：86-91.

［99］Tosun C. Host perceptions of impacts: A comparative tourism study［J］. Annals of Tourism Research, 2002, 29（1）: 231-253.

［100］代则光，洪名勇.社区参与乡村旅游利益相关者分析［J］.经济与管理，2009，23（11）：27-32.

［101］王恒，凤瑶.滨海湿地生态补偿机制研究——以大连市为例［J］.渤海大学学报（哲学社会科学版），2017（4）：69-72.

［102］王金南.完善湿地生态补偿政策建立湿地保护长效机制［J］.前进论坛，2013（2）：31-32.

［103］姜宏瑶.中国湿地生态补偿机制研究［D］.北京林业大学博士学位论文，2010：16.

［104］王艳霞，张素娟，张义文.滨海湿地生态补偿机制初探［N］.湿地科学与管理，2011，4（7）：56-58.

［105］王瑶.山东湿地生态系统功能评估及其生态补偿研究［D］.山东大学硕士学位论文，2008：31.

［106］孙前路，孙自保，唐佳.矿产资源开发中的生态补偿与中国化［J］.沈阳大学学报（社会科学版），2012，4（14）：12-15.

［107］吕俊芳.辽宁沿海经济带"全域旅游"发展研究［J］.经济研究参考，2013（29）：52-64.

［108］吕海龙.全域视角下的辽宁滨海旅游开发与形象策划［J］.中国经贸导刊，2017（5）：58-60.

［109］国家旅游局规划财务司.全域旅游发展报告2017［R］.国家旅游局，2017.

［110］朱竑，贾莲莲.基于旅游"城市化"背景下的城市"旅游化"——桂林案例［J］.经济地理，2006（1）：151-155.

［111］汪清蓉，李凡.古村落综合价值的定量评价方法及实证研究——以大旗头古村为例［J］.旅游学刊，2006，21（1）：19-24.

［112］汤茂林.文化景观的内涵及其研究进展［J］.地理科学进展，2000，19（1）：70-79.

［113］WHITTLESEY D.Sequent occupance［J］.Annals of Association of American Geographers，1939（19）：162-165.

［114］DODGE S D.The Sequent Occupance on an Illinois Prairie［M］.Bulletin of the Geographical Society on Philadelphia，1931.

［115］THOMAS L F.The sequence of areal occupancy in a section of St.Lowis，Missouri［J］.Annals of the Association of American Geographers，1931（21）：75-90.

［116］JAMES P E.An Outlice of Geography［M］.Boston：Ginn，1934.

［117］SAUER C O.Recent development in cultural geography［A］.HAYESE C.Recent Development in the Social Sciences［C］.NewYork：Lippincott，1927.

［118］DEBLIJ，HARM J，MULLER P O.Human Geography：Culture，Society and Space［M］.New York：John Wiley and Sons，1986：142.

［119］德伯里.人文地理：文化、社会与空间［M］.王民，李悦铮等，译.北京：北京师范大学出版社，1988.

［120］MEYER A H. The Kankakee marsh of Northern Indiana and Illinois［J］.Michigan

Papers in Geography, 1936（6）: 365-396.

[121] MARCUS N BSSER. Understanding cultural landscape transformation: Arephotographic survey in Chitral, eastern Hinduckush, Pakistan[J]. Landscape and Urban Planning, 2001（57）: 241-255.

[122] 潘秋玲.旅游开发对语言文化景观的影响效应研究——以西安为例[J].旅游学刊, 2005, 20（6）: 19-25.

[123] K林奇.项秉仁（译）.城市的印象[M].北京: 中国建筑工业出版社, 1990.

[124] WALMSLEY D J, LEWIS G J.Human Geography: Behavioral Approaches[M]. Longman Group Limited, 1984.

[125] DUNCAN J.Landscape geography[J].Progress in Human Geography, 1995, 19（3）: 414-415.

[126] 汤茂林, 金其铭.文化景观研究的历史和发展趋向[J].人文地理, 1998, 13（2）: 41-45.

[127] 刘之浩, 金其铭, 试论乡村文化景观的类型及其演化[J].南京师范大学学报（自然科学版）, 1999, 22（4）: 120-123.

[128] 李悦铮, 俞金国, 付鸿志.我国区域宗教文化景观及其旅游开发[J].人文地理, 2003, 17（3）: 60-63.

[129] 宗跃光.城市景观规划的理论和方法[M].北京: 中国科学技术出版社, 1993.

[130] 张跃, 邹寿平, 等.模糊数学方法及其应用[M].北京: 煤炭工业出版社, 1992: 146-149.

[131] 许树柏.层次分析法原理[M].天津: 天津大学出版社, 1988: 6-12.

[132] 朱雷, 许清风.历史风貌建筑的评估、改造利用和保护[J].上海建设科技, 2008（5）: 51-54.

[133] 文旭涛, 陆伟.近代建筑文化遗产的保护再利用观念——以旅顺太阳沟历史风貌区保护为例[J].大连理工大学学报（社会科学版）, 2002, 23（2）: 30-35.

[134] 许瑾.近代历史地段适应性改造策略与实践[D].大连理工大学硕士论文, 2010: 42-44.

[135] 车亮亮, 李悦铮, 等.近代城市历史文化街区文化景观演变研究——以大连旅顺太阳沟为例[J].人文地理, 2012, 27（5）: 25-32.

[136] 车亮亮, 李悦铮, 等.近代城市历史文化街区物质文化景观协调度研究——以大连旅顺太阳沟为例[J].安徽农业科学, 2012, 40（13）: 7804-7806.

[137] 张勇, 王欣.空间密码的发现与初解——旅顺新市街（太阳沟）历史街区结构性遗存的发掘[J].城市建筑, 2009（3）: 131-133.

[138] 周瑾,谢玲.太阳沟历史街区应用文化复兴策略的可行性探讨[J].中外建筑,2010(10):94-98.

[139] 王欣,薛丽华.城市文化遗产的保护性开发模式——对大连旅顺历史文化街区保护性开发模式的思考[J].中华建设,2013(4):80-81.

[140] 王珍仁,王劲松.近代旅顺与大连城市发展状况管窥——以清末及俄治时期的城市建设为中心[J].大连大学学报,2012,33(2):9-14.

[141] 王欣,薛丽华.历史文化街区人口规模预测方法初探[J].小城镇建设,2012(8):80-84.

[142] 孙亚光.大连殖民地建筑装饰风格的再生性研究[D].大连理工大学硕士论文,2009:14-22.

[143] 李爱华,谢春山.试论旅顺的旅游资源开发[J].辽宁工业大学学报(社会科学版),2009,11(2):49-52.

[144] 赵毅,刘晖.城市更新中的历史文化保护与复兴——以南京浦口区顶山街道地区老城区改造为例[C].第二届城市规划国际论坛论文集,2007(6):15-23.

[145] 何一民,李小波,王舟云.历史文化名城保护与开发的新理念[J].四川省情,2006(8):13-14.

[146] 林明水,廖茂林,王开泳.国家全域旅游示范区竞争力评价研究[J].中国人口·资源与环境,2018(11):83-90.

[147] 高冠军.全面提升旅游业发展质量和竞争力研究——以临沂市河东区创建全域旅游示范区为例[J].旅游纵览,2017(9):39.

[148] 邓泽平,张河清,王蕾蕾.广东省国家全域旅游示范区旅游效率研究[J].中南林业科技大学学报(社会科学版),2019(2):109-114.

[149] 李经龙,罗金凤,葛兰琴.全域旅游示范区旅游效率研究——以安徽省为例[J].江南大学学报(人文社会科学版),2018(4):59-67.

[150] 赵慧莎,王金莲.国家全域旅游示范区空间分布特征及影响因素[J].干旱区资源与环境,2017(7):177-182.

[151] 徐珍珍,余意峰.国家全域旅游示范区空间分布及其影响因素[J].世界地理研究,2019(2):201-208.

[152] 黄荣献,杨君.广西国家级全域旅游示范区空间结构的研究[J].旅游纵览,2019(3):141-143.

[153] 罗海英.山西省全域旅游国家示范区建设路径研究——以黄河板块为例[J].济宁学院学报,2019(2):54-58.

[154] 李方方.颍上县建设国家全域旅游示范区的路径探索[J].绿色科技,2018(13):

279-280.

[155] 陈烨.基于"全域旅游"示范区建设背景下的民族地区实施"乡村振兴"战略的路径探索——以湖北省恩施土家族苗族自治州为例[J].经济界,2018(3):41-48.

[156] 王恒.基于全域旅游的大连市旅游景区空间结构优化研究[J].中国旅游评论,2016,6(4):17-26.

[157] 吴必虎,唐子颖.旅游吸引物空间结构分析——以中国首批国家4A级旅游区(点)为例[J].人文地理,2003,18(1):1-5.

[158] 吴恒,陈燕翎.基于UGC文本挖掘的游客目的地选择信息研究——以携程蜜月游记为例[J].情报科学,2017,35(1):101-105.

[159] 张河清,邓泽平,王蕾蕾.特殊区域旅游竞争力评价研究——基于广东省14个国家全域旅游示范区的实证分析[J].生态经济,2019(7):135-140.

[160] 江海旭,李悦铮.大连市全域旅游发展现状及对策研究[J].中国名城,2018(6):48-52.

[161] 王恒,李悦铮,等.基于认知心理学的海岛型旅游资源开发潜力研究——以大连广鹿岛为例[J].资源科学,2010,32(5):886-891.

[162] 王恒.国家海洋公园选址研究——以大连长山群岛为例[J].自然资源学报,2013,28(3):492-503.

[163] 马勇,刘军,马世骏.旅游发展规划创新与实践:基于全域旅游的视角[M].北京:高等教育出版社,2016.

[164] 邓爱民,桂橙林,张馨方等.全域旅游理论·方法·实践[M].北京:中国旅游出版社,2016.

[165] 曾博伟.旅游供给侧结构性改革[M].北京:中国旅游出版社,2016.

[166] 赵永忠,周爽.全域旅游规划与示范区创建指导——区域发展与公共目的地建设[M].北京:中国建筑工业出版社,2019.

[167] 戴学锋,廖斌.全域旅游:全面深化改革的突破口[M].北京:中国旅游出版社,2019.

后 记

很多年前，曾读过著名作家素素的《旅顺口往事》，她在书中写道："在这本书里，只写了旅顺口的往事，而未写旅顺口的今天。我认为，旅顺口的今天应该是另外一本书。"当时就产生一个想法，作为一个土生土长的旅顺口人，能否写出一本关于"旅顺口今天"的书呢？如今，终于得偿所愿了。

2001 年，我考入大学离开家乡，虽然本科学习的是环境专业，但热爱旅游的我，毕业论文还是做了关于旅顺口生态旅游方面的研究。我的硕士、博士专业均为人文地理学，旅游开发与管理方向，在旅游研究方面算是半路出家。求学期间，在恩师李悦铮教授的引领下，有幸参与了《旅顺历史文化名城创建规划》《旅顺太阳沟历史文化区项目策划》等多个课题，为后续研究积累了大量素材。

十年之后，我重返家乡参加工作。那时，对家乡的感觉就像《弯弯的月亮》中唱到的那样，"我的心充满惆怅，不为那弯弯的月亮。只为那今天的村庄，还唱着过去的歌谣"。虽然在 2009 年得以全面对外开放，但长期处于半封闭状态的旅顺口，纵有优质的资源、宜人的环境、显赫的历史、高雅的气质，旅游发展短时间内也难以迎来质的飞跃。

近十年间，我有机会在家乡开展深入的实地调研，亲身见证旅顺口旅游的发展变化。从太阳沟到老铁山，从东鸡冠山到张家村，一个又一个规划项目的背后，积累了对家乡旅游发展的实践探索与理性思考，从而萌发了将这些内容记录下来的念头。而"全域旅游"的提出，则更加坚定了我的想法。

在我看来，"全域旅游"是极为适合旅顺口的旅游发展模式。无论是旅游业在地方经济社会发展战略中占据的地位，还是旅游供给要素、旅游业态、旅游产品结构以及旅游功能布局等方面，旅顺口发展全域旅游都具有天然的优势。近年来，我对旅顺口全域旅游发展进行了持续性的关注与研究。期间，主持完成各级相关课题数项，撰写多篇相关研究报告及决策咨询，公开发表系列相关学术论文，为本书的形成积累了一定的基础。

2020 年，不觉间又一个十年即将过去。年初突发的新冠肺炎疫情，在全世界范围内产生了极大影响。由于高校教师的职业，意外得到了超长的"假期"。其实，也没有丝毫清闲，在线授课、指导学生毕业论文占据了日常的大量时间。不过，总算能够挤出时间将近十年来关于家乡旅游的零散研究串联起来，才得以完成此书。

本书中部分案例研究选自我主持完成的《张家村旅游发展总体规划》，感谢规划组江海旭博士、翟永宏副教授、沈真波副教授等同事，这其中有他们的劳动成果。同时，感谢旅顺口区文化和旅游局、旅顺文化旅游集团、旅顺口区张家村等各界同仁们的支持与帮助。特别感谢我的工作单位辽宁对外经贸学院对本书出版的资助，感谢学校各级领导、同事们长期以来对我的关怀与鼓励。

此外，还要感谢我的家人。由于平时工作繁忙，即便回到家中，也多半是在电脑前度过，无暇顾及家务。妻子林玥女士从无怨言，在工作之余将家务操持得井井有条，让我得以安心完成研究，形成书稿。儿子星涵乖巧懂事，从不打搅我的工作，他的笑脸为我增添了前行的无穷动力。由于疫情影响，完成书稿的主要时间是在我父母家中度过的。二老帮我们照顾年幼的儿子，同时也料理着我的起居，让我能够心无旁骛，专心写作。正是这段特殊的时光，让我得以再次与父母朝夕相处，能尝到母亲烹饪的菜肴，听到父亲演奏的音乐，感到莫大的幸福。

这是一本旅顺口人在旅顺口写的关于"旅顺口今天"的书。希望"旅顺口的明天"是一本更加赏心悦目的著作，一本永远也写不完的畅销书，一幅永远也画不尽的美丽画卷。

我爱我的家乡，我爱你——旅顺口！

王　恒

2020年4月16日于旅顺口